Rüdiger Siebert • Unterwegs mit Buddha

Rüdiger Siebert

Unterwegs mit Buddha

Eine Spurensuche
in Indien und Nepal

HORLEMANN

Deutsche Originalausgabe

Bitte fordern Sie unser aktuelles Gesamtverzeichnis an:

Horlemann Verlag
Postfach 1307
53583 Bad Honnef
Telefax 0 22 24 / 54 29
E-Mail: info@horlemann-verlag.de
www.horlemann-verlag.de

Gedruckt in Deutschland

ISBN 3-89502-176-8

INHALT

PAKISTAN
CHINA
NEPAL
DELHI
Kapilavastu [1]
Shravasti
Lumbini
Kapilavastu [2]
Jaipur
Lucknow
Kushinagar
Vaishali
Kosambi
Sarnath
Patna
Nalanda
Rajgir
Sanchi
Bodhgaya
Bhopal
KALKUTTA
Ajanta
Nagpur
Ellora
BOMBAY
Pune
Karla
Bedsa
Bhaja
HYDERABAD
Buddhas Orte [Fußspuren]
Höhlen etc. [Fundamente]

*„Dort, wo die Gegensätze erlöschen,
ist Nirvana. Mir brennen sie noch hell,
geliebte Sterne der Sehnsucht.“*

Hermann Hesse, Montagnola 1919

Bild rechts: Tibetische Mönche in Bodhgaya

ZUR EINSTIMMUNG

Milchtee in Sarnath

Beglückt einatmen. Das ist ein frischer Morgen nach meinem Geschmack; alle Sinne belebend. Ich bin vom Gefühl erfüllt, einen viel versprechenden Tag vor mir zu haben. Noch ist alles offen, nichts entschieden, nichts verdorben. Ein Schwebezustand heiterer Gelassenheit. Bewusst ausatmen. Ich frühstücke am Straßenrand in Sarnath. Die Lebensgeister sind geweckt. Hier ganz besonders, wo Buddha seine erste Lehrrede gehalten hat. Zweieinhalbtausend Jahre ist Buddhas Auftritt her; und wahrscheinlich sah ein solcher Essensstand in Sarnath damals nicht viel anders aus als heute. Eine Bude nur, aus Brettern zusammengenagelt, zur Straße hin offen. In früher Stunde scheint die Sonne herein, wohltuend wärmend nach kühler Nacht. Ich sitze an einem schmalen Holztisch auf einer abgewetzten Bohle, den Rücken gegen die Wand gelehnt. Das innere Pendel schwingt in harmonischem Gleichmaß. So kann es einem beim Unterwegs-Sein ergehen, wenn Ort und Atmosphäre freundliche Geborgenheit vermitteln.

Ein kleiner alter Mann neben mir lässt es sich munden und beobachtet mich mit unaufdringlicher, aber spürbarer Bereitschaft zu einem Gespräch. Ich nicke ihm zu. Sanft wiegt er seinen Kopf in der Andeutung einer liegenden Acht. Zustimmung mag das heißen, Bejahung, Entgegenkommen. Nur Inder bringen es fertig, ihr Haupt derart schwerelos hin und her zu bewegen.

Auf meinem Teller aus gepressten Blättern blähen sich goldgelbe Puris. Gerade hat sie der Junge am offenen Herdfeuer aus dem Kessel mit brodelndem Fett gefischt. Ich tunke die luftigen Teigfladen in eine scharfe Gemüsesoße. Im Tonschälchen dampft bittersüßer Milchtee, vom ätherisch-würzigen Aroma des Kardamoms durchzogen, Chai: unnachahmlich indisch. Andernorts wird Chai an solchen Teeständen in Gläsern dargeboten oder in Plastikbecher gegossen, modern und praktisch, aber stillos. Längst vergammelt das Land überall dort, wo Menschen sind, unter einer üblen Decke aus Müll und Industrieabfall. In dieser Bretterbude ist die Plastik-Zeit noch nicht angekommen. Mit Daumen und Zeigefinger beider Hände wird das dünnwandige Tongefäß zum Mund geführt. An den Lippen fühlt es sich rau und erdig an. Altes, bodenständiges Indien mit all seinen fragwürdigen Eigenarten. Solches Einweg-Geschirr wurde ja auch erfunden, um den Brahmanen und den hochnäsigen Leuten höherer Kasten die Sicherheit zu geben, dass kein anderer vor ihnen aus solchem Gefäß trank, weil es nach jedem Gebrauch zerdeppert wird. Sei's drum. Ich genieße es, das heiße Getränk aus gebrannter, brauner Erde zu schlürfen und kühlend hineinzupusten, einem Ritual gleich, das Geduld und Gleichmut fördert.

Der kleine alte Mann reibt sich die Hände und wischt sich das Fett von den Lippen. In seinem dunklen, gefurchten Gesicht stecken Bartstoppeln wie winzige silberne Nadeln. Er gehört zweifellos der armen Schicht von Tagelöhnern, Gelegenheitsarbeitern, Rikschafahrern und sonstigen dienstbaren Leuten an, die von der Hand in den Mund leben und eine Kinderschar hungriger Mäuler versorgen müssen. Aber irgendwie habe ich den Eindruck, dass mein Frühstücksnachbar noch etwas anderes zu bieten hat. Hellwach sein Blick. Auf Buddhas Spuren in Indien und Nepal treffe ich oft Menschen, die etwas mitzuteilen haben von sich und der Welt.

Sarnath ist ein magischer Winkel der Weltgeschichte, nicht sauberer oder aufgeräumter als sonstwo in Indien, aber überaus folgenreich in seiner Ausstrahlung. An diesem Ort trat Buddha nach seinem inneren Kampf um die Erkenntnis der Ursachen allen Leides vor die sehr überschaubare Öffentlichkeit von gerade mal fünf Männern. Sie hörten dem Erwachten wohl eher skeptisch zu, zurückweisend erst und mit abwartender Neugier, dann aber begeistert und überzeugt von seiner Erleuchtung und seinem Weg. Die fünf ließen sich mitreißen von diesem einzigartigen Mann, und schließlich folgten sie seiner Botschaft von der Selbstbefreiung, die keinem Gott abverlangt wird, sondern von jedem einzelnen Menschen und seinem Handeln. Die fünf Asketen im Gazellenhain von Sarnath wurden die ersten Mönche in Buddhas Orden; Bhikkhus genannt, was nichts anderes als Bettler heißt. In Sarnath wurde das Rad der Lehre angestoßen, und es dreht sich noch immer durch Zeiten und Lebensräume.

Der Mann neben mir fragt in korrektem Englisch nach meinem Woher, Wohin. Ich gebe die erwünschte Antwort und bewundere sein Sprachvermögen. Er lacht und entblößt schadhafte Zähne, derer sich vermutlich mangelnden Bargeldes wegen kein Arzt mehr annehmen wird. Köln, sagt der Mann und Deutsche Welle, fügt London an und BBC. Deren Kurzwellenprogramme höre er seit vielen Jahren. Ich muss lachen. Das ist eine Auskunft, die ich am allerwenigsten erwartet hatte. Dies reizt nun auch meine professionelle Neugier.

„Die Sendungen in Hindi, in Urdu und vor allem die in Englisch höre ich regelmäßig“, seine dunklen Augen rollen fast verschwörerisch, als er mir dies anvertraut und keinen Zweifel daran lässt, dass die Stimmen aus dem Äther sein Weltbild mit geprägt haben. „So lernte ich die Sprachen“, ergänzt er; und als ich ihn um seinen Namen bitte, vermag er Bholanath wohl zu buchstabieren, nicht aber in mein Notizbuch zu schreiben. Er hebt abwehrend die Hände, kräftige, sehnige Arbeiterhände, die zupacken können. „Lesen und Schreiben habe ich nie richtig kapiert“, sagt er entschuldigend und schaut mich mit verlegenem Unterschichts-Lächeln an, „ich bin über ein paar Grundschulklassen nicht hinausgekommen.“ Lange, lange sei das her. Sein Alter? Er zögert. „55 Jahre, ja so um die 55“, sagt er und hält mir, doppelt antippend, seine Rechte mit erhobenen Fingern entgegen.

Unvermittelt erfahre ich dann, was er mir wohl eigentlich mitteilen will, was ihm wichtig zu sein scheint und dem fremden Gegenüber seine Position, seine Stellung im Leben erklären soll, bedeutsamer als die Kenntnis oder Nichtkenntnis des Alphabets. „Buddhist“, sagt er selbstbewusst, „ich bin Buddhist.“

Wie das? Mein Erstaunen löst eine Lebensgeschichte aus. Von seiner bäuerlichen Herkunft beginnt er zu erzählen, von den ärmlichen Verhältnissen im Dorf; vom Fluch, solcher Abstammung nicht entfliehen zu können, wenn man den Dalits angehöre, den Familien ganz unten im Gesellschaftsgefüge der indischen Kasten. Früher seien sie die Unberührbaren genannt worden, heute gelte für sie das Wort der „Scheduled castes". Denen werden im öffentlichen Leben gewisse Quoten zugestanden, was zumindest einigen Dalits Ausbildung und Aufstieg ermöglicht. Aber er habe nie eine Chance gehabt, habe sich um seine Familie, die Geschwister, und vor allem nach dem Tod des Vaters um deren Ernährung kümmern müssen. Er sei bereits ein erwachsener Mann gewesen, als er in Sarnath einen buddhistischen Mönch aus Burma kennenlernte. Der nahm ihn als Gehilfen in sein Kloster auf, ohne dass er die Bindungen zu seiner Familie aufgeben musste.

„Das burmesische Kloster mit dem so schön bunt verzierten Tempel", erklärt er und übernimmt zwischendurch die Rolle eines Fremdenführers, „nicht weit weg von hier, Sie können es neben den archäologischen Stätten gar nicht verfehlen." Dort habe er von Buddha und seiner Lehre erfahren, die keine Kasten kennt, sondern gleichwertige Menschen, die nicht aufgrund ihrer Geburt und ihrer sozialen Stellung, sondern einzig als Folge ihres Handelns anerkannt oder verachtet werden. Das habe ihn beeindruckt. Er sagt das mit zufriedener Miene, mit sich und der Welt im Einklang. Wohlbefinden und Heiterkeit gehen von dem kleinen Mann aus, der es vom äußeren Anschein her offensichtlich nicht zu materiellen Gütern gebracht hat und auch nicht danach strebt. Er will mir keine Führung aufdrängen, bettelt nicht und lässt es sein, mir eine rührselige Geschichte von Armut und Krankheit aufzutischen.

„Aber es ist eine Sache, Buddhist zu werden und sich als Buddhist zu fühlen", wende ich ein, „die andere Sache ist doch, ob die Hindus der oberen Kasten Sie nun anders behandeln. Für die bleiben Sie jemand von unten."

„Damit sprechen Sie das Problem an", sagt er und sein Blick verfinstert sich ein wenig wie bei einem Menschen, der auf ein ihm vertrautes Übel angesprochen wird, das er eh nicht beseitigen kann, „Sie haben Recht, am Kastenwesen ändert das nichts. Aber", er legt vertraulich seine rechte Hand auf meinen Arm, „meine Beschäftigung mit dem Buddhismus hat mich freier gemacht, hat mich innerlich gestärkt. Buddha wollte keine Kasten, und er wollte Frieden. In seinem Namen ist kein Krieg geführt worden. Wissen Sie das? Das ist für mich wesentlich. Im Namen eures Gottes", er schaut mich durchdringend an, als habe ich dafür die Verantwortung zu tragen, „und auch in Allahs Namen – was ist da an Unheil über die Welt gebracht worden. Feuer, Schwert und so weiter. Aber niemand wurde auf einem Scheiterhaufen verbrannt, um ihn von Buddhas Güte zu überzeugen. Kreuzzüge, um Buddhas Lehre durchzusetzen? Unvorstellbar. Es explodieren keine buddhistisch motivierten Bomben. Buddha predigte Frieden und Gewaltlosigkeit. Nichts ist übrigens auch im heutigen Indien dringender als das."

Ich weise mit einer Kopfbewegung zu den Papierbildern, die knatschbunt an den hinteren Bretterwänden hängen und die hinduistische Götterwelt in süßlich-sinnlicher Verzückung und rottriefender Grausamkeit ausbreiten. Den blauhäutigen Krishna erkenne ich, Flöte spielend im Kreis der Milchmädchen. Durga ist zu sehen, Zunge zeigend, blutrünstig, mit Totenköpfen gegürtet, die Füße auf liegenden Menschenopfern gestellt. Shiva reckt seinen Dreizack in die Höhe. Vishnu hält lächelnd eine Lotosblüte in Händen und strahlt Güte aus. Meine Frage, was ihm diese Götter bedeuten, löst Unverständnis aus, weil er offensichtlich den von mir erwarteten Widerspruch zu seiner Buddha-Bewunderung nicht erkennt.

„Ich gehe nicht nur in die buddhistischen Tempel, ich besuche auch Hindu-Tempel", sagt er mit unantastbarer Bestimmtheit, die einfachen Leuten eigen ist, „ich liebe doch auch all diese Gottheiten." – „Kein Gegensatz?" – Er lässt seinen Kopf in der Schwebe pendeln. „All das sind unsere Götter, und Buddha gehört dazu", sagt er schlicht und in einem versöhnlichen Ton, der andeutet, dass ich aus dem Westen so etwas ohnehin nicht verstehen kann. „Sie in Europa wollen immer alles so grundsätzlich behandeln und unterscheiden und in Schubladen legen, Etiketten daraufkleben und dann festhalten, so ist das und jenes und nicht anders. Punkt." Beide Hände erhoben, als wolle er nun mir eine Lehrpredigt halten, fährt er fort: „Aber wir in Indien können unsere Götter und Buddha gemeinsam sehen. Warum immer nur Gegensätze? Buddha stammt aus unserer Welt. Hier in Sarnath sind Sie ja mittendrin."

Ob er denn noch bei jenem burmesischen Mönch im Kloster helfe, will ich wissen. Nein, der sei bereits gestorben. Eine traurige Geschichte. Und der Nachfolger? „Ach, wissen Sie, das ist ein indisch-stämmiger Mönch, ein noch junger Mann. Mit dem…", er sucht nach Worten, weil ihm dieses Thema unangenehm zu sein scheint, „mit dem habe ich kein gutes Verhältnis bekommen. Das ist eine andere Generation." Er winkt ab, als lohne es sich nicht, weiter darüber zu sprechen. Mit einem Augenzwinkern sagt er dann: „Sie kennen die drei Kleinode des Buddhismus, die Kostbarkeiten, die über so lange Zeit das Rad in Gang gehalten haben."

Ich nicke. Gemeint sind Buddha, seine Lehre, nämlich Dharma in Sanskrit und Dhamma in Pali genannt, und seine Gemeinde, der Mönchsorden, der Sangha.

„Ja, ja", stimmt er zu, „aber was ist daraus geworden? Money-Buddha, Money-Dhamma, Money-Sangha." Er lacht fröhlich wie über einen gelungenen Witz, und Daumen und Zeigefinger formen die internationale Geste des Geldzählens. Ihm mache das nichts aus. „Ich bin ein armer Mann geblieben. Damit ich hier frühstücken kann, drückt mir mein Sohn zehn Rupien in die Hand. Der ist Elektriker, so einer von den vielen Wanderhandwerkern hier, stets auf der Suche nach einem Job. Mein ältester Sohn hat übrigens einen Essensstand, wo er Eier brät. Meine Tochter ist schon verheiratet. Wir leben hier am Rande von Sarnath. Das ist ländlich geblieben, wie es vor Jahren schon war. Zu Geld habe ich es nicht gebracht. Aber Buddha hat mich reich gemacht." Er sagt das ohne Ironie. Genüsslich und hörbar schlürft er seinen Milchtee aus dem tönernen Schälchen. Ich begreife wieder einmal, was dieser weise Mann noch immer nach zweieinhalbtausend Jahren bewirkt, der erstmals hier in Sarnath als Erwachter seine Stimme erhob, nachdem er die Ursachen des Leidens erkannt hatte und der Welt seine Antwort gab, wie es zu überwinden sei. Mehr als ein Jahrtausend hatte Buddhas Lehre indischen Geist und indische Geschichte beeinflusst, befruchtet, geprägt. Sie wurde in die Nachbarländer weitergetragen, inspirierte Hochkulturen und geriet doch in Buddhas ureigenstem Land nach der ersten Jahrtausendwende in Vergessenheit. Wer war der Mensch, der solche Wirkung auslöste? Wo liegen Buddhas Wurzeln? Warum verdorrte sein Baum der Erkenntnis auf jenem Boden, wo er den Samen ausstreute? Was ist daraus im heutigen Indien geworden? Das herauszufinden, bin ich unterwegs. In der lärmenden Welt, wo Twin Towers unter folgenreichem Getöse einstürzen und Kreuzzüge amerikanischer Ölsüchtiger mit medial verstärktem Kriegsgeschrei desinformierend über die Bildschirme flimmern, will ich den Zwischentönen des Mittleren Weges lauschen. Buddhas Weg zwischen den Extremen hat mich schon seit langem begeistert: die Wahrheitssuche zwischen asketischer Selbstzerstörung und dem Konsum-Überfluß stumpfsinnigen Wohllebens.

Aus dem Westen bin ich gekommen, geprägt vom abendländischen Weltbild, aufgewachsen in christlicher Tradition, ausgestattet mit einem ererbten Zeit- und Pflichtgefühl, das von der Unerbittlichkeit der Kirchturmuhren bestimmt worden ist. Längst habe ich verlernt, mich danach zu richten, ohne eine eindeutige andere Orientierung gefunden zu haben. Deshalb der Blick nach Osten. Seit Jahrzehnten schon auf so vielen Reisen in Asien, als Reporter, Journalist, Schriftsteller, stets ein Suchender zwischen den Welten: den äußeren, den inneren. Diesmal ist ein neues Lebensstadium erreicht. Der Übergang vom fest angestellten Berufsleben in den so genannten Vor-Ruhestand. Der Bindestrich wird zur Herausforderung, die Spurensuche zur Pilgerreise eines Widerspenstigen. Auf was lasse ich mich ein? Auf wen? Das Leben ist eine Reise, ein Prozess steter Wandlungen und Veränderungen. Wie heißt es in einer der Lehrreden? „Fragte man mich, ob ich in der Vergangenheit war oder nicht, ob ich in der Zukunft sein werde oder nicht, und ob ich jetzt bin oder nicht, antworte ich: ‚Ich bin in der Vergangenheit gewesen, und ich bin nicht gewesen. Ich werde in der Zukunft sein, und ich werde nicht sein. Ich bin jetzt und ich bin nicht.' … In der Vergangenheit war mein vergangenes Dasein wirklich, unwirklich das zukünftige und gegenwärtige. In der Zukunft wird mein künftiges Dasein wirklich sein, unwirklich das vergangene und gegenwärtige. Gegenwärtig ist mein gegenwärtiges Dasein wirklich, unwirklich das vergangene und künftige."

Und ich ziehe weiter durch Indiens Norden und hinauf nach Nepal: auf den Fussspuren des historischen Buddha, der in der Ebene südlich der Himalaya-Berge geboren wurde. Siddhartha Gautama wurde er genannt. Buddha ist er geworden. Der Buddha. Sein Lebensweg bestimmt meine Reise. Ich bin mit einem alterslosen Zeitgenossen unterwegs.

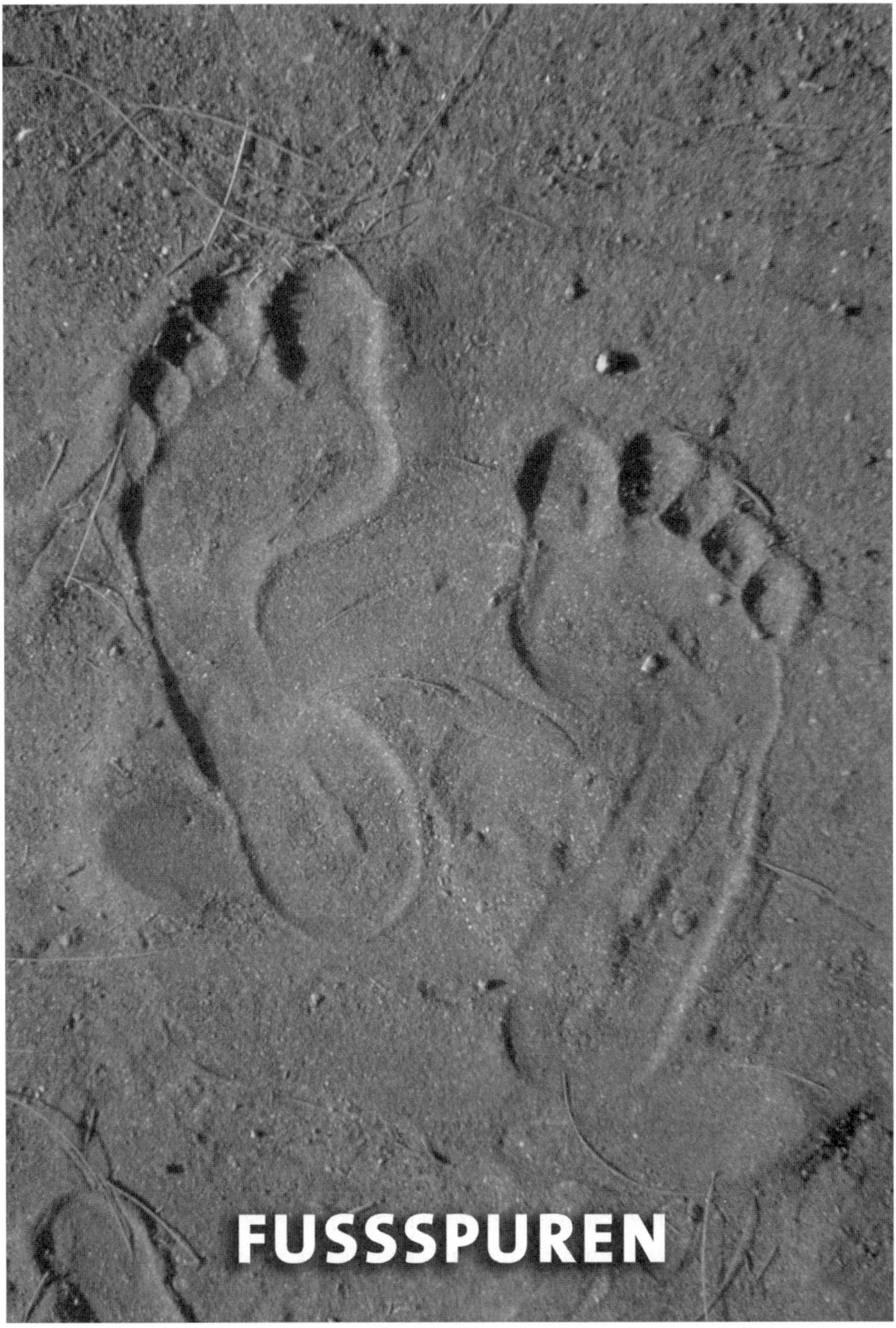
FUSSSPUREN

LUMBINI

Siddhartha auf dem Lotossockel

Der kleine Junge sieht pfiffig aus. Er steht auf einem Lotossockel, barfuß und halb nackt, um die Lenden ein dunkelviolettes Tuch gewunden, die rechte Hand angewinkelt und halb erhoben, den Zeigefinger nach oben gestreckt. Herr Lehrer, ich weiß was – so altklug wirkt das Kerlchen auf den westlichen Besucher. Natürlich muss ich in Lumbini an den jungen Siddhartha denken, den künftigen Buddha, an wen denn sonst? Lang gezogen hängen die Ohrläppchen fast bis auf die Schultern. Den Kopf bedeckt gekräuseltes, zu Löckchen gedrehtes Haar, dunkelblau wie eine Badehaube. Ein Kind noch, blauäugig, doch unverkennbar bereits ausgestattet mit den Insignien des Erwachten. So stellt ihn naive Volkskunst dar – aus Gips und Ölfarbe einen halben Meter groß unter einen Baum im Pilgerzentrum von Lumbini, wo bescheidene Unterkünfte sind und Zelte aufgebaut werden.

Der Siddhartha auf dem Lotossims könnte ein Spielgefährte der Mini-Mönche sein. Die Novizen treiben sich in Lumbini zu Dutzenden umher, ihre gelben Roben um die schmalen Körper gehüllt, Pudelmützen aufgesetzt; mal ernsthaft im Gespräch mit älteren Mönchen, mal vergnügt hinter einem Fußball rennend, mal Leuchter vom Wachs der Kerzen reinigend, mal Touristen daran erinnernd, dass an buddhistischen Stätten großzügige Spenden erwartet werden. Freundlich tun sie das, ja, fröhlich, Kinder noch und doch schon einbezogen in den Kreis klösterlicher Pflichten.

Mir kommt freilich noch ein anderer Junge in den Sinn. Mit ähnlicher Pose, genauso anrührend in volksfrommer Schlichtheit und infantiler Allwissenheit wie der Kind-Buddha steht der kleine Jesus weltweit auf Nebenaltären katholischer Kirchen, wo missionarischer Eifer aufnahmebereite Gemüter fand. Das Kind aus Bethlehem und das aus Lumbini. Künftige Religionsstifter beide, herausragende historische Personen der Weltgeschichte mit eigenen, erdverbundenen Biografien, die später ein- und untergingen in der Vereinnahmung der Mönche, Jünger, der Schulen und Kirchen gründenden Nachfahren. Symbolträchtige Legenden erlauben weder eine befleckte Empfängnis, noch eine schmerzensreiche Geburt. Wunderkinder kommen anders auf die Welt. Erstaunliche Gemeinsamkeiten sind erkennbar, obwohl beide Geburten durch ein halbes Jahrtausend getrennt sind und in Auftreten, Wirken, Selbstverständnis beider Männer fundamentale Unterschiede liegen. Der Name Siddhartha bedeutet „Der, dessen Ziel erfüllt ist“. Der spätere Buddha wird stets sagen, er sei ein Mensch wie alle anderen auch, kein Sohn eines Gottes und auch kein Prophet

einer höheren, außerirdischen Macht. Keinem himmlischen Vater wird er in Todesqualen verkünden, das Werk sei vollbracht, sondern seinen Jüngern auf Erden, den Mönchen sagen, die Lehre als Vermächtnis werde sein irdisches Dasein überdauern.

Hier in Lumbini hat es begonnen. Darin sind sich die Gelehrten einig. Der Geburtsplatz auf nepalesischem Boden liegt etwa zwanzig Kilometer von der Grenze zu Indien entfernt; eine Trennungslinie, die es zu Buddhas Zeiten noch nicht gab. Es war das Stammesgebiet der Sakiya, die sich selbst verwalteten, von einem gewählten Oberhaupt, einem Raja, regiert. Siddharthas Vater Suddhodana versah dieses Amt; es war der Kriegerkaste vorbehalten, den Ksatriya. Der Sohn wurde also in die herrschende Schicht hineingeboren und erblickte nicht etwa in einem Stall armer Leute das Licht der Welt, soweit wir das in den phantasievollen und mystischen Erzählungen erkennen können, die sich um diese Geburt ranken. Nach indischem und buddhistischem Verständnis war es ja eine Wiedergeburt, ein Wiederkehren nach vielen früheren Lebensformen im Kreislauf von Stirb und Werde, Samsara genannt; eben jene Folge wechselnder Existenzen, aus denen sich der Buddha mit der Energie seiner Erleuchtung und dem Eingehen ins Nirvana endgültig befreite. Reale Geschichte und blumige Geschichten, von Generation zu Generation weitererzählt, sind auch für den Fachmann nur schwer auseinander zu halten.

Nicht Vater Suddhodana, sondern ein weißer Elefant mit sechs Stoßzähnen war an der Zeugung mit Maya, des Rajas Ehefrau, beteiligt, ein gewaltiger und edler Bulle voll phallischer Kraft, der ihr im Traum erscheint. Dreimal umkreiste er die noble Frau, dann drang er in die rechte Seite ihres Leibes ein. Zehn Monate ging Maya schwanger. Mit prächtigem Gefolge soll sie von der Hauptstadt Kapilavastu zu ihrem Elternhaus unterwegs gewesen sein, als in freier Natur, im Hain von Lumbini, die Wehen einsetzten. Stehend hält sie sich am Ast eines Sala-Baumes fest. Aus ihrer rechten Seite heraus wird das Kind geboren. Vollkommen ist es bereits, rein und von keinen leiblichen Spuren des Gebärens beschmutzt. Unter himmlischen Wasserströmen wird die rituelle Waschung vollzogen. Die Tiere des Waldes erweisen ihren Respekt. Löwen werden zahm. Die Erde erzittert. Blumen und Wohlgerüche überall. Die Götter Indra und Brahma zeigen ihr Wohlgefallen. Die Überlieferungen preisen die Geburt als Ereignis von universeller Bedeutung. Das Kind steht auf verlässlichen Füßen, macht sieben Schritte in jede Himmelsrichtung und verkündet: „Ich bin der Älteste auf Erden. Ich bin der Vornehmste auf Erden. Dies ist meine letzte Geburt. Dem Leiden des Geborenwerdens, Alterns und Sterbens und Schmerzes werde ich ein Ende bereiten." So berichtet der Lalita-vistara, die lange Zeit nach diesem Ereignis in Sanskrit aufgezeichnete Geschichte vom Leben und den Legenden des Buddha.

Wahrscheinlich wollten schon seine Zeitgenossen in Buddha mehr als nur einen Menschen sehen: einen Heilsbringer, einen Retter. Spätere Interpreten, Schulen, Sekten in seinem Namen machten allmählich genau das aus ihm, was der historische Siddhartha Gautama nicht zu sein vorgab: ein Gott, ein Herabgestiegener, ein Anbetungswürdiger: die irdische endliche Gestalt eines überweltlichen Prinzips, ausgestaltet nach den jeweiligen Bedürfnissen, Erkenntnissen, Blickwinkeln der Nachfahren. Vermutlich eignet sich dazu keine andere Lehre so anpassungsfähig wie die des Buddha für die Übernahme in andere Kulturen und politische Systeme und Epochen. Kein genialer Denker ist eben vor dem Ge- und Missbrauch seiner Adepten geschützt, wenn er denn nur lange genug tot ist. Buddha ist die älteste historisch verbürgte Persönlichkeit, die solche die Zeitläufte überdauernde Wirkung auslöste.

Mich hat stets der Mensch hinter den Legenden interessiert, der in einer ganz bestimmten geschichtlichen und geografischen Landschaft lebte und den Nerv seiner Ära traf, die Menschen seiner Zeit ansprach und einen eigenen, lokalisierbaren Lebensweg ging. Wer war der Mann hinter der entrückten, in sich versunkenen, nach innen schauenden Figur, die nun millionenfach zu sehen ist?

Einen Steinwurf entfernt vom liebenswert kecken Siddhartha unter dem Baum leuchtet strahlendweiß der neue kastenförmige Tempel herüber, der über Buddhas Geburtsstätte gebaut wurde, durch einen Zaun getrennt von den Pilgerbehausungen. Denn das Areal, wo Mutter Maya niederkam, gilt als „Sacred Garden“, als heiliger Boden. Besucher sollen sich in ein Gästebuch eintragen und, so fordert es die Anschlagtafel, für die Fotografiererlaubnis eine Gebühr entrichten. Doch das nimmt von den Wächtern am überdachten Tisch niemand mehr so ernst. Dass Pilger nicht nur eine Gebetsmühle kreisen lassen, sondern heutzutage auch eine Kamera in Händen haben und sich sogar weit gereiste Mönche gegenseitig vor Buddhas archäologischer Hinterlassenschaft ablichten, ist selbstverständlich geworden. Solch touristisches Verhalten, ob mit einer Robe, ob ohne, nehmen die Hüter der heiligen Stätte gelassen hin; freundlicher, unaufdringlicher übrigens als dies dem Gast an ähnlichen Orten in Indien widerfährt. Da geht's ruppiger und geschäftsmäßig zu.

Basanta Bidari begleitet mich. „Chief Archaologist Lumbini Development Trust Sacred Garden“ ist seine offizielle Bezeichnung, der Leiter der Grabungen in Lumbini und Berater des internationalen Zentrums, das in der Nachbarschaft der Geburtsstätte mit einer Vielzahl von Tempeln, Gästehäusern und Tagungsräumen entsteht. Als ich den Mann ein paar Tage zuvor erstmals traf, wehrte er lächelnd ab. „Chef? Wer ist schon wessen Chef? Bin ich der Chef meiner Frau? Jeder kann nur sein eigener Chef sein.“ Ob er das in buddhistischem Sinne gemeint hatte, blieb offen, aber die Bescheidenheit war wohl ehrlich gemeint. Mit Dreitagebart und weißen Haaren, vollen Gesichtszügen, einer braunen Hornbrille und seinem ironischen Lächeln wirkt er wie ein in die Jahre gekommener Student, kompetent und seines Amtes sicher, aber so gar nicht autoritär.

In den 1990er Jahren war ich schon mal in Lumbini gewesen. Ich habe weites, wenig bewachsenes Ödland in Erinnerung, nichts von einem blühenden paradiesischen Garten, den die Buddha-Legenden lobpreisen. Ein paar Bäume nur, dürftige Sträucher, umherstreunende Kühe. Über den Grundmauern des Stupas oder Tempels, der am Geburtsort schon vor dem ersten Jahrhundert christlicher Zeitrechnung errichtet worden war, standen als Schutzmauern nur weißgestrichene Ziegelaufbauten, einem Schuppen ähnlich, wenig eindrucksvoll und ungepflegt.

Nun führt mich Basanta Bidari zum neuen Tempel, an dem Anfang 2003 noch gearbeitet wird. Das weiße, einstöckige Gebäude spiegelt sich im quadratischen Teich, der von breiten, aufsteigenden Stufen gesäumt ist. In seinem Wasser wurde der gerade geborene Siddhartha gebadet, so heißt es in den frommen Geschichten. Über der Dachterrasse ragt ein viereckiger Turm auf, sich nach oben verjüngend und gekrönt von dem goldenen Ehrenschirm, der buddhistischen Tempeln und Stupas eigen ist. Hier ist er zusätzlich mit der Besonderheit ausgestattet, die einem nur in Nepal begegnet: Auf die vier Außenflächen des Turmes sind Augenpaare gemalt, in alle Himmelsrichtungen starrend und den Pilger fixierend, der sich da klein und aufblickend nähert. Man fühlt sich beobachtet und vermag diesen Augen nicht auszuweichen, angezogen wie von einem geisterhaften Prüfer aus einer anderen Welt.

Auf der Terrasse blicke ich durch ein Fenster von oben ins Innere des Tempels und sehe unter mir das über zwei Meter hohe schwarze Relief, das die Geburt zeigt, Mutter Maya stehend, gesichtslos und kaum mehr in den Details zu erkennen. Es stammt aus buddhistischer Frühzeit und ist eines der authentischen Zeugnisse für den historischen Ort der Geburt. Die bedeutungsvolle Gewissheit, mit der mich Basanta Bidari auf den Sachverhalt hinweist, zeigt mir, wie wichtig einem Manne der Archäologie dieses Fundstück ist. „The child's birthplace", sagt er auf Englisch, und diese geradezu warmherzigen Worte geben den Steinen einen sehr menschlichen Bezug. „Es ist weniger zu sehen als zu erahnen", fügt der Wissenschaftler weise an und lächelt.

Für seine Zunft ist das genaue Datum der Geburt eine Streitfrage geblieben. Es gibt keine eindeutigen Geschichtsquellen. Aus Rückbezügen zu Königen und deren Regierungszeiten, aus späteren Chroniken und der Interpretation der Buddha-Legenden, mehr Spekulation als Information, wurden verschiedene Jahreszahlen errechnet. Eine Reihe von Experten hat sich auf 563 v.u.Z. geeinigt; und als Monat wird der Mai genannt. Mit Buddha als historischer Persönlichkeit beginnt im engeren Sinne die Geschichtsschreibung Indiens. Aus dem wundervollen Erzählfluss volkstümlicher Fantasie steigen die Inseln nüchterner Fakten auf, von den Forschern späterer Generationen geortet. Von der Dachterrasse sehe ich unter mir eines der wichtigsten Beweisstücke in der detektivischen Spurensuche. Die abgebrochene Steinsäule vor der östlichen Mauer des Geburtstempels, von einem rechteckigen Eisenzaun umgeben, ragt als kompaktes Ausrufezeichen auf, sechseinhalb Meter hoch. Als König Ashoka dieses Zeugnis seiner Pilgerreise um 245 v.u.Z. an diesem Orte aufstellen ließ, war die Säule vermutlich doppelt so groß und trug auf ihrer Spitze eine Pferdefigur, die chinesische Pilger im 7. Jahrhundert erwähnen, die aber 1896 bei der Wiederentdeckung der bereits geborstenen, im Boden versunkenen und längst vergessenen Kolumne verschwunden war.

Von Ashoka wird bei meiner Spurensuche noch einiges zu erwähnen sein. Kein anderer Monarch des indischen Subkontinents hat sich um Erstarken und Verbreitung der buddhistischen Lehre so verdient gemacht wie der Herrscher aus der Dynastie der Maurya. König Ashoka erhob in seinem Reich, dem ersten indischen Großreich, den Buddhismus zur Staatsreligion und ließ an den im 3. Jahrhundert v.u.Z. noch klar lokalisierbaren Lebensstationen des Buddha derartige Säulen mit Inschriften aufstellen, Demonstration königlicher Macht und Ausdruck seiner Bewunderung des Erwachten. Hier in Lumbini hält der Stein die eingemeißelte Inschrift fest: „Zwanzig Jahre nach seiner Krönung kam König Devanampiya Piadasi – nämlich Ashoka – hierher und bezeugte seine Verehrung, weil der Buddha, der Weise aus dem Sakiya-Geschlecht, hier geboren wurde. Er ließ ein Steinrelief und eine Steinsäule errichten, um anzuzeigen, dass der Erhabene hier geboren wurde." Und was die damaligen Bewohner von Lumbini wohl besonders erfreut haben mag: der König befreite sie, des heiligen Ortes wegen, von den Steuern und senkte die Naturalabgaben auf den achten Teil der Ernten.

Von der Dachterrasse schweift der Blick über eine nun mit mehr Bäumen bestandene Ebene als damals bei meinem ersten Besuch. Vor dem Tempel breiten sich die dunkelroten Mauerreste einstiger Stupas und die Ziegel längst verfallener Klosteranlagen aus. Mit gewaltigem Blätterschirm spendet der Bodhibaum am Teich seinen Schatten, durch vielfach verschlungene Bänder der im Winde wehenden Gebetsfahnen mit anderen Bäumen verbunden. Die gelben, grünen, weißen, roten Mitbringsel der tibetischen Pilger flattern wie Wimpel eines Volksfestes und geben dem Geburtsgarten etwas Heiteres, Beschwingtes. Mit buddhistischen Zeichen sind die viereckigen Fähnchen bedruckt, mit Worten des Meisters versehen. Im Geäst kreischen Papageien. Am mächtigen Stamm des die Szene beherrschenden Baumes zünden die Besucher mitgebrachte Kerzen an, lassen Räucherstäbchen duften und legen kleine Gaben nieder, Blumen, Früchte; Volksfrömmigkeit in Aktion, neugierig von umherflitzenden Eichhörnchen beäugt. Pilger machen ihre Runde und umkreisen den Tempel, den Bodhibaum, den Teich im Uhrzeigersinn wie es Brauch ist an solchem Orte.

Episoden von Mönchen und Menschen ringsherum. Mir fällt ein alter Mönch auf, den ich schon an den Vortagen sah. Dunkelviolett seine Robe, die einen hageren, hoch gewachsenen Körper umschlottert, eisgrau das Gesicht, ein El Greco-Typ. Er hat es eilig und strahlt so gar nichts von buddhistischer Ruhe aus. Als habe er einen Termin, eine Verabredung einzuhalten, läuft er dahin in seinen abgetretenen Turnschuhen. Nicht meditative Betrachtung treibt ihn an, sondern offenbar die zu absolvierende Zahl der Umrundungen. „Om", ruft er dumpf aus, „Om" und immer wieder „Om", die heilige Silbe. Am zweiten Abend erkannte er mich im Vorbeigehen, zwinkerte mir fast verschwörerisch zu und erweckte den Eindruck, als müssten wir eben alle hinter etwas herlaufen und könnten nie sicher sein, das Ziel auch zu erreichen. Ich mache mir Sorge, er könne das Nirvana verpassen.

Ganz anders und wie ein Ruhepunkt auf dem Rasen eine junge Pilgerin. Neben dem Bodhibaum und ganz im Schutz seiner weitausladenden Äste hat sich eine junge Japanerin niedergelassen, die Beine im Lotossitz übereinander geschlagen, vor sich eine brennende Kerze, einen weißen Umhang wie ein Zelt über den Kopf gezogen, das Gesicht freilassend, die Augen geschlossen, in sich versunken. Derweil schleicht sich ein junger Mönch von hinten heran, zückt seine Kamera und macht einen Schnappschuss von der meditierenden Frau. Sie bemerkt den sanften Überfall und schaut den Mann erschrocken an, aufgewacht, offensichtlich gestört. Er lacht dümmlich wie ein ertappter Sünder und benimmt sich wie ein unsensibler Tourist. Dann lächelt die junge Frau verzeihend und versöhnlich. Der Mönch trollt sich. Mit energischem Ruck zieht sie ihren Umhang nun auch vors Gesicht.

Basanta Bidari, der viel gefragte Experte in Lumbini, verabschiedet sich und bittet um Verständnis, dass er eine Studentengruppe aus Kathmandu führen muss. Aber wir könnten das Gespräch ja am Abend fortsetzen, bietet er an. „Schauen Sie sich um im weiten Areal des Lumbini-Parkes", empfiehlt er mir. Bubenhaftes Lächeln, weg ist er.

Ich hatte mich in diesen Tagen im Buddha-Hotel einlogiert, zehn Minuten zu Fuß vom Sacred Garten gelegen, umgeben von einem Wäldchen; in Hörnähe zum Dorf, wo die Omnibusse halten und Marktbetrieb ist, ländlich und ärmlich und schmuddelig. Lumbini ist weitläufig, eigentlich gar kein geschlossener Ort, sondern mit seinen bescheidenen Hütten, den Tempeln und Hotels über mehrere Quadratkilometer verstreut. Die Fahrer der Fahrradrikschas bieten an allen Wegkreuzungen ihre Dienste an, allzeit bereit, für ein paar Rupien in die Pedalen zu treten. Neben dem heiligen Bezirk steht der tibetische Tempel aus den 1930er-Jahren. Dahinter breiten sich die Buden mit Souvenirs und Devotionalien aus; gedämpft der Betrieb; leiser, unaufdringlicher die Händler, verhaltener der Lärm und wohltuend weniger Rummel als an vergleichbaren Orten in Indien. Buddha wird an seiner Geburtsstätte in Nepal erkennbar zurückhaltender vermarktet als an den weiteren Lebenswegen auf indischem Boden.

Die Wanderung nach Osten lässt den Besucher in Lumbini vor- und eindringen in die buddhistische Welt. Seit den 1970er-Jahren wird in der sumpfigen Landschaft ein Friedenspark gebaut. Buddhistische Tempel und Klöster zeugen von der Verbreitung der Lehre, die in China, Bhutan, Tibet, in Burma, Thailand, Sri Lanka, Vietnam, Indonesien, Korea und Japan auf aufnahmebereiten, fruchtbaren Boden fiel. An den Weiten der Lumbiniwege, gelegentlich hinter Bäumen verborgen, leuchten nun farbenreich verziert die Tempel und Meditationsstätten all dieser Länder auf, in Stil und Bauart wie ein Freiluftmuseum die Vielfalt der architektonischen Formen buddhistischer Frömmigkeit zur Schau stellend. Beim chinesischen und thailändischen Tempel wurden sogar die Wassertürme gestalterisch einbezogen und erblühen nun als gigantische Beton-Lotosblüten. Viele Pagoden sind noch Baustellen. Auch bei Handwerkern ist Buddha wohlgelitten. Er könnte als ein Schutzpatron empfunden werden. Denn in seinem Namen wird da gemauert und gezimmert, gehämmert und geschnitzt, Arbeitsplätze schaffend. Dem weitflächigen Masterplan folgend, von dem mir Basanta Bidari berichtete, gibt es noch viel zu tun; und Spender können sich mit „Donations" Verdienste erwerben.

Mir drängt sich bei der Betrachtung der Gedanke auf, dass es eher prächtige Gehäuse sind als Stätten lebendiger Geistesübung. Ich empfinde eine endlose Leere. Das mag in den Jahreszeiten unterschiedlich sein, je nach Temperaturen und Andrang der Pilger. Ob aber in den tonnenförmigen Backstein-Gebäuden des futuristisch gebauten und dürftig bestückten Museums und der ähnlich originell gestalteten Bibliothek gegenüber je pulsierende Auseinandersetzung mit Buddhas Lehre und fortdauernd diesbezügliche Forschung betrieben wird, scheint mir zweifelhaft zu sein. Längst bröckelt der Putz, verrottet der Anstrich. Während in der Nachbarschaft neue Gebäude hochgezogen werden, fehlt es hier offensichtlich an Geld zur Pflege und zum Unterhalt des Unternehmens, das „Lumbini International Research Institute" genannt wird. Das alte Problem. Aufwendig ist da mit japanischen Geldern gebaut worden. Die Messingtafel kündet von den Anfängen in den 1970er-Jahren und der Eröffnung 1989. Und dann gehen offenbar die Mittel aus.

Großzügige Yen-Beträge wurden auch für den Stupa gespendet, der traumhaft verloren ganz am Ende des Parks zu schweben scheint. Über 40 Meter hoch erhebt sich makellos weiß und scheinbar schwerelos die Pagode, die an die Opfer der Atombomben von Hiroshima und Nagasaki erinnert und die so schrecklich unerfüllte Sehnsucht der Menschen nach Frieden gen Himmel richtet. Am 3. November 2001 wurde sie nach siebenjähriger Bauzeit eingeweiht. Basanta Bidaris Studenten sind zur Besichtigung eingetroffen, umherkutschiert von Fahrradrikschas. Am Fuße der Pagode liegen verstreut die Schuhe, modische Turnschuhe amerikanischer Marken zumeist. Das Dutzend der jungen Frauen und Männer steigt barfuß die Treppen empor, umrundet die gigantische Halbkugel auf der oberen Galerie, lachend, fotografierend, einheimische Touristen wohl eher als Pilger. Schon bei den Erklärungen des Chef-Archäologen am Geburtstempel war mir aufgefallen, dass die Studenten ein Pflichtprogramm absolvierten, keine Buddhisten, sondern Hinduisten wie die überwiegende Zahl der Nepalis. Ihr Interesse hielt sich in Grenzen.

Am Eingang zum Park brennt seit 1986 das Feuer des Friedens, das einsam lodert; eine Mahnung eher als eingelöste Botschaft der Gewaltlosigkeit. Im Ohr hallen mir in jenen Tagen die Nachrichten von BBC und Deutsche-Welle-Radio, die mich nächtens via Kurzer Welle auf dem Laufenden des Irak-Krieges der Aggressions-Amerikaner und ihrer fragwürdigen Verbündeten halten. Die Flamme in Lumbini wirkt aufrüttelnd, aber bei meiner Wut und Sorge, die ich mit so vielen Menschen teile, erscheint sie mir gerade während jener Wochen, da wieder einmal zerstörerischer imperialer Wahnsinn der Vernunft den Todesstoß versetzt, so nachdenkenswert wie kraftlos zu sein. Eine stille, unstet flackernde Erinnerung an das brandaktuelle Ver-

Als 1234 der tibetische Mönch Dharmasvamin 37-jährig nach Nord-Indien kam, musste er bereits den Niedergang des Buddhismus registrieren und in den kriegerisch-unruhigen Zeiten eines ins Chaos geratenen Landes um sein Leben fürchten. Schließlich unversehrt nach Tibet zurückgekommen, brachte der Augenzeuge seine Eindrücke vom aufgewühlten Indien im Ansturm des Islam und dem Verlöschen der buddhistischen Lehre zu Papier.

„Einzigartige Geschichtsquellen", bestätigt Basanta Bidari am abendlichen Feuer hinter dem Buddha-Hotel, „in Indien finden Sie nichts dergleichen. Das waren Hinweise, mit denen ab dem 18. Jahrhundert vornehmlich britische Forscher auf die Suche nach den authentischen Stätten Buddhas gingen. Interessante Männer, die natürlich auch als Kolonialherren gekommen waren, aber sich wenigstens nicht nur um Profite, Macht und Militär kümmerten, sondern auch ein Interesse an der Geschichte und Kultur des Landes hatten, das sie eroberten. Sie fingen an, in den Trümmern zu stöbern und längst vergessene historische Orte ausfindig zu machen. Auch Buddhas Plätze."

Bereits 1784 wurde in Kalkutta die „Royal Asiatic Society" gegründet: „to promote the study of the history, antiquities, arts, sciences and literatures of Asia", so die Aufgabe. Sir Alexander Cunningham, 1814 geboren, sollte zur herausragenden Figur dieser Spurensuche werden. Als Soldat und Ingenieur kam er 1833 nach Indien; und schon bald zog er, getrieben von historischer Wissbegierde, durch die indischen Regionen, um Tempel, Forts, Monumente zu besuchen, deren Vergangenheit den Indern selbst zumeist unbekannt und ziemlich egal war. Ein abenteuerliches Unternehmen. Miserable Straßen, Malaria, Überfälle und Informanten, die keine Ahnung tatsächlicher Zusammenhänge hatten, aber dem Engländer phantasievolle Geschichten erzählten. Schon damals konnte lokaler Geschäftssinn lästig sein. Vor allem die brahmanischen Priester waren es, die, kaum da Cunninghams Interesse an einer bis dahin unbeachteten Tempelruine oder an Stupamauern erkennbar wurde, heiligen Respekt und klingende Münze forderten, bevor sie ihm eine Bestandsaufnahme erlaubten. 1861 wurde der Archäologische Dienst etabliert, Sir Alexander Cunningham zu dessen Generaldirektor berufen. Bis zu seiner Rückkehr nach England im Jahre 1885 nutzte er seine Möglichkeiten, Indiens frühe Geschichte auszugraben. Es heißt, dass er, ganz ein Mann der victorianischen Zeit, evangelischer Christ und überzeugt von der britischen Vorherrschaft, vom Hinduismus und Islam eine geringe Meinung hatte, dem Buddhismus aber eine besondere Wertschätzung entgegenbrachte, je mehr er sich damit beschäftigte. Den chinesischen Quellen folgend, identifizierte Cunningham Buddhas vergessene Wanderwege in Bodhgaya, Sarnath, Rajagaha, Shravasti, Kosambi, Kushinagar – Orte, die nun auch meine Reise bestimmen. Heute wird er als Vater der indischen Archäologie geehrt.

Mit Lumbinis Rückkehr ins buddhistische Bewusstsein hatte er direkt nichts zu tun, aber sein Wirken und sein Ruf bestärkten andere, sich diesem Orte mit Entdeckerleidenschaft zu nähern. 1893 war in dichtem Buschwerk die Ashoka-Säule ge-

mächtnis des Mannes, der hier vor zweieinhalbtausend Jahren geboren wurde und sein Leben lang predigte, die Menschen sollten in den Konflikten dieser Welt gefälligst ihren Grips gebrauchen und nicht ihre Muskeln und Ellbogen. Wie lange wird es wohl noch dauern, bis sein Ruf endlich auch die Mächtigen erreicht: die Kriegerkaste unserer Zeit?

Die Wiederentdeckung

Nach Sonnenuntergang treffe ich Basanta Bidari im Buddha-Hotel wieder, um genau zu sein: hinter der Küche im Hof. Es ist nasskalt. Die Ebene von Lumbini liegt unter einer Nebeldecke, nicht ein einziger Stern zu sehen. Weil keiner der Räume zu heizen ist, entspricht die Außentemperatur von 8 Grad über null der Zimmertemperatur. Luftfeuchtigkeit 91 Prozent. Egal also, wo man sich aufhält, ungemütlich ist's überall. Im stockdunklen Hof lodert ein Holzscheit, und im Flackerschein hockt der Herr der Grabungen, die erhobenen Hände wie Buddhas Geste der Vertrauensbekundung dem Feuer zugewandt. Ein Schal umhüllt tantenhaft seinen Kopf.

„Kälte?", Basanta Bidari wiederholt meine fröstelnd gemachte Bemerkung, sein Lächeln im rotschimmernden Gesicht kann ich erkennen, ein Hauch von Ironie: „Kälte ist eine äußerliche Angelegenheit", meint er leichthin, „zu ignorieren, wenn man die entsprechende innere Einstellung dazu hat."

Aus seinem Munde klingt das überzeugend. Ich bin offenbar noch weit von solcher Innerlichkeit entfernt und werde mich später unter einem Berg von Decken mit Baumwollfüllung verkriechen; widerwillig zwar, weil auch diese Decken klamm sind, von meiner spärlichen Körperwärme erst mal zu durchdringen, aber immerhin ein Schutzschild gegen die weiter fallenden Temperaturen der Nacht. Ein kräftiger Schluck aus der mitgebrachten Brandyflasche der Marke „Honey Bee" rinnt wärmend und brennend mit 42,8 Prozent Alkohol die Kehle hinunter.

Auch den Menschen, die in den nordindischen Dörfern und in den Slums der Städte unterkühlt dahinsiechen und krepieren, fehlt es offenbar an der richtigen inneren Gesinnung. Ich lese in den Zeitungen von Hunderten der ärmsten Schlucker, die keine Decken haben, geschwächt und unterernährt sowieso, sich selbst überlassen sind und erfrieren. Barfuß wie sonst auch laufen die Kinder umher, dünn und fadenscheinig die Kleidchen der Mädchen. Überall wird an Bäumen und Sträuchern herumgehackt, um ein paar Äste zum Aufwärmen zu bekommen. Viele solcher Feuer lodern, dicht umringt von bibbernden Menschen, schicksalsergeben. Eine Eiseswelle breitet sich von den Gletscherhöhen des Himalaya südwärts aus, die ärgste seit Jahrzehnten, so wird mir allerorten versichert. In den indischen Zeitungen steht auch, dass die Behörden mal wieder unfähig sind zu helfen. Frieren und Erfrieren ist eine Familienangelegenheit.

Buddhas Landschaft ist eben nicht das tropische Indien des Südens, sondern das der klimatischen Extreme im Norden. Wassermassen während der Regenzeit, anschwellend reißende Flüsse, schwüle Hitze, verschlammte Wege, Überschwemmungen mit Brutstätten der Malaria-Mücken. Dann Monate der Trockenheit, ausgedörrte Felder, versiegende Brunnen, ein klarer, blauer Himmel, warme, sonnige Tage, kühle Nächte, aber auch endloser Nebel, der sich zögernd, wenn überhaupt, erst am Nachmittag auflöst und der blässlichen Sonne nur einen kümmerlichen Auftritt erlaubt; und in manchen Jahren herrscht bittere Kälte wie in diesen Wochen. Dieses Klima prägte den späteren Buddha und härtete ihn ab, das Wesentliche vom Unwesentlichen zu unterscheiden.

Auch die zweite Gestalt am Feuer im Hof des Buddha-Hotels scheint die innere Festigkeit im Ertragen äußerlicher Kälte zu haben. Ich nehme den Mann nur schemenhaft wahr. Ein Tibeter, so stellt ihn mir Basanta Bidari vor. Die Andeutung eines Kopfnickens. Wettergegerbte Miene, gelblich durchfurcht, ein Mann der Berge, mit solchen Temperaturen vertraut. Die beiden waren im Gespräch als ich dazukam, murmelnd, leise. In welcher Sprache, will ich wissen. „Tibetisch, Nepalesisch, Buddhistisch“, sagt Basanta Bidari, und wieder schwingt ein ironischer Unterton mit: „Wir verstehen uns in mehreren Sprachen. Vor allem verstehe ich, was er in seinen Arbeiten ausdrückt“, er deutet auf seinen Nachbarn, „ein Künstler, ein Skulpteur. Ich kenne keinen anderen, der Buddha-Figuren eine Seele einzuhauchen vermag wie er. Das lässt sich nicht beschreiben, das muss man fühlen, spüren.“ Bewunderung ist ihm anzumerken, fast schon Schwärmerei, der Wissenschaftler mit einem Hang zum Träumen.

Ich frage Basanta Bidari nach seinem Buch, das er gerade reich bebildert zur Geschichte Lumbinis veröffentlicht hat. „Lumbini – a Haven of Sacred Refuge“ heißt es, der Hafen heiliger Zuflucht. Das Kapitel der Wiederentdeckung interessiert mich besonders. Warum Buddha und seine Botschaft nach mehr als einem Jahrtausend, da seine Lehre Indiens Kultur und Geschicke durchdrungen und bestimmt hatte, im 11., 12. Jahrhundert im Ursprungsland seines Wirkens in Vergessenheit gerieten, wird mich noch an anderer Stelle beschäftigen. Bemerkenswert ist, dass sich offenbar danach niemand mehr für die Orte seines Lebensweges und der dort errichteten heiligen Stätten interessierte. Die Klöster verfielen, die Stupas wurden als Steinbrüche verwendet, die Höhlen buddhistischer Eremiten boten allenfalls noch Ziegen und Schafen einen Unterschlupf. Siebenhundert, achthundert Jahre lang.

„Erst mit den Briten kam wieder Neugier auf“, berichtet Basanta Bidari mit gedämpfter Stimme und legt einen armdicken Ast ins Feuer, dass die Funken stieben, „die neuen Herren Indiens begannen im 18. Jahrhundert auch, die Geschichte ihres Machtbereichs auszugraben. Sie hatten ja ein völlig anderes Geschichtsverständnis und eine andere Beziehung zur Historie als die Menschen des Subkontinents. Für die waren und sind phantasievolle Geschichten wichtiger als Jahreszahlen und Fakten.

Lebensabläufe und Epochen werden zyklisch verstanden, nicht in chronologischer Entwicklung von einem Anfang zu einem Ende hin. Die Europäer befanden sich dabei eher in geistiger Nachbarschaft zu den Chinesen als zu den Indern." Er hebt achselzuckend die Hände und sagt mit einem vom Feuer erhellten Gesichtsausdruck: „So ist das nun mal."

Keine frühen indischen Geschichtsquellen verraten etwas in sachlich-beobachtender Art von den buddhistischen Stätten; es waren vielmehr chinesische Pilger, die genau hinschauten, aufschrieben, Maß nahmen, registrierten. Der buddhistische Mönch Fa Hien, auch Fa-Hsien in der Umschrift, gilt als der Erste dieser Chronisten von Rang. 399 u.Z. machte er sich mit drei Mitbrüdern zum Abenteuer seines Lebens auf. Durch die Taklamakan-Wüste wanderten sie, durch Khotan, über den Hindukush, Peshawar, ehe sie das Mittlere Land erreichten, wie damals Nord-Indien genannt wurde; den Chinesen war es eine Terra Incognita, deren Sprachen sie nicht verstanden. Zwei der Pilger überlebten die Strapazen der Reise nicht. Mit dem Freund Tao Ching zog Fa Hien weiter, ganz im modernen Sinne die buddhistischen Stätten zu erkunden, Schriften zu sammeln, zu studieren und Buddhas Geist näher zu kommen; damals in Klöstern voller Leben und Lehre und sich abgrenzender Schulen. Fa Hien eignete sich Sanskrit an, übersetzte buddhistische Texte ins Chinesische, war offenbar willkommen und anerkannt unter den indischen Mönchen. Er erlebte das friedvolle Indien während der Regentschaft des Candra Gupta (376 bis 415) und vermerkt in seinen Aufzeichnungen ausdrücklich die geringe Kriminalität und die – wie es im Englischen heißt –: „mildness of the administration". Tao Ching kehrte schon früher in die Heimat zurück. Fa Hiens spätere Heimreise zeigt auf, wie eng das Netz der Handels- und Verkehrsbeziehungen damals bereits in Südostasien geflochten war: Transportwege über Länder und Ozeane hinweg, auf denen nicht nur materielle Güter ausgetauscht wurden, sondern auch Ideen, Erkenntnisse, buddhistische und andere Lehren. Mit einem Schiff fuhr er an der indischen Ostküste südwärts nach Sri Lanka und setzte über nach Java, wo er weitere fünf Monate blieb. Als Fa Hien im Jahre 414 wieder chinesischen Boden betrat, war er über 14 Jahre unterwegs gewesen. In nüchterner Weise schrieb er auf, was er gesehen hatte.

Zwei Jahrhunderte später war es der chinesische Mönch Huien Tsiang, auch Hsüan Tsang in der Umschrift, der die Orte Buddhas aufsuchte. Über Taschkent, Samarkand, Bamiyan, Kabul, Peshawar, Lahore kam er und erlebte ein weniger friedvolles aber immer noch buddhistisch bestimmtes Indien. In der seinerzeit kosmopolitischen Universität Nalanda studierte und lehrte er zwischen 635 und 640, häufte Wissen und Manuskripte an. Am Hofe des Königs Harsa war er wohlgelitten. Nach 15 Jahren in Indien zog Huien Tsiang mit einer Karawane von 20 Pferden zurück nach China, reich bepackt mit 657 Büchern, Texten, Dokumenten. Bis zu seinem Tode im Jahre 664 arbeitete er das Material auf und hinterließ eine sehr detaillierte Reisebeschreibung.

funden worden; vergessen und überwuchert, ohne Bedeutung für die Einheimischen. Zwei Jahre danach rückte Dr. Alois Führer, ein deutscher Forscher in britischen Diensten, mit seinen Kameras an, diese Hinterlassenschaft des Ashoka-Reiches zu fotografieren, die Inschrift zu entziffern und Buddhas Geburtsort zu dokumentieren. Begleitet von dem nepalesischen General Khadga Shumsher Rana konnte er seine Arbeit 1896 abschließen. Lumbini als Wiege des historischen Buddha war wissenschaftlich zur Gewissheit geworden. Spätere Grabungsaktionen wurden zusammen mit einheimischen Forschern fortgeführt. Basanta Bidari sieht seine Arbeit anerkennend in der europäisch begründeten Tradition.

Es ist schon erstaunlich: nicht asiatisches Bedürfnis, sondern westliche Neugier und abendländischer Forscherdrang ebneten den verschütteten Weg zur Wiederentdeckung der buddhistischen Stätten. Die Erbauer eines Empires, die gekommen waren, Indien nach ihren Vorstellungen und Wirtschaftsinteressen zurechtzubiegen, trugen – ungewollt! – auch bei, ein einheimisches Geschichtsbewusstsein zu fördern, das letztlich das indische und nepalesische Selbstbewusstsein stärkte. Europäische Indologen und Sanskritforscher waren es im 19. Jahrhundert, die die alten Schriften ins Licht der Wissenschaft brachten. Der Geist Indiens faszinierte das Abendland. Übersetzungen der Veden, der Upanischaden, der buddhistischen Lehrreden leuchteten Indien als geistigen Kontinent aus. Der deutsche Indologe Hermann Oldenberg (1854 bis 1920) arbeitete als erster aus den Buddha-Legenden die Buddha-Biografie heraus: „Sein Leben. Seine Lehre. Seine Gemeinde", 1881 veröffentlicht. Die Pionierarbeit an europäischen Schreibtischen und die intellektuellen Vorstöße in dortigen Gelehrtenstuben öffneten verschlossene Tore im fernen Indien selbst. Der deutsche Sprach- und Religionsforscher Max Müller, der in Großbritannien lehrte und nie indischen Boden betreten hatte, stellte die im Zeitalter viktorianischer Weltherrschaft provozierende Frage: Was könnten die Engländer, die Europäer von Indien lernen? Abendland und Morgenland begegneten sich auf dieser geistigen Entdeckungsreise. Mit Bewunderung und Erstaunen schrieb Friedrich Nietzsche 1880 dem in religiösen Dingen so wenig vorgeschrittenen Europa sarkastisch ins Stammbuch, „dass in Indien vor vier Jahrtausenden mehr gedacht wurde und mehr Lust am Denken vererbt zu werden pflegte als jetzt unter uns".

Wer weiß, ob das authentische Lumbini je erneut geortet worden wäre ohne den Spürsinn der Europäer. Tibetische Mönche der Neuzeit hatten den Ort in den Bergen des Himalaya vermutet und waren zufrieden damit.

„Wer weiß es", lässt Basanta Bidari meine Bemerkung als leises Echo nachklingen in der immer kälter werdenden Nacht am Feuer hinter dem Buddha-Hotel. Der tibetische Künstler schweigt. Geheimnisvolle Stille umfängt uns. Nur noch das Knistern des Holzscheites ist zu hören.

KAPILAVASTU

Sohn aus gutem Hause

Familiengeschichten. Sieben Tage nach Siddharthas Geburt stirbt Mutter Maya. Das tragische und plötzliche Hinscheiden überschattet die Feierlichkeiten im Hain von Lumbini. Das Kind wird in die Hauptstadt des kleinen Reiches gebracht, nach Kapilavastu, fünfundzwanzig Kilometer entfernt, und dort in die Obhut der zweiten Frau des Vaters gegeben, nämlich Mayas Schwester Mahaprajapati. Zusammen mit deren Sohn Nanda, nur wenige Tage jünger als Siddhartha, und deren Tochter Sundarinanda wächst der Halbwaise im Hause des fürstlichen Vaters Suddhodana in Kapilavastu auf. So die spärlichen Überlieferungen.

Wo sind heute Reste der Stadt zu finden? Hat es diesen Ort überhaupt gegeben? Blieb davon etwas übrig? Der Eifer der Archäologen und nationaler Anspruch haben einen Streit ausgelöst. Es wurden nämlich zwei Stätten entdeckt, die auf Kapilavastu verweisen, nur ein gutes Dutzend Kilometer voneinander getrennt; das eine auf indischem, das andere auf nepalesischem Territorium gelegen: Piprawa und Tilaurakot mit den heutigen Namen. Ein Katzensprung auseinander.

Ein Tagesausflug? Von wegen! Die Grenze zwischen Indien und Nepal, die es ja zu Buddhas Zeiten noch nicht gab, macht einem Ausländer heutzutage die Spurensuche mühevoll und umständlich. Inder und Nepalesen brauchen kein Visum. Unkontrollierte Passagen zwischen den Dörfern erlauben ihnen das Pendeln wie zu Buddhas Zeiten. Alle anderen Reisenden müssen den internationalen Grenzübergang Sunauli benutzen, wenn sie die illegale Einreise vermeiden wollen, was die Entfernung zwischen Piprawa und Tilaurakot auf hundert Kilometer ausdehnt und mit öffentlichen Verkehrsmitteln mindestens drei Tage dauert. Tiefste Provinz im Abseits aller wichtigen Verbindungen mit eigener Zeitrechnung, die sich gummigleich dehnt und eine Uhr als ziemlich unnützen Gegenstand erscheinen lässt. Aber schon Buddha hatte alles andere als Eile im Sinn.

Ich war auf der indischen Seite mit der Schmalspurbahn von Balrampur/Jharkhandi ostwärts gefahren; das heißt: Ehe ich mich in den ocker-rot gestrichenen Zug mit altersschwacher Diesellok endlich hineindrängen konnte, tigerte ich auf dem Bahnsteig drei Stunden lang wartend hin und her, von den anderen Reisenden mit mäßiger Neugier betrachtet. Sie hatten sich in stoischer Ruhe auf ihren Bündeln und Taschen niedergelassen und übersetzten mir alle halbe Stunden die jeweils aktualisierten und die Hoffnung auf baldigen Aufbruch dämpfenden Lautsprecherdurchsagen.

Die übliche Verspätung. Dass ich dies als lästig und ärgerlich empfand, vermutlich als Einziger in der bunten Menschenansammlung vor Fahrkartenschalter und Teestand, bedeutete ja nur, noch immer üben zu müssen, um in Einklang mit Land und Leuten zu gelangen. Wenn ich Jahrtausende währender Geschichte auf den Fersen war, sollte ich mich doch wohl nicht um eine solche Banalität wie einen Fahrplan bekümmern – das redete ich mir zumindest ein, ohne den inneren Widerspruch abendländischen Zeitgefühls überstimmen zu können. Endlich dann die Weiterreise.

Durch den Gang des Zuges zwängte sich singend ein graubärtiger Alter, das kantige faltige Gesicht von der schmuddeligen Decke umrahmt, die ihm über die Schultern hing; die toten Augenhöhlen in jenseitige Ferne gerichtet; einen Wanderstab in der Rechten, barfüßig. Die dunkle Stimme, krächzend und monoton, tönte wie ein Klagegesang, wimmernd eher als melodiös. Die Gestalt hätte ein Gefährte auf Buddhas Wanderwegen gewesen sein können, so zeitlos; ein Seher, ein Weiser, ein Asket – doch wie die vielen anderen in indischen Zügen nur ein bettelnder armer Mann, dessen Schicksal und Lebenserfahrung niemanden interessieren.

Nach drei Stunden gemächlicher Rüttelei und hundert Kilometern durch eine endlos flache, karge Ebene mit wenigen Dörfern wurde mein Drang nach Vorankommen in Naughar abermals gebremst. Am Busstopp nahe des Bahnhofs, dessen Halle erstaunlicherweise eine Buddha-Statue ziert, machten sich ölverschmierte Männer just an dem Gefährt zu schaffen, das nach Piprawa fahren sollte, 25 Kilometer ins Hinterland. Bus-Stopp! wie zutreffend. Gerade wurde der Motor ausgebaut. Ob und wann das Ding auch wieder eingebaut werden sollte, konnte mir niemand mit Bestimmtheit erklären; freundliche bärtige Gesichter deuteten immerhin guten Willen an.

Die Sonne nähert sich bereits blutrot dem Horizont, als ich endlich vor einem rostigen Schild stehe: „U.P. (Uttar Pradesh) Tourism Welcomes You. Kapilavastu, the Capital of Lord Buddha's Kingdom." So die großspurige Behauptung in abgeblätterter Schrift; und das stumme Willkommen kann ich ganz auf mich allein beziehen: weit und breit kein Mensch, der sich für Buddha interessierte. Der Omnibus war weitergefahren, ich als Einziger auf offener Straße ausgestiegen. Zwei spärlich beblätterte Bäume heben sich scherenschnittartig gegen den blauen, wolkenlosen Himmel ab, einsame Gestalten in der Ebene. Eremitisch alleine meditiert ein Buddha in der Ödnis, vor Jahren von Pilgern da aufs Feld gestellt, mannshoch, aus Plastik, schäbig nun, unbeachtet. Wie so oft in Indien habe ich den Eindruck, dass ein Projekt begonnen wurde, aufbauend, entschlossen, aktiv; und bald schon fehlen die Mittel der Erhaltung. Ganz im Gegensatz zu den historischen Großbauten, den Tempeln, den mehrtausendjährigen Monumenten von Charakter und Vollkommenheit bleibt gegenwärtiges Indien so ziellos, orientierungslos, unfertig und erscheint als verwahrloste Baustelle.

Eine melancholische Stimmung der Verlassenheit umfängt mich in diesem abge-

legenen Winkel. Ich klettere über die Grundmauern des indischen Kapilavastu und habe den Eindruck, auf dem Skelett einer versunkenen Stadt und ihrer Bewohner umherzugeistern. Rechtwinklig ziehen sich die roten gebrannten Backsteine über Hunderte von Metern hin. Die Ausdehnung der Mauern ist erstaunlich, in den 1970er-Jahren ausgebuddelt. War hier der Palast, in dem der junge Siddhartha aufwuchs? Behütet von seinem Vater, der aus ihm einen Krieger machen wollte und besorgt gewesen sein soll, der Junge könne dereinst ein wandernder Asket werden, ein Heiliger, wie es die Legende in Gestalt des Weisen Asita vorausgesagt hatte.

32 Zeichen des Außergewöhnlichen und 80 weitere Körpermerkmale hatte der Seher aus den Himalayahöhen am Neugeborenen bemerkt. Als Wunderkind preisen denn auch die Buddha-Geschichten den kleinen Siddhartha. In der Schule verblüffte er mit Allwissenheit und der Kenntnis zahlreicher Schriften, von denen nicht einmal der Lehrer etwas ahnte. Ob der Junge indes überhaupt lesen und schreiben erlernte, ist historisch nicht überliefert. Als Sohn, der in die Kriegerkaste hineingeboren wurde, gilt dies nicht unbedingt als sicher. Er sollte kämpfen üben, das Schwert handhaben, ein Mann des Befehlens werden: diktieren in des Wortes doppeltem Sinne. Tatsächlich ist ja auch kein schriftlich fixiertes Wort von Buddha selbst überliefert. Seine Lehre wurde erst drei, vier Generationen nach seinem Tode aufgeschrieben. Und viele der Sutras, der Lehrreden beginnen mit dem Satz: „So habe ich gehört…“

Ein paar hundert Meter entfernt vom einstigen Palast ragt in flachem Halbrund die Ruine eines Stupas auf, dessen Ursprünge ins 2. Jahrhundert v.u.Z. zurückreichen, so die indischen Archäologen. Daneben breiten sich weitere Grundmauern aus, die

die Fundamente einstiger buddhistischer Klosteranlagen bildeten. Ein historischer Ort, keine Frage. Rabengekrächz in der klaren, kalten Luft ist das einzige Geräusch dieser Stunde. Der nun verlöschende Sonnenball verschwindet hinter den sanften Rundungen des Stupas, dessen Backsteine sich schwarz gegen den Himmel abheben und überstrahlt werden wie ein Hügel in Flammen. Dann senkt sich schnell die Nacht über die Geschichte und die vielen ungeklärten Fragen der Buddha-Herkunft.

Nun brauche ich eine Bleibe. War ich nicht an einem Hotel vorbeigekommen? Aus dem Busfenster hatte ich das Gebäude rechter Hand in den Feldern stehend gesehen, ein zweistöckiges Haus mit Terrasse. In Naughar war es mir von den Leuten auf dem Busbahnhof angekündigt worden. Das Vertrauen in die Herberge wird rasch von dem ungemütlichen Gedanken verdrängt, unter dem Sternenzelt und nicht unter wärmenden Decken nächtigen zu müssen. Als ich nämlich vor dem Tor des Hotels stehe, ist es verrammelt und verriegelt. Auch der vertraute Name „Sakiya“, Buddhas Sippe, kann da mein Gemüt nicht erhellen. Nirgends mehr ein Omnibus, kein sonstiges Gefährt auf der Straße zu sehen, die nächste Stadt 25 Kilometer weg, und die Temperatur schrumpft rasch auf zehn Grad – das sind Momente des Reisens, die einen frösteln lassen und die Sehnsucht nach dem warmen übervölkerten Indien wecken, das ich offenbar aus Auge und Ohr verloren habe. Momente der Stille, die seltenen, kostbaren, die akustischen Geschenke, im Lärm der Städte immer wieder von den Göttern der Gehörlosigkeit erfleht, hatte ich mir anders vorgestellt als in diesen Minuten vor dem verschlossenen Tor, das mein Pochen mit düsterem Echo in der Dunkelheit der unerreichbaren Innenräume verstärkt.

Aber ich bin ja doch in Indien, wo letztlich aus scheinbar menschenleerem Nichts zumindest ein neugieriges, zumeist sogar ein hilfreiches Wesen auftaucht. Kinder, irgendwo in den ärmlichen Hütten am Straßenrand zuhause, umringen mich plötzlich. Ein älterer Junge tippt mir auf die Schulter. Sein Blick deutet Hoffnung an. Uns verbindet keine gemeinsame Sprache. Vages Kopfschütteln im Schein meiner Taschenlampe. Es sieht eher nach einem Ja als nach einem Nein aus. Er radelt davon und wird von der Schwärze ringsum verschluckt. Bange Minuten, in denen ich von schwätzender Kinderschar taxiert werde. Eine halbe Stunde später kommt der Junge mit einem Mann zurück. Keine Spur von Überraschung in dessen Gesicht. Das brummige Hello! entspricht nicht ganz dem Welcome auf dem Blechschild, deutet aber praktische Hilfe an. Weil hier offenbar so selten ein Gast aufkreuzt, bleibt der Wächter des „Sakiya-Hotels“ in den eigenen vier Wänden und rückt nur bei Bedarf an.

Der Schlüssel knirscht im Schloss. Welch ein Wohllaut der Verheißung. Die Hauslosigkeit, der sich der umherziehende Buddha mit seinen Jüngern verschrieben hatte, ist nicht unbedingt mein Ideal, jedenfalls nicht in solch einer kalten Nacht des nördlichen Indien. Mit einer Petroleumfunzel leuchtet mir der gute Hotelgeist durch gespenstisch aufflackernde Gänge, öffnet ein Zimmer, und gemeinsam tragen wir klamme, harte Decken zusammen. Meine eigene Atemfahne macht mir deren Not-

wendigkeit augenfällig. Ein Abendessen? Den Wunsch wage ich kaum auszusprechen. Dem Ein-Mann-Personal gelingt es, mir eine Portion Spaghetti neben das Bett zu stellen, nicht eben eine indische Spezialität, aber dampfend heiß. Die Nacht ist totenstill.

Im Dunst des frühen Morgens kehre ich zurück zu den einsam verlorenen Stätten der Vergangenheit. Graue Nebelschwaden hüllen die Ruinen ein. Schreiende Jugendliche hindert das miese Wetter nicht daran, gleich daneben einen Kricketball in die nasskalte Luft zu schlagen und ihm hinterherzurennen. Die Jungen sind im Alter des Jungen, der hier möglicherweise heranwuchs und zum Mann wurde, wenn denn diese Mauern das Kapilavastu Buddhas waren.

Aber da gibt es ja auch noch das andere, das nepalesische Kapilavastu. Ich laufe die menschenleere Straße entlang, meinen Rollsack hinter mir herziehend, in solchen Stunden des werdenden Tages voller Zuversicht und Unternehmungsgeist. War da am Abend zuvor etwas mit einem verschlossenen Hotel? Vergessen. Weiter nun. Ein dreirädriges Taxi nimmt mich ein paar Kilometer mit. Neben den zusammengedrängten Männern in dem beengten Gefährt hält ein junges Mädchen ein aufgeschlagenes großformatiges Buch auf den Knien. In englischer Sprache führt es in die Geheimnisse des Windows-Computerprogramms ein. Das Buch und der Ernst der jugendlichen Leserin wirken seltsam exotisch in dieser Umgebung, deren Hütten noch nicht einmal von elektrischen Leitungen erreicht werden, der Nabelschnur des Fortschritts. Die Lehre unserer Tage, die des Bill Gates und seiner virtuellen Zunft, dringt trotzdem auch in solche Regionen vor, vermittelt sie doch die Illusion, an eben solchem Fortschritt teilhaben zu können. Unsere Blicke treffen sich. Das Mädchen lächelt und zieht die Augenbrauen hoch, fest entschlossen, in die Mausklick-Pfade der Windows-Welt einzudringen.

Lumbini? Ja, ja, da wolle er auch hin. Der Mann, der im nächsten Ort auf den Bus wartet, bietet seine Hilfe bei der Weiterreise an. Über schmale Straßen voller Schlaglöcher rumpelt das Uraltvehikel nordwärts. Die Trennscheibe zwischen Fahrer und Innenraum zersplittert. Der Bushelfer klaubt mit spitzen Fingern die Scherben zusammen und wirft sie nach draußen. Erst nahe der Grenze wird mir klar, dass das nicht der Weg nach Sunauli ist, dem internationalen Übergang. Zurück. An einer Kreuzung mit Marktbetrieb werde ich ausgesetzt. Niemand vermag mir zu sagen, wann und wie es weiter geht. Ich warte neben einem Stand mit Äpfeln auf eine andere Fahrmöglichkeit. Liebevoll poliert der Verkäufer sein Angebot, stellt mir einen Stuhl hin, nickt teilnahmsvoll. Solche Aufmerksamkeit am Straßenrand tut gut. Ich werde den Mann in meinem Leben nie wieder sehen, kenne seinen Namen nicht, ahne von seiner Geduld, in solch ärmlicher Abgeschiedenheit ausgerechnet Äpfel zu offerieren, wo viele Menschen nicht mal das Nötigste zum Leben haben; und dann ist es diese Geste des spontan bereit gerückten Stuhles, ein Lächeln, dieser Funke Freundlichkeit – das wird mir von der windig-kalten Ecke in Erinnerung bleiben.

Stunden ziehen sich zäh dahin. Buddhistische Gelassenheit wird auf die Probe gestellt. Was ist Zeit? Was ist Raum? Ich bewege mich in einem Grenzbereich. Ich errege offenbar weder Neugier noch Abneigung. Lokaler Nahverkehr bringt mich in einer Art Springprozession voran. Alle paar Meter wird ein- und ausgestiegen. So ein Bus hält öfter als er fährt. Zwischendurch quetsche ich mich in einen überladenen Jeep. Ein Junge, der kassiert und sich an die hintere Plattform klammert, animiert brüllend weitere Passagiere zum Einsteigen. Auf der Bank beiderseits des Fahrers hocken mitfahrende Männer, zwischen ihren Beinen ragt phallisch der Schaltknüppel heraus. Der Fahrer rührt ihn herum wie einen Kochlöffel im Suppentopf. Dann wieder ein Bus. Winken. Eindringen in die Ladung der Leiber.

Ich wähne mich auf einer Odyssee. Irgendwo zwischen Scylla und Charybdis. Durch, nur durch. Schon Hunderte von Metern vor der Grenzstation Sunauli stauen sich die Trucks, bunt bemalt, hoch bepackt. Geschäfte auf beiden Seiten der Straße, Großstadtgewimmel und ein Durcheinander, das der Hektik von Flucht und Vertreibung gleicht. Der indische Beamte sitzt in einem der Ladenlokale, zur Straße offen als habe er etwas zu verkaufen. In eher un-indischer Einfachheit, so ohne Formular und Warteschlange, drückt er mir den Ausreisestempel in den Paß. Beim nepalesischen Wachmann ein paar Hausnummern weiter dauert's etwas länger. Fragebogen, Passfoto, 30 US-Dollar Visagebühr. Deren Barzahlung scheint das eigentlich Wichtige des Amtsvorgangs zu sein, der Eintrittspreis in eines der ärmsten Länder der Welt. Ein griesgrämiger ranghöherer Mann, nicht etwa an einer Uniform zu erkennen, niemand trägt eine, sondern am Extra-Schreibtisch, unterschreibt schließlich. Das alles

spielt sich in einer unfreundlichen Atmosphäre ab, die zum Grau des Tages passt und den Reisenden nicht als besonders willkommenen Gast erscheinen lässt. Im Nachbarhaus, das großtönend als Staatliches Tourismusbüro angepriesen wird, kramt ein verhärmtes Männchen lange in offenbar leeren Schubladen, ehe es eine allgemein gehaltene Broschüre auf den Tisch legt. Landkarten? Spezielle Hinweise zu Lumbini und Kapilavastu? Kopfschütteln. In Nepal ist es eindeutiger als in Indien. Beide Länder trennt außerdem eine Viertelstunde Zeitunterschied. So komme ich zu Fuß über die Grenze, hinter mir den schwarzen Rollsack ziehend. Ein Wanderer auf Buddhas Lebenswegen. Lumbini ist noch 25 Kilometer weiter westwärts. Ein betagter amerikanischer Chevrolet bringt mich auf ausgeleierten Stoßdämpfern dahin. Der Fahrer erweist sich als hilfsbereit, erzählt von der Sonne, die nur 30 Kilometer weiter nördlich die Berge erwärmt, aber leider die Nebeldecke über der Ebene nicht zu durchdringen vermag. Lumbini liegt ebenso im Flachland wie das nepalesische und das indische Kapilavastu. Zumindest beim Klima spielt die Grenze keine Rolle.

Kondom und Coca Cola

Tage später bin ich mit Korno vom Buddha-Hotel in Lumbini und einem gemieteten Geländewagen japanischer Herkunft unterwegs, Siddharthas Jugendplätze aufzustöbern. Korno hat sich eine Pudelmütze über den Kopf gezogen. Der junge Mann stammt aus einem der Bergdörfer, arbeitet einige Wochen im Hotel und kehrt dann ein paar Tage zu seiner Familie nach Hause zurück. Sein Leben pendelt zwischen abgeschiedener Tradition und dieser anderen Welt des Tourismus. Nein, er sei noch nicht verheiratet; eine Frau könne er sich nicht leisten; und Buddhist sei er auch nicht. Sein Englisch ist gut, gelernt und erprobt mit den Fremden, die vornehmlich wegen jenes Mannes nach Lumbini und in sein Hotel kommen, der hier geboren wurde. Man hat ein vertrautes Verhältnis zu Buddha, der üblicherweise Fremde anzieht und zu einem Einkommen verhilft. Korno und seine Helfer sehen das pragmatisch und weniger religiös. Ich bin in diesen Tagen der einzige Gast. Gewalttätige Banden, die sich maoistisch nennen und in Nepals Bergen für vermeintliche Gerechtigkeit morden, schrecken das feudale, anachronistische Königshaus in Kathmandu auf und Touristen ab. Korno hat viel Zeit, sich um mich zu bemühen. Er tut es ehrlich und unaufdringlich. Ihm verdanke ich die Begegnung mit Basanta Bidari.

Welches Kapilavastu er denn für Siddharthas Heimstatt halte, hatte ich von ihm wissen wollen, dem Fachmann in der Entschlüsselung antiker Steine. Sicher könne er darauf keine Antwort geben; aber nicht etwa weil er Nepalese sei und deshalb als voreingenommen gelten könne, plädiere er für das Kapilavastu bei Tilaurakot, sondern weil die archäologischen Funde eher dafür sprächen. Es könne wohl so gewesen sein, dass beide Städte einmal Hauptstädte des Sakyia-Landes waren, nacheinander. Nach der Zerstörung des Kapilavastu, in dem Siddhartha aufwuchs, wurde es weiter südlich wieder aufgebaut, heute auf indischem Boden gelegen. Ja, dies sei sehr wahrscheinlich. Ohnehin betrachte er diesen Streit über die indisch-nepalesische Grenze hinweg als müßig.

Zwei Ashoka-Säulen sind wiederum Wegweiser in die Vergangenheit. Der zum Buddhismus bekehrte König bekundete mit solchen steinernen Zeugnissen nicht nur dem Erwachten seinen Respekt, sondern markierte damit auch die Ausdehnung seines Reiches. Frömmigkeit und Macht sind seit alters her verschwistert. Über elende Straßen holpert unser Wagen, gelegentlich Traktoren überholend, selten ein Auto. Ochsenkarren rollen daher, die beiden mannshohen hölzernen Räder mit Eisenbeschlag ausgestattet. Das Gefährt in seiner unendlichen Gemächlichkeit und robusten Zugkraft kennzeichnet die Fortdauer des einfachen Lebens in dieser Region landwirtschaftlicher Nutzung. Da hat sich seit Generationen wenig verändert. Es fällt schwer, sich hier historische Städte vorzustellen, so karg und ärmlich ist das zersiedelte flache Land. Das Dorf Gotihawa könnte solch ein urbanes Zentrum gewesen sein. Aus einem viereckigen Loch mit grünem blasigen Wasser ragt der Stumpf einer Säule auf, oben durch den Bruch zugespitzt wie eine Granate. Seltsam, dass einem stets kriegerische Vergleiche einfallen. Daneben bilden die Grundmauern eines Stupa einen flachen Hügel, der sich als eine Andeutung von Geschichte aus der Zeit nach Buddhas Tod, zweitausend Jahre alt, in unmittelbarer Nachbarschaft der strohgedeckten Lehmhütten ausbreitet. Mit einem im Kreise getriebenen Ochsenpaar wird der Reis gedroschen. Kein Dieselmotor. Keine Elektrizität. Kinder in verwaschenen dünnen Kleidchen, halb nackt und barfuß, springen umher. Auf dem festgetretenen Boden kauern Frauen, mit Sand bauchige Aluminiumgefäße scheuernd. Große, dunkle Augen schauen uns hinterher, neugierig und wohl kaum verstehend, was einen Fremden wie mich an solche Orte lockt. Ich fühle mich als das, was ich bin: ein Eindringling in Nepals Hinterhöfen.

Kudan ein paar Kilometer weiter. Hier soll Buddha seinem Vater wieder begegnet sein, nachdem er seine Erleuchtung hatte. Ein Stupa lädt zum Klettern ein. Hoch aufgetürmt der Backsteinberg, an dessen Sockel noch Verzierungen zu erkennen sind, Ornamente, geometrische Formen, Schmuckfriese, keine figürlichen Darstellungen. Auf dem mit Gras und Gestrüpp überwucherten Gipfel reckt sich ein Lingam gen Himmel, Shivas Zeichen von Stärke und Männlichkeit, lange nach der Buddha-Verehrung hier aufgestellt als Hinweis, welche Kraft den längeren Atem hatte. Aber nun wirkt auch diese Stätte hinduistischer Rituale verlassen und vernachlässigt.

Dann in der endlosen platten Landschaft die zweite Ashoka-Säule beim Ort Niglisagar. Der mehrere Meter lange Steinkoloss liegt unter einem Dach, geschützt vor Sonne und Regen. Daneben wuchert Gestrüpp in morastigem Loch; trist die Umgebung, nur vereinzelt einsame Bäume in weiter Ebene. Die Inschriften sind gut zu erkennen. Ein eingeritzter Vogel stolziert über die Rundung der Säule; 249 v.u.Z. aufgestellt. Heutzutage erscheint eine solch stumme Hinterlassenschaft königlichen Auftretens fast banal, doch welcher Prunk mochte hier entfaltet worden sein. Welche prachtvollen Zeremonien fanden statt mit Musik und Wohlgerüchen? Längst waren mit dem großindischen Machtanspruch eines Ashoka die kleinen Stammes-Republiken, wie sie Buddha noch gekannt und durchwandert hatte, aufgelöst und einbezogen in das zentral regierte Reich der Maurya-Dynastie. Und welche Reden wurden hier gehalten? Staatstragend wohl, den König preisend.

Die Phantasie wird vollends angefacht, als wir uns den Grundmauern von Kapilavastu nähern, nach dem übrigens in Nepal die gesamte Region benannt ist. Der Marktflecken Tilaurakot ein paar Kilometer davor ist Verwaltungs-, Schul- und Einkaufsort mit Läden für Schnaps und Medikamente. Hütten stehen neben Steinhäusern, schäbig, gesichtslos, austauschbar. Der altersschwache Motor des Wagens beginnt zu stottern, eine Reparatur wird fällig. Korno und der Fahrer stochern mit Schraubenzieher und Zange unter der Motorhaube herum. Ich kann mich umsehen. An einer Hauswand erkenne ich das naiv gemalte Bild eines Ehepaares und einen gewaltig aufgerichteten Kondom, turmartig. So werben die Behörden hausbacken für Familienplanung. Daneben ist in weltweit bekanntem Schriftzug zu lesen: „Enjoy Coca Cola." Ich grübele über den Zusammenhang beider Reklamebotschaften nach. Es sind Zeichen der neuen Zeit, da Anweisungen zum gewünschten Verhalten an Häuserwände gepinselt werden. Entfernte Autoritäten geben in Wort und Bild sittliche Gebote, die über Wohl und Ehe ihrer Untertanen befinden. Das Getränk amerikanischer Großaktionäre könnte als Belohnung für Vermeidung von Kindern

und Aids verstanden werden. So werden Lehre und Leere heutzutage verbreitet. Eine bizarre Lebenshilfe in ländlicher Unzugänglichkeit mit mehr als 2.500-jähriger Geschichte.

Ziegen wühlen nach Fressbarem im Dreck. In einem Bretterverschlag hantiert ein Friseur mit Schere und Kamm. Auf den Straßen ein buntes Gewimmel und Gebimmel der Fahrradrikschas, die sich auf die Seite drücken, wenn ein dröhnender Traktor mit zweirädrigem Eisenanhänger in rücksichtslosem Tempo daherdonnert. Das alles sieht nach Geschäftigkeit aus, kann aber kaum über Armut, Arbeitslosigkeit und Müßiggang hinwegtäuschen. Immerhin vermittelt ein solcher Marktflecken mit Handwerkern, Händlern, Amtsstuben eine Ahnung von der Organisation einer Stadt zu Buddhas Zeiten. Nach einer Stunde lässt sich unser Fahrzeug zur Weiterfahrt bewegen, asthmatisch röhrend, aber willig.

Ein paar Kilometer nördlich von Tilaurakot breitete sich oberhalb eines Flusses das einstige Kapilavastu aus. Am Eingang der Grabungsstätte ist in ähnlich suggestiver Ausschließlichkeit wie drüben im indischen Piprawa auf einem Schild vermerkt: „The Capital of Lord Buddhas Father." Der Fluss hat sein Bett im Laufe der Jahrhunderte verlagert und schimmert nun im Nordwesten als graues Band im Schwemmland, einige hundert Meter entfernt. Unter schattigen Bäumen verlaufen die geradlinigen Grundmauern der Palastanlagen. Die Größe ist eindimensional. Die zwei, drei Stockwerke der Steinhäuser muss ich mir im Geiste erbauen. Während ich die sich über Hunderte von Metern erstreckenden Backsteinquadrate einstiger Räume durchschreite, ist an Buddhas Jugend-Erinnerungen zu denken: „Beim Haus meines Vaters ließ man mir Lotosteiche anlegen: An einem Ort blühten blaue, an einem rote Lotosblumen; und dies allein für mich. Ich gebrauchte keine anderen Salben als solche aus Benares. Aus Benares kam das Tuch meiner Kopfbedeckung, meiner Jacke, meines Untergewandes, meines Überwurfs. Bei Tag und Nacht hielt man einen weißen Schirm über mich, damit mich nicht Kälte, Hitze, Staub, Grashalme oder Tau belästigten."

In der Literatur wird gern vom Prinzen gesprochen, vom Königssohn aus prachtvollem, goldstrotzenden Palast. Das ist nach neuerer Forschung nicht zutreffend. Es war alles ein paar Nummern kleiner. Als Angehöriger der Ksatriya war Siddhartha hineingeboren in die Kastenhierarchie, die ihre Wurzeln in vedischer Vergangenheit hatte und das soziale Geflecht der Stände und Berufe bestimmte. „Varna", nämlich Farbe, heißt das diesbezügliche Sanskrit-Wort im Verständnis von Kaste; und gemeint ist die Hauttönung als Zeichen ethnischer Herkunft in der Nachfolge der indoarischen Einwanderung. Je hellhäutiger, desto höher das Ansehen in der Hierarchie. Jeder kannte seinen Platz, seine Pflichten, sein ihm zustehendes Wohnviertel innerhalb der wohlorganisierten Stadt. Doch es war eine Zeit der Veränderungen. Mit der wachsenden Bedeutung eben solcher Städte, mit Handel und Handwerk, mit immer ausgeklügelterer Arbeitsteilung, die sich wesentlich von ländlicher Gemeinschaftsarbeit auf den Feldern unterschied, gewannen persönliche Initiative, Verbindungen und Geld immer mehr an Bedeutung. Damit konnte ein Mann niedriger Kastenzugehörigkeit einen Einfluss erwerben, der über seine soziale und gesellschaftliche Stellung hinausreichte. Das war vor zweieinhalbtausend Jahren. „Von der Rigorosität, die das Kastensystem im hinduistischen Mittelalter annahm, und von der Grausamkeit, die Ausüber beschmutzender Tätigkeiten als Unberührbare aus der Gesellschaft zu verbannen, war die Zeit des Buddha noch weit entfernt", berichtet Hans Wolfgang Schumann über eben diesen Alltag, den der Gautama-Sohn erlebte.

Siddharthas Vater wurde zwar Raja genannt, König, aber im Stamm der Sakiya mit gewählter Selbstverwaltung war er kein unumschränkter Monarch. Er war für die Eintreibung der Steuern zuständig, musste die öffentlichen Arbeiten wie Straßenbau, Bewässerungsanlagen, Brunnen organisieren, repräsentierte den Stamm der Sakiya nach außen. Erforderliche Entscheidungen mussten im Kreise der Oberen beredet werden bis ein Konsens erzielt war. Wahrscheinlich arbeitete der Vater sogar selbst auf den Feldern der Familie mit, zumindest beaufsichtigte er die Knechte und Mägde.

Alleinherrschende Könige mit wirklicher Macht und Erbmonarchie regierten die größeren Reiche der Gangesebene, denen die Stämme wie die der Sakiyas, die Mallas, Licchavis mit ihrer einer oligarchischen Republik ähnlichen Struktur untergeordnet waren. Mit dem König Bimbisara von Magadha und seiner Hauptstadt Rajagaha und dem König Pasenadi von Kosala und seiner Hauptstadt Shravasti waren längst neue einflussreiche Staaten entstanden, die die politischen Richtlinien der folgenden Jahrhunderte bestimmten und dem Regierungssystem des im 3. Jahrhundert v.u.Z. aufblühenden Ashoka-Großreichs den Weg bereiteten. Gerade Bimbisara und Pasenadi sollten für Buddha, seine gesellschaftliche Anerkennung und der Verbreitung seiner Lehre eine wichtige Rolle spielen.

Aber so weit war es ja noch lange nicht. In diesen Räumen, Gärten, Höfen, deren Grundmauern ich durchwandere, verbrachte Siddhartha die ersten 29 Jahre seines Lebens. Strahlende Palastanlagen haben wohl auch hier nicht gestanden, sondern solide Steinhäuser, Versammlungshallen, Tore, Türme, wehrhaft und ganz der Herrschaft damaliger Oberschicht entsprechend. Unter dem Schirm schattiger Bäume bedarf es nun einiger Vorstellungskraft, um zu erahnen, wo der Junge eine wohlbehütete Jugend genoss. „Verwöhnt lebte ich, ihr Mönche, äußerst verwöhnt", so teilte er es später seiner Gefolgschaft mit. Ein Krieger sollte er werden, doch der eher nachdenkliche Knabe, sehr empfindsam, in sich gekehrt, entdeckte wohl schon sehr früh eine Veranlagung zur Selbstversenkung. Seine Erinnerung an jenes Empfinden unter dem Jambubaum, unter dem er seinem arbeitenden Vater zuschaute, wies ihm Jahre danach bei der selbstzerstörerischen Suche nach dem eigenen Weg den Schlüssel dazu: „Fern von Begierden, fern von unheilsamen Dingen erlangte ich die erste Vertiefung … bestehend in Freude und Glück. … Infolge dieser Erinnerung wusste ich: Dies ist wirklich der Weg zum Erwachen."

Sein empfänglicher Geist konnte sich an den Debatten schulen, die sein Vater mit den wichtigen Männern der Stadt führte. Da ging es um Rede und Widerrede, um Argumente, um geschliffene Sprache, um Diplomatie. Siddhartha wuchs hinein in das Selbstbewusstsein der Oberschicht, was ihm die Sicherheit im späteren Umgang mit den Königen von Kosala und Magadha verschaffte. Aber er lernte auch das Alltagsleben kennen, die Handwerksarbeiten, die Wirtshäuser, die Straßenatmosphäre der kleinen Leute. Da blieb ihm nichts Menschliches, Allzumenschliches verborgen. Die berühmten vier Ausfahrten sind eine wunderbare Legende, deren Szenen in der Kunst so einprägend dargestellt werden, die aber nicht erst in solch anekdotischer Verkürzung einem heranwachsenden Spross des Adels die Augen für das wahre Leben und das unvermeidliche Sterben geöffnet haben. Der Vater hatte ihm, volkstümlichen Geschichten entsprechend, den Anblick von Krankheit, Alter, Tod ersparen wollen. Siddhartha sah aber bei der ersten Ausfahrt aus dem vermeintlich nur dem Schönen gewidmeten Palast, dem Goldenen Käfig der Legenden, einen siechen Menschen, bei der zweiten Ausfahrt einen dahinwelkenden Alten, bei der dritten Ausfahrt eine zum Verbrennungsplatz getragene Leiche. Die Episoden verhelfen zur Erkenntnis der Vergänglichkeit, die ihm der Wagenlenker als unausweichlich verdeutlicht, und lassen die Sehnsucht aufkeimen, wie dem Leiden zu entkommen sei. Die Begegnung mit einem Sramanen, einem der wandernden Weisen, wird ihm zur Herausforderung. In dessen Augen sieht der junge Siddhartha die Erfüllung, Zufriedenheit, den gefundenen inneren Frieden. Er durchschaut den ihn umgebenden Luxus in all seiner Flüchtigkeit, Nichtigkeit, Oberflächlichkeit. Der Wunsch, es dem ungebundenen heiligen Manne gleichzutun und die Geborgenheit aber auch die Enge des Elternhauses zu verlassen, könnte durch derartige Eindrücke geweckt worden sein. Dazu hatte Siddhartha mehr Gelegenheiten als die vier symbolhaften Ausfahrten. Als Politiker, Verwalter und Nachfolger seines fürstlichen Vaters sah er sich offenbar nicht.

Noch ist Siddhartha freilich Nutznießer. 16-Jährig wird er verheiratet und dem Sakiya-Mädchen Yasodhara angetraut. Wahrscheinlich umgeben ihn als Gespielinnen auch noch andere Frauen. Wenn Buddha später von den leiblichen, sinnlichen Dingen des Lebens spricht, weiß er, wovon er redet, keinesfalls ein Blinder, der die Farben preist: „Ich kenne keinen Körper, keine Stimme, keinen Geruch, keinen Geschmack, keine Berührung, die das Denken des Mannes so fesseln wie Körper, Stimme, Geruch, Geschmack und Berührung der Frau. Ich kenne keinen Körper, keine Stimme, keinen Duft, keinen Geschmack, keine Berührung, die das Denken der Frau so fesseln wie Körper, Stimme, Geruch, Geschmack und Berührung des Mannes."

Erst 13 Jahre nach der Hochzeit wird sein Sohn Rahula geboren. Warum seine Ehe so lange kinderlos blieb, ist ungeklärt. Doch die Vaterschaft bewirkt keineswegs, dass sich Siddhartha in neuer Verantwortung auf die Häuslichkeit einstellt. Im Gegenteil. Zu nächtlicher Stunde sucht er das Weite und flieht geradezu aus all den Bindungen, die 29 Jahre sein Leben bestimmten. Seltsames Verhalten, nicht die feine Art eines Noblen. Siddhartha lässt die Seinen im Stich. Ohne Abschied zieht er los, so wird in den Überlieferungen berichtet: die fragwürdige Tat eines Aussteigers. Aus heutiger Sicht und mit den Maßstäben sozialer Verpflichtung ist dies schnöde Verlassen von Frau und Kind wohl als verwerflich zu beurteilen. Von wegen verletzte Unterhaltspflicht: einklagbar. Aber Siddhartha war keineswegs eine Ausnahme in derartiger Abkehr. In einer Zeit, da viele tradierte Werte ihren Inhalt verloren und sich neue Machtverhältnisse abzeichneten, lösten sich auch andere junge Männer aus heimischer Bindung und ließen die vermeintliche Sicherheit zurück auf der Suche nach innerer Vollkommenheit, bequeme Äußerlichkeit verachtend. Frühe Vorfahren von Romantikern und Blumenkindern.

Ich bin am einstigen Osttor der befestigten Stadt Kapilavastu angelangt. An den restaurierten roten Grundmauern sind die Umrisse solcher Begrenzung gut zu erkennen. Da ich dafür keine archäologischen Beweise zu erbringen habe und mich auf das Zeugnis der Fachleute verlassen kann, erscheint mir der Ort hier in seinen Dimensionen, seiner Lage, seiner Umgebung tatsächlich der Schauplatz zu sein, wo sich dieser Aufbruch in die Hauslosigkeit abgespielt haben mag. Alles ist still in den Räumen. Siddhartha schleicht sich ins Zimmer seiner Frau. Ein letzter Blick auf die schlafende Mutter, die das Baby in Händen hält. Auch dies ist ein beliebtes Motiv der Buddha-Kunst. Hat der junge Vater Skrupel? Was geht in ihm vor? „Mir kam der Gedanke, das Leben im Hause sei eng und unrein, während das Leben in der Hauslosigkeit weit offen sei; es ist schwierig, ein in allen Teilen vollkommenes, reines geis-

tiges Leben zu führen, wenn man eingesperrt ist", so heißt es in einem Bekenntnis der späteren Buddha-Schriften. Kein Wort mehr der Verständigung, keine Bitte um Verständnis. Da hat sich ein Mann entschieden und ist von einer Mission erfüllt, deren Bedeutung über familiäres Glück hinausreicht. Siddhartha folgt anderen Maßstäben als jenen privater Verantwortung. Dass die nächtliche Flucht keine spontane Entscheidung gewesen war, sorgsam wohl über Jahre bedacht und innerlich vorbereitet, grundsätzlich auch mit dem ablehnenden Vater besprochen, kann als gesichert angenommen werden. Hier nun wird der Schnitt gemacht. Hart. Unerbittlich. Der Mann lässt sich das Pferd satteln und reitet mit seinem Knecht in die Nacht, hellwach, bedacht, keinen Krach zu machen. Nur jetzt nicht mehr auffallen, niemandem mehr Rede und Antwort stehen müssen. Für Siddhartha Gautama, den Getriebenen, gibt es keine Umkehr mehr. Erst als Buddha, als der Erwachte, wird er zurückkommen, Jahre später.

Ja, hier könnte es gewesen sein. An dem Ort ist ein Stück Weltgeschichte festzumachen. Der Blick schweift über die niedrigen Mauern, die einst das östliche Tor stützten. Heute ragen hohe Bäume auf, die den Eindruck eines Bogens verstärken, durch den man ins Freie gelangen kann. Innen und außen spürbar getrennt. Ich habe das Gefühl, eine Schwelle zu übertreten. Vor mir liegt offenes Land. Eine Verlockung. Bilder ohne Zeitbezug. Es ist ein freundlicher, sonniger Morgen. In den Ästen über mir zwitschern Vögel. Eine ländliche Idylle ringsum. Da draußen auf einem der entfernten Felder zieht ein Bauer mit Büffel und Pflug seine Furchen in steiniger Erde; ein Mann, der in eben dieser Erde seine Wurzeln hat. Unterwegs nun auch hier, erscheint er mir weit weg zu sein: ein Bleibender. Haben wir nicht alle immer wieder davon geträumt, durch ein hohes Tor zu treten, alltägliche Belanglosigkeiten hinter uns zu lassen, der Routine zu entkommen? Davon zu gehen und jegliche Verantwortung abzustreifen? Und sind nicht die meisten immer wieder dort angelandet, wo sie aufgebrochen waren? Der 29-jährige Mann, der hier in der Dunkelheit verschwand, tat den unumkehrbaren Schritt in ein neues Leben, dessen Erkenntnisse aus seiner individuellen Biografie heraus das Leben vieler Generationen verändern sollte.

Die Abschiedsszene, wie sie im Mulagandha Kuti Vihara in Sarnath zu sehen ist.

BODHGAYA

Zwischen den Flüssen

Der Sand unter den Füßen ist trocken, gelb, feinkörnig; das Ufer flach und breit wie ein Meeresstrand. Ich wandere zwischen den Flüssen bei Gaya und Bodhgaya: Nilajana und Mohane heißen sie; reißende Ströme zur Monsunzeit, flache, träge trödelnde Gewässer jetzt während der trockenen Wintermonate. Schemenhaft und winzig unter dem gewaltig hohen Himmel durchwaten einige Menschen den Mohane. Die staksenden Bewegungen erfolgen wie in Zeitlupenverzögerung. Nirgends Eile, keine Hast. Über der Flusslandschaft liegt eine unsichtbare Gallertmasse, alles und jeden einbindend in Bedächtigkeit und Langsamkeit. Der Wind, der ewige Wind streicht über die Blätter einzelner Palmen. Es wispert und raunt. Wie stumme einsame Wanderer verharren die sturmerprobten hohen Bäume mit ihren sternenförmigen, metallisch glänzenden Wedeln, zersauste Gestalten am Fluss, unschlüssig, ob sie ihren Weg fortsetzen sollen. Das Land schweigt, nicht mal Wasserrauschen oder ein Wellenschlag sind zu hören. Nur wenn ich eines der kümmerlichen Dörfer passiere, folgt mir eine lärmende Schar von Kindern, mich umringend, in Beschlag nehmend, lachend und respektlos. Bakschisch! Bakschisch! Aufgestreckte, offene, fordernde Hände. Ich versuche, solcher Aufmerksamkeit zu entgehen, schlage weite Bogen um diese Lehmbehausungen der Ärmlichkeit mit den verschlammten, verwinkelten Gassen, vermeide die Scheißhaufen drum herum, und ich weiche den im kotigen Dreck der Abwässer liegenden Kühen aus, die wiederkäuend auf etwas Unerklärliches zu warten scheinen; fleischliche Unbeweglichkeit verkörpernd als Kontrast zu den aufgeregten Kindern, deren Rufe und Geschrei mich noch verfolgen, wenn ich die Meute schon weit hinter mir weiß.

Was ist das seltsame Gebilde in der Ferne? Ich gehe auf einen blau gestrichenen Würfel zu, einsam am Ufer des Mohane stehend, vier Wände, ein flaches Dach. Es ist ein Tempel des Shiva. Daneben verfällt eine Ruine mit Rundbogen, auch dieses Gemäuer ehedem ein Tempel, von devoter Ergebenheit vor langer Zeit hier in die Uferlandschaft gebaut, vergessen nun und verwahrlost im Schatten eines gewaltigen Luftwurzelbaumes, der seinen Fransenrock über die verfallenden Mauern breitet. Menschenleer ist dieser Flecken, so scheint es. Doch es gibt in Indien kaum einen heiligen Ort, mag er noch so verborgen und verkommen sein, an dem nicht ein Hüter weilt, dösend, schlafend, irgendwie erst dann aus vermeintlichem Nichts zurückkehrend, wenn ein Besucher auftaucht, der gerade noch glaubte, allein auf der Welt

zu sein. Eine Hüterin ist's an dieser Stelle. Die alte gebeugte Frau hockt vor dem Türloch des blauen Shiva-Tempels, ein Bündel bunter, vielfach verschlungener Tücher um sich gehüllt. Sie hebt den Kopf, zieht ihren Umhang zur Schulter hin. Ich schaue in ein zerknittertes Gesicht, das dem Tode näher zu sein scheint als dem Leben. Tiefliegende schwarze Augen. Über die Backenknochen spannt sich braune Haut. Aus dünnlippigem Mund mit drei Zahnstümpfen wird mir eine Botschaft zugeflüstert, die ich nicht verstehe, krächzend, mürbe die Stimme wie Pergamentpapier, wenn es geknickt wird. Sie reckt mir dürre Hände entgegen, gefaltet wie Kinderfinger. Bakschisch. Das verstehe ich. Fest umklammern ihre Finger die Münzen, prüfend nun der Blick, die Augen verengt – dem Leben doch näher als dem Tode.

Hinter dem blauen Tempel ist der ausgetrocknete Boden mit zwei Dutzend quadratischen Zementtafeln bedeckt, weiß getüncht, kleinen Grabsteinen ähnlich. Sie tragen Lingams, 30, 40 Zentimeter hohe Säulen, oben halbrund, unverkennbar aufgerichtete Phalli. Das ist Shivas Zeichen der Männlichkeit und Stärke. In unmittelbarer Nachbarschaft öffnen sich aufnahmebereit Yonis als weibliches Gefäß solch demonstrativer Bereitschaft zur Fortpflanzung: Indiens Symbolik für Fruchtbarkeit und Weltenordnung, die es mit Opfergaben immer wieder aufs Neue zu erhalten gilt. Das ist hinduistischer Ritus, der Buddhas Lehre nicht nur überdauerte, sondern sie auch vereinnahmte. Deshalb wirkt die ganz anders gestaltete Tafel in dieser Ansammlung indischer Zeichensprache auf den ersten Blick so befremdlich; bei genauerem Hinsehen und Nachdenken indes ist auch das andere Symbol als ursächlicher Teil dieses Indien in seiner mehrtausendjährigen Geschichte zu verstehen. Zwei Fußabdrücke liegen da nebeneinander auf dem Boden, lebensecht in Zement gegossen, Schuhgröße 54, einfach geformt von dörflichem Handwerker, kein Kunstwerk, doch eindeutig die stilisierte Spur des Erwachten. Wer weiß, welcher Zufall diese einzelne Platte ausgerechnet in die Nachbarschaft nach-buddhistischer Frömmigkeit einbettete. Beziehungsvoll ist das Zeichen gerade hier allemal. Ich setze mich zwischen Lingam und Buddhas Füßen ins Gras und empfinde Frieden und Ruhe – ein seltenes Geschenk in Indien.

In dieser Landschaft der Flüsse beim heutigen Gaya und Bodhgaya ließ sich Siddhartha als hausloser Suchender nieder, ein Sramana, ein Entsagender, ein Wanderprediger. Wenn wir denn der Überlieferung trauen können, dann war er bei Nacht und Nebel davongeritten aus den schützenden Mauern Kapilavastus, die er als Gefängnis seines Geistes empfunden hatte. Er schickte in gebührender Entfernung den Diener Channa mit seinem Pferd Kanthaka ins väterliche Anwesen zurück, übergab ihm Schmuck und edle Gewänder, schor sich das Haupthaar, zog die Kutte des Bettelmönchs an. Nun war der freie Himmel sein Dach, das Almosen seine Nahrung, der Fußmarsch einzige Art der Fortbewegung. Siddhartha folgte den vielen anderen, die gleich ihm, die häusliche Fessel aufgaben, um sich der Freiheit des Geistes zu nähern. Männer solcher Selbstzucht waren auf den Straßen, in den Städten, in den Dörfern ein üblicher Anblick, keineswegs verachtet oder belacht, sondern von vielen Menschen als Ratgeber geschätzt und als Gesprächspartner bei der eigenen Suche nach Wahrheit willkommen. Der junge Siddhartha hat solchen Dialogen wohl oft genug in Kapilavastu zugehört. Die Zeit war reif für neue Antworten auf die uralten Fragen nach dem Sinn des Seins. Es gibt keine Stunde Null, sondern immer ein Vorher und Nachher, historisch und legendär. Der spätere Buddha wuchs auf in einer tiefverwurzelten Tradition der von Brahmanen-Priestern beherrschten vedischen Opferriten, deren geheimnisvolle Abläufe die Götter und Geister den Menschen gewogen stimmen sollten. Aber nicht mehr alle Menschen waren von der Brahmanen alleiniger und anmaßender Mittlerrolle überzeugt. Was in ländlicher Lebensweise, in überschaubarer Sippe, in bodenständiger Verbundenheit mit der Natur hilfreich gewesen sein mag, setzten die Bewohner der neuen Städte in Zweifel. Eine Vielzahl auch widersprüchlicher, konkurrierender Schulen, Sekten, Lehrmeinungen bildete sich heraus, von Wanderpredigern verbreitet.

Der 29-jährige Siddhartha vertraute sich Gurus an, studierte deren Erkenntnisse, erlernte die Techniken von Yoga und Meditation. Er war ein gelehriger Schüler, der bald seine Meister übertraf und dennoch unbefriedigt blieb, weil er nicht fand, was er suchte. Nicht das wollte er wiederholen, was andere vorgedacht und vorgemacht hatten, sondern zu neuen Einsichten gelangen, aus sich heraus; den eigenen Geist und Körper zwingend, den Kampf mit sich, gegen sich selbst aufnehmend.

In dieser Flusslandschaft von Nilajana und Mohane vertiefte er sich in vollkommenem Alleinsein. Ein „reizendes Fleckchen Erde“, ein „lieblicher Wald“, ein „klar dahinströmender Fluss“ und „überall Dörfer zum Almosensammeln“, so beschrieb er Jahre danach idealisierend den Ort, wo er die qualvollsten Erfahrungen seines Lebens erleiden sollte. Die Natur mit wilden Tieren, Insekten, Skorpionen war keineswegs eine Idylle; der Jahreszeiten unerbittliche Abfolge mit Regengüssen, Hitze, Trockenheit und Kälte eine extreme Herausforderung an die Gesundheit und sein Durchhaltevermögen. Er fastete, darbte, hungerte, vernachlässigte seinen Leib bis zur totalen Verwahrlosung und hüllte sich in Lumpen, die er von Müllhalden aufgesammelt hatte. Seine dreckige, schlottrige Gestalt wurde zum Gespött der Hütejungen, angepinkelt und verachtet. Der Sohn aus gutem Haus sank auf den Tiefpunkt seiner Existenz, ohne einen gedanklichen Schritt zu deren auslotendem Verständnis näher gekommen zu sein. Der Erfolg solcher Marter wird in den alten Schriften beschrieben, als wolle man in der Luft Knoten knüpfen. Die willentlich vollzogene Folter brachte ihm keine Antwort auf die Frage, wie denn Krankheit, Alter, Tod überwunden werden können, vielmehr kam er dem eigenen körperlichen Ende immer näher. Gemäß seiner Darstellung ist er nach fünf Jahren der selbst auferlegten Tortur nur noch ein stinkendes, ausgemergeltes Knochengestell gewesen, kein Mensch mehr, sondern zwischen den Flüssen ein Wahnsinniger am Abgrund des Verreckens: intellektuell gescheitert und kurz vor dem Selbstmord.

Die beiden Abdrücke nackter Füße, neben denen ich lagere, lassen auf rührende Weise daran denken. In der Nachbarschaft der Lingams und deren kraftstrotzender göttlicher Männlichkeit wirken sie beschützenswert harmlos und verletzlich: einfache, menschliche Spuren, vergänglich im wahrsten Sinne des Wortes – und doch sind diese da im sandigen Boden bei Bodhgaya auf bestimmende Art ausdauernd, ein Symbol des Unterwegsseins, nicht eindringend in den weiblichen Leib wie Shivas Phallus, sondern fortschreitend durch Zeiten und Räume, fruchtbar im Geiste. Siddhartha riss sich mit schwindenden Kräften los vom Ort der Selbstpeinigung. Er begriff, dass ein geschundener Körper keinen klaren Gedanken zulässt und derart extremes Leiden nicht dazu verhilft, eben dieses zu besiegen. Siddhartha machte sich auf, den Mittleren Weg zu begehen: den des Maßhaltens.

Er muss ein stolperndes Skelett gewesen sein, kaum mehr der Sprache und der Sinne mächtig, als er sich nach sechs Jahren wieder den Menschen näherte. Dankbar und schweigend nahm er die ihm vom Mädchen Sujata dargebotene erste Speise an, geläutert von der Einsicht, dass Körper und Geist eine Einheit bilden. Ernährung und Erweckung sind zumindest solange nicht zu trennen, solange man auf irdischem Boden Fußspuren hinterlässt.

Dieser Schritt zurück ins Leben seiner Zeitgenossen hat mich schon frühzeitig bei der Beschäftigung mit dem Buddhismus für den Menschen Buddha eingenommen, weil seine Botschaft ja gerade nicht leibfeindlich ist, sondern die körperliche Beschaffenheit bewusst wahrnimmt und in die Lehre einbezieht. Eine neuere Gedenkstätte inmitten der Reisfelder stellt die Szene dar. In indischer Art mit der Freude an knatschbunten Ölfarben und einfach geformtem Gips thront der nachmalige Buddha lebensgroß im Lotossitz, während ihm das schüchtern kauernde Kind die Schale reicht.

In Sichtweite, aber durch einen Bach getrennt und daher erst über verschlungene Umwege durch die Felder zu erreichen, leuchtet weiß und einladend ein weiterer kleiner Pavillon in freier, scheinbar menschenleerer Flur. Ich entnehme einer Inschrift, dass der überdachte Buddha 1993 von einer burmesischen Frau gestiftet worden ist, die sich solcherart Gutes tuend ihr Karma verbesserte. Aufrecht steht der Buddha, dem Besucher die rechte Hand flach entgegenhaltend. Seht her, ich habe die Todesqualen der Askese überlebt. Ist dies die Aussage? Oder doch eher: Vergesst Eure Spende nicht, die Ihr auf Buddhas Spuren wandert. Sogar hier, wo ich mal wieder meinte, mit mir, dem Land zwischen den Flüssen und der Weisheit des Erwachten alleine zu sein, verfolgen mich solch aufnahmebereite Hände keineswegs nur symbolisch. Plötzlich kauert sich mir ein spindeldürrer alter Mann zu Füßen, beide Hände flehentlich erhoben, ein entfernter Verwandter des hungernden Siddhartha. Wo kam er her, der Alte, der nun leise rotzt und röchelt? Ich weiß es nicht. Es ist diese allgegenwärtige Präsenz von Armut, Hoffnungslosigkeit, Betteln und Bedrängtwerden. Es gibt kein Ausweichen. Dieses Indien verfolgt mich in die Träume. Ich schaue über die Gestalt unter mir ins flache Land. Grün ist es, fruchtbar, sonnenbeschienen, freundlich. Warum kann es seine Bewohner nicht ausreichend und anständig ernähren? Und dann dieser Blick aus wässrigen alten Augen, ein klappriger Körper, den stützenden Bambusstab über die eingefallenen Schultern gelehnt. Eine stumme Anklage wird mir vermittelt, ein unausgesprochener Vorwurf, zu den Habenden dieser Welt zu gehören, ein Reicher zu sein, einer da oben. Mir ist unbehaglich zumute. Die heitere Stimmung des besinnlichen Umherstreifens wird getrübt. Nein, es gibt kein Davonlaufen aus Indiens Gegenwart.

In der „Hindustan Times“ dieser Tage lese ich von den einzigen Lebensbereichen des Landes Bihar, wo deutliche Zuwachsraten zu verzeichnen sind: bei der Kriminalität und bei der Armut. Bihar gilt als der Hungerleider unter Indiens Bundesstaaten. Im nationalen Durchschnitt leben 26 Prozent der Menschen unter der Armutsgrenze. In Bihar sind es 44 Prozent. Täglich 15 Morde, fünf Vergewaltigungen, neun Entführungen, um Lösegeld zu erpressen. Wie immer solche Statistiken zustande kommen und manipuliert werden, zeigen sie immerhin Relationen auf. Der äußere Anschein ist friedlicher als es solche Zeitungsmeldungen erscheinen lassen. Doch über den Zusammenhang von Armut und Kriminalität kann es keinen Zweifel geben. Ich reise durch Bihar, das als Buddhas ureigenstes Land gilt, hier sind die meisten seiner Lebenswege ausfindig zu machen. Ich sehe die miserablen Straßen, deren Schlaglöcher immer tiefer werden, von keiner der zuständigen Behörden gefüllt. Ich beobachte in den Städten die Demonstrationen wütender Arbeiter, die nach gerechten Löhnen schreien. Ich höre von streikenden Ärzten und Advokaten. Ich fühle mich nicht di-

rekt bedroht; und doch ist überhall zu spüren, dass sich der Staat als ordnende Kraft, als Autorität, als Hüter des Rechts verabschiedet hat. Korruption ist in den Spalten der Zeitungen eines der häufigst gebrauchten Wörter, einen Zustand benennend, der diesen Verlust an staatlicher Sicherheit und Verlässlichkeit auf den Punkt bringt. In Bihar bekomme ich dies atmosphärisch sogar als Gast zu spüren, stärker, bedrückender als in anderen Bundesländern des indischen Subkontinents. So wird der Ausflug in die dörfliche Abgeschiedenheit zur Flucht, zum vermeintlichen Davonlaufen vor den alltäglichen Problemen. Welch eine Illusion!

Der Alte zu meinen Füßen hat eines der Gesichter, die in den namenlosen Statistiken zu abstrakten Prozentzahlen verkommen. Und als reichte diese Personifizierung der Not nicht aus, mich zu beunruhigen, trippeln aus dem Grün der Reisfelder zwei kleine Mädchen auf Buddhas Pavillon zu, nicht den weisen Mann zu besuchen, sondern mich aufzuspüren. Sechs oder sieben Jahre das eine, drei oder vier Jahre alt das andere. In ihren Augen derselbe Blick von Traurigkeit und Ernsthaftigkeit wie beim Alten, der ihr Großvater sein könnte. Jahrzehnte trennen die Generationen, doch in diesen Minuten vereint sie dasselbe Verlangen: Bakschisch, Rupien, Money. Ich kann mich dem nicht entziehen, gehe weiter und werde unausweichlich verfolgt. Mit den weinerlichen Stimmen der Stimmlosen fordern sie und laufen mir auf den festgetretenen Dämmen zwischen den Reisfeldern nach. Kleine Finger zupfen an meiner Hose. Bakschisch. Ich drücke den beiden Mädchen ein paar Münzen in die Hände, magere, winzige, schmutzige Hände. Das Gewinsel verstummt. Die plötzliche Stille ist wie die Belohnung für das Loskaufen von Verantwortung, die ich nicht zu tragen habe. Oder doch? Kein Lächeln in den kleinen, kränklichen Gesichtern, kein Wort des Dankes. Keine menschliche Regung, die mir wenigstens etwas Versöhnliches über solche Gräben der Existenzen hinweg vorgaukelte. So überraschend wie sie aufgetaucht waren, verschwinden die Kinder in der Fruchtbarkeit der Reisfelder.

Ich habe wieder den Blick frei. Im Westen zum Sonnenuntergang hin ist jenseits des Nilajana-Flusses schemenhaft ein pyramidenhafter Stumpfkegel zu erkennen. Es ist die aufragende Silhouette des Mahabodhi-Tempels, dort, wo Siddhartha erwachte. Bodhgaya heißt der Ort heute, Uruvela zu Buddhas Zeiten. Ich vermeine, in der dunstigen Ferne des verlöschenden Tages einen schwebenden, meditierenden Buddha wahrzunehmen.

Bodhibaum mit Bodyguards

Oh, Buddha, wohin bin ich geraten! Lourdes, Rüdesheim, Altötting durcheinander geschüttelt, Rom und Mekka beigemischt und als buddhistisches Wallfahrtstheater der internationalen Art mit dem schreierischen Plakat „Rummel und Rituale" aufgeführt. So mein erster Eindruck von Bodhgaya. Gerade findet eine „World Peace Ceremony" statt: „14. Annual Nyingma Monlam Chenmo". Mehr als 7.000 Pilger sind gekommen, Mönche, Lamas, Nonnen, Laien. Aus Nepal, Sikkhim, Ladakh, Bhutan sind sie in Bussen und Bahnen, mit Autos und Flugzeugen angereist: aus Buddhas nördlichem Kreis des Mahayana-Buddhismus, der auch das Große Fahrzeug genannt wird und Platz für viele hat. Abgesandte von mehr als 200 Klöstern. Die meisten der Mönche stammen aus Tibet, es sind Flüchtlinge und deren Nachkommen, nun längst in Indien beheimatet. In Scharen bevölkern die kahlköpfigen Männer die Straßen. Der Ort ist vom Rotviolett ihrer Roben gezeichnet. Von Fahrradrikschas wehen die langen Gewänder, von Pferdekutschen, von Fahrrädern, kräftige Farbtupfer im Gewühl. Rund um den weithin sichtbaren Mahabodhi-Tempel breitet sich dieses Rotviolett aus, als habe der Verpackungskünstler Christo die Regie geführt. Da lagern, kauern, hocken die Mönche in malerischen Massen. Durchdringend ertönt aus Hunderten von Kehlen der murmelnde, monotone Gesang ihrer Mantras, von Lautsprechern verstärkt, von Glockengebimmel aufgehellt, vom dröhnenden Bass tibetischer Alphörner untermalt, der Dung-chen, fünf Meter lange Tempeltrompeten, von Gongs als dem Zeitmaß der Ewigkeit rhythmisch geteilt.

Bodhgaya ist von klarem Innen und Außen gekennzeichnet. Die Ärmsten müssen draußen bleiben. Durch die Lücken der den heiligen Bezirk im weitläufigen Quadrat abgrenzenden Betonmauer strecken sich dürre Arme und Hände mit Bettelschalen der Kinder, Frauen, Männer. Denen ist mit solch aufdringlichem Begehr der Eintritt verwehrt. Nur die blechernen Gefäße werden den Pilgern durch die Mauern entgegengehalten, klappernd, fordernd, fuchtelnd. Von Lepra zerfressene Fingerstummel

winken einen Gruß der Erbärmlichkeit. Körper und Gesichter bleiben hinter der Barriere verborgen. Nicht einem einzelnen, leidenden, hungernden Menschen wird gespendet, sondern einer aufgeregt wedelnden Wand der Blechnäpfe und Verrenkungen. Die gute Tat wird zur Durchreiche. Das Bettler-Geschrei jenseits der oberen, den Tempelbereich umgebenden Wandelgalerie vermischt sich mit dem trancehaft dumpfen Gesang der Mönche und der Lamas.

Das ist Kirmes-Getümmel. Auch der Marktbetrieb bleibt draußen, entfaltet sich aber doch in solch mittelbarer Nachbarschaft, dass das Lärmen als Dauergeräusch das mönchische Lager am Mahabodhi-Tempel beschallt. Ein heilloses Durcheinander von Marktfrauen, Kindern, Hunden belagert die Wege zum heiligen Bezirk. Die Händler haben ihr Angebot auf dem Boden ausgebreitet. Bunte Webwaren tibetischer Handwerksarbeiten, Almosenschalen, Gebetsmühlen, Kupfergeschirr, Traktate, Gewürzmischungen, Postkarten und Buddhas Fußspuren auf flatternden gelben Tüchern; dieser ganze Wallfahrtskram buddhistischen Zuschnitts. Erstaunlich, was einem auf dem Wege zum Nirvana so alles an Krempel aufgeschwatzt wird, wo doch Bedürfnislosigkeit und die Überwindung von Durst und Gier angesagt sind. So viel Kunterbunt im Namen des Erwachten amüsiert und macht augen- und ohrenfällig, was die Menschen aus dem ursprünglich asketisch-intellektuellen Angebot buddhistischer Lebensweise so alles gemacht haben: einen Gemischtwarenladen der Allerwelts-Beliebigkeit. Für jeden etwas.

Der Dalai Lama firmiert als Logo und Markenzeichen. Buddhas prominentester Nachfahre in Zeiten des Jet-Set lächelt auf vielsprachigen Buchtiteln, auf Postkarten und Postern, auf CD-Hüllen und Kassetten der Bilder und Töne, auf Buttons und auf Zifferblättern batteriebetriebener Uhren, damit auch buddhistische Pilger wissen, was die Zeit geschlagen hat. Der Dalai Lama wird total vermarktet, eine Ikone und Identitätsfigur.

Ein Superstar in der Konsumwelt, in der der Bedarf an Wegweisern so groß geworden ist und auch gewichtige Worte in verbraucherfreundlichen Verpackungen gehandelt werden. Doch die Sehnsucht nach der Erkenntnis des tieferen Sinns allen Seins lässt sich eben nicht käuflich stillen. Der inflationär dargebotene Dalai Lama scheint es zu wissen: Sein gütiges, bubenhaft-verschmitztes Lächeln, hintergründig und allgegenwärtig, wirkt überlegen abgehoben, als wolle der aus Tibet vertriebene Ordensherr sagen: Nehmt das alles nicht so ernst. Als Grußwort hat er den Teilnehmern am großen Friedensgebet in die Festschrift geschrieben: „So tugendhaft und vortrefflich unser Handeln auch erscheinen mag, ob ein Vorhaben wirklich fruchtbar sein wird, hängt einzig von unserer inneren Einstellung, unserer Motivation ab." Und auf einer anderen Seite der großformatigen Broschüre lese ich den Aufruf zur Selbstverantwortung: „Es gibt nichts, was von übernatürlichen Kräften verursacht ist. Unsere Sorgen und unser Zufriedensein sind das Ergebnis unseres Handelns in früheren und im gegenwärtigen Leben."

Oh, ihr Bodhisattvas, ihr Fast-Vollendeten, ihr innehaltenden Weisen auf der Zielgeraden zum Nirvana: Wenn ich denn Innerlichkeit und Momente der Stille gesucht hatte, meditative Einkehr an dem Ort, an dem sich Siddhartha zu seinem Erwachen durchrang und zum Buddha wurde, in Bodhgaya finde ich dergleichen bei meiner Ankunft ganz und gar nicht. In dem erhöhten Restaurant am Markt mit Blick übers lautstarke Treiben hin zum Mahabodhi-Tempel, dessen Krone über die hohen Bäume ragt, beginnt just eine Bohrmaschine zu dröhnen als ich die ersten Bissen auf den Löffel häufe. Aus Lautsprechern kreischen die Songs der Bollywood-Filmindustrie. Schrille weibliche Stimmen dringen wie mit Shivas Dreizack ins Ohr, spitz und pieksend. Indiens Musikkultur ist so vieltönend und abwechslungsreich, warum nur immer und überall dieses übersteuerte Liebesgeschrei? Populäres Verlangen, natürlich, ich verstehe, kommerzialisiertes Volksvergnügen. Über Geschmack liesse sich streiten, wenn man dem Lärm wenigstens entfliehen könnte. In Deutschland kann einem ja auch der Musikantenstadl höllisch auf die Nerven gehen. Dort gibt's immerhin einen Abstellknopf. Nicht so in Indiens permanenter Life-Übertragung. Kein Stecker weit und breit zum Herausziehen.

Später krakeelt eine Kapelle aus allen Rohren ihrer Blasinstrumente in die Nacht – und zwar genau vor dem Sikkhim-Gästehaus, wo ich eine Bleibe finde. Bei Jericho kann es weiland auch nicht lauter gewesen sein. Die Bläser bringen zwar die hiesigen Mauern nicht zum Einsturz, aber eine Hochzeitsgesellschaft in Stimmung und mich

um den Schlaf. Die Oropax-Pfropfen versagen und verdrücken sich wirkungslos im Gehörgang.

Am nächsten Morgen entdecke ich in der Masse der Mönche die einzelnen Gesichter. Buddhas Jünger, obwohl doch ziemlich uniform gekleidet, haben individuelle Züge. Da der runde, gesunde Bauernkopf, rotbraunbäckig wie ein reifer Apfel; vermutlich aus armer Familie stammend, die den Sohn der einzig möglichen Ausbildung wegen ins Kloster sandte, dem Ort, an dem seinesgleichen kostenlos etwas lernen kann und den Verwandten zu verbessertem Karma verhilft. Pfiffig seine Augen, robust der Körper, der Mann vom Dorf. Daneben einer mit Brille und Denkerstirn, ein Intellektueller im Mönchsgewand, Distanz ausstrahlend, kühl und abweisend. Zwischendrin Grüppchen von Nonnen, weißumhüllt die aus Burma, in roten Tüchern die aus Tibet. Kahl geschoren und barhäuptig ist ihnen die Geschlechtlichkeit genommen, die weichen Gesichtszüge sind babyrund und buttergelb, seltsame Zwitterwesen.

Auch der hellhäutige Pilger, der im Lotossitz an der Tempelmauer lehnt, scheint zwischen den Welten zu schweben. Weiß sein Umhang, schwarz der lange Vollbart, auf dem Kopf ein zur Schnecke geflochtener Zopf, in sich blickend, abgewandt. Als sich einen Moment lang unsere Augen treffen und ich mit einer Geste andeute, den frommen Mann fotografieren zu wollen, neigt er den Kopf zur Seite, schaut mich mildtätig an und gibt sich verklärt und duldsam der Ablichtung hin wie jemand, der längst jenseits von gut und böse angekommen ist. Der alte tibetische Mönch ein paar Schritte weiter ist noch ganz in dieser Welt, schlitzohrig, das Gesicht wetterzerfurcht, in der Hand eine Sammelbüchse, mit der er um eine Spende für den heimischen Tempelbau bittet, sehr direkt, potentiellen Gebern hinterherlaufend, wenn sie sein Ansinnen schnöde übersehen wollen.

Dort der Mönch mit Oberlippenbart, die Manneszier unter der Nase sorgsam nach beiden Seiten gekämmt und gestriegelt. Er kommt mir bekannt vor. Schon mal gesehen. Wo nur? Richtig, das Gesicht erinnert an Buddha-Darstellungen des Gandhara-Stils. Ich bin überrascht, hier gewissermaßen eine lebendige Ausgabe jener Statuen zu erkennen, die ich in den Museen schon so oft bewunderte. Gandhara ist eine Nahtstelle der Kulturen zwischen Ost und West gewesen. Bis zum Beginn unserer Zeitrechnung war der Erwachte nur mit seinen Fußabdrücken abgebildet worden; als Baum, unter dem er die Erleuchtung fand; als Rad seiner Lehre; als Lotossitz. Unter hellenistischem Einfluss als Folge der Kriegszüge Alexander des Großen machten sich die Steinmetze Gandharas im Gebiet des heutigen Afghanistan und Pakistan daran, erstmals den Buddha in menschlicher Gestalt zu formen. Sie schufen zeitgleich mit den Künstlern der Mathura-Schule (zwischen dem heutigen Delhi und Agra gelegen) vom 1. Jahrhundert an jene körperlichen Skulpturen, die die buddhistische Ikonographie bestimmen sollten bis heute. Der streng stilisierte Faltenwurf der Gandhara-Buddhas hat griechisches Format, offen der Blick, noch nicht in sich gekehrt, der Bart ist mediterran, die Nase spitz und lang. Später verlor sich der Bart, Buddhas kunstgeformte Züge wurden asiatisch glatt, Ausdruck der Versenkung; aber die Grundmotive seiner Gestaltung blieben erhalten, wie sie in den Werkstätten von Gandhara geprägt worden waren. Unser vertrautes Buddha-Bild stammt aus jenen Anfängen. Dieser Mönch da in dunkelrotem Gewand mit scharfgeschnittenem Profil und Haaren auf dem Kopf könnte mit seinem schmalen Bart eine Inkarnation aus Gandhara-Zeiten sein, modelliert nach griechischen Vorbildern. Ich schaue ihm nach bis dieses seltsame Wesen der Vergangenheit im gegenwärtigen Gedränge am Eingangstor zwischen Markt und heiligem Bezirk verschwindet.

Mit einem Mönch aus Bhutan komme ich ins Gespräch. Eigens war er zum Festival gereist, um dabei zu sein beim tausendfachen Ruf nach Frieden. Ob ein Mr. Bush solche Töne buddhistischer Gewaltlosigkeit wohl vernehme im fernen Washington, frage ich ihn. „Wer vermag darauf eine Antwort zu geben", sagt er gelassen, sich seiner Mission und seines Rückzuges in die Berge Bhutans gewiss, abgehoben und doch mittendrin im Geschehen. „Ein bisschen zu laut hier", mäkele ich. Zustimmendes Kopfnicken. „Na, Meditation ist beim Friedensgebet dieser Tage und Nächte eben weniger gut möglich", sagt er unerschütterlich, „aber dazu habe ich in meinem Kloster noch oft Gelegenheit." Er lacht und sein faltenreiches, pergamentenes Gesicht wird zum Abbild jener Himalaya-Landschaft, wo die Stätte seiner Einkehr zu finden ist: über den Dingen.

Manch einer schafft die Abgrenzung sogar im Massenbetrieb. Der alte Mönch da neben einem Stupa, den viele kleine Buddha-Figuren zieren. Allein sitzt er in praller Sonne, meditiert vom Lärm unangefochten wie hinter einem imaginären Schutzschild, den Rücken gebeugt. In der Linken hält er eine Handtrommel, schlägt rhythmisch darauf, bläst zwischendurch in eine kleine Quäkflöte, dann blättert er wieder in den querformatigen Texten, die einst auf Palmblättern geschrieben waren und nun auf Papier gedruckt sind. Er sieht niemanden an von den Pilgern und Passanten, umgibt sich vielmehr mit einer Aura des Alleinseins, clownesk skurril und doch würdevoll.

Die jüngeren Mönche erwidern mein Lächeln; und ich meine, einen Abglanz jenes Dalai-Lama-Lächelns zu erkennen, voller Wärme und Humor. In den dichten dunkelvioletten Reihen hocken sie, schwätzen, kichern, machen Scherze zwischen den Gebeten, ernsthaft versunken, dann wieder in fröhlicher Gemeinschaft wie bei einem Klassenausflug. Für die Teilnahme am Friedensgebet wird ihnen die Hälfte der Reisekosten bezahlt, sie erhalten 50 Rupien am Tag als Taschengeld, Kost und Logis in Zelten frei. Das mag eine unterhaltsame Abwechslung zum streng geregelten Klosterleben sein irgendwo weit weg vom Trubel im Bodhgaya der großen Wallfahrt.

In der Nachbarschaft machen andere Mönche rituelle Freiübungen. Auf abgewetzten Brettern liegen sie, rutschen bäuchlings in die Horizontale, richten sich wieder auf, falten die Hände vor der Stirn, vor dem nackten Oberkörper, fallen zurück, schieben sich flach ausgestreckt nach vorn, in den Händen zusammengeknüllte Tücher, mit denen der Schweiß von den Gliedern gewischt wird. Dann folgt das nächste Auf-und-Nieder, immer wieder, als gelte es, sportliche Höchstleistungen zu erbringen; Stunde um Stunde, anstrengende Ertüchtigung, den Geist und den Körper zu beherrschen. Niederwerfungen sind eine tibetische Besonderheit; 108 hintereinander sollten es sein.

Auf erhöhtem Sitz thronen die Lamas, wohlgenährt, kugelige Gestalten, rosig sind die Gesichter, wie aus erkaltetem Wachs geformt die kahlen massigen Schädel; alles ist rund an diesen entrückten Männern. Stundenlang rezitieren sie die heiligen Texte. Lautsprecher tragen die monoton vorgebrachte Botschaft weit ins Umland, als gleich bleibendes Brummen noch Kilometer entfernt am Fluss Nilajana zu hören. Mönche in unmittelbarer Nähe wachen über das Wohlbefinden der Lamas und lassen – ganz Bodyguards am Bodhibaum – niemanden unerlaubt in die Nähe der allseits verehrten Autoritäten. Sie verkörpern schwergewichtig die klösterliche Hierarchie und erinnern mich an das Bild vom abgehobenen Bonzen. Ein Oben und Unten, das Buddha einst wohl nicht im Sinne hatte als er seinen Orden gründete. Wenn am späten Vormittag die morgendliche Gebetsrunde beendet wird, müht sich der alte, gehbehinderte Lama, der im Mittelpunkt der Bewunderung ist, aus seinem Lotossitz auf die Beine, wird von den Getreuen gestützt und zum parkenden Auto geführt. Respektvoll bilden die Mönche und Laien eine Gasse, durch die der Lama bedächtig schreitet, nicht rechts, nicht links schauend. Wächter mit Holzstangen halten allzu Neugierige auf Distanz. Sie gehören zur Verwaltung der Tempelanlage, sind offensichtlich keine Buddhisten und laufen mit der beleidigten Miene eines schlecht gelaunten Hundes umher. Vor allem auf bettelnde Kinder, die sich trotz Verbotes im Tempelbereich herumtreiben, haben sie es mit ihren Prügeln abgesehen.

Nach Sonnenuntergang verändern sich Bilder und Atmosphäre wie ein Kulissenwechsel auf offener Bühne. Wer da meint, allein die katholische Kirche sei Meisterin publikumswirksamer Inszenierung von Frömmigkeit, kann sich an Buddhas Stätte der Erleuchtung vom illustren Zauber überzeugen, mit dem hier eine perfekte Regie die Lichter erglühen lässt. Was eben noch überschaubar war, einsichtig, transparent, wird nun von Dunkelheit eingehüllt, die glitzert und schillert und fluoresziert. Angestrahlt von Scheinwerfern leuchtet der vierkantige sich zum Himmel verjüngende Turm des Mahabodhi-Tempels auf, Mahnmal und Offenbarung zugleich. Kommt herbei, beugt Euch nieder, verharrt in Schweigen. Hier ist der geistliche Mittelpunkt der buddhistischen Welt. In den Bäumen funkeln Tausende von elektrischen Lämpchen. Auf den Mauern werden Kerzen angezündet, Butterkerzen, die im Dutzendpack auf dem Markt zu haben sind. Überall flackern die Lichter. Es ist, als habe sich die Milchstraße über Bodhgaya ergossen. Rauch steigt auf in den milden Abend. Der geheimnisvolle Garten lädt jeden ein, sich seiner Stimmung, seinen Gefühlen, seinen Wünschen hinzugeben. Das Festival der Illumination und der Illusion ist irgendwo zwischen dem Woodstock der Blumenkinder und den Meditationshöhlen asketischer Eremiten angesiedelt.

Im Zwielicht des Kerzenschimmers hocken die Mönche eng nebeneinander; unter diesem Baum eine Versammlung, unter dem da hinten eine andere. Eine Gruppe schart sich um eine Buddha-Statue. Auf einer Plattform lassen sich wieder andere Mönche nieder und setzen fort, was sie den Tag über schon taten. Der Klostervorsteher gibt den Ton an, gefolgt vom Gemurmel der Männer. Ihre heiligen Gesänge schallen durch die beginnende Nacht, inbrünstig, aus tiefen Stimmen heraus. Auswendig gelernt sind die Texte, wie Buddhas gesamte Lehre über Generationen von Mönchen mündlich weitergegeben worden war. Das gibt den Stimmen die Monotonie, der Gebetsmühle gemäß als endlose Abfolge und Wiederholung. Aus dem Dunkel steigt das Mystische des Buddhismus auf, wie es in besonderer Weise diese nördliche Schule des Mahayana mit ihren Ritualen hervorbrachte. Die Mönche sind unter sich, ein Männerbund. Der Dunstkreis hat etwas Verschwörerisches, Beschwörendes. Es ist, als müssten böse Geister gebannt werden durch die Macht der Worte. So etwas dringt ins Unterbewusste.

Vergleiche hinken, ich weiß, doch mir legen sich nächtliche Bilder von Bali wie eine Überblendung auf dieses Geschehen. An den Kecak-Tanz muss ich denken, der eigentlich kein Tanz ist, sondern die Ansammlung von Männern, die sich im Kreis vereinen, erdverbunden die Beine übereinander geschlagen, den Oberkörper nach allen Seiten wendend, zu einem Leib zusammengerückt. Orgiastisch brüllen sie gegen die Nacht an, um die Mächte der Unterwelt zu vertreiben, die Arme nach oben gestreckt, die Hände federnd. Das tierisch anmutende Geschrei steigert sich in ein Stakkato aus „Ketschak-tschaké-tschaké!“, anschwellend, explodierend, aus dem Forte schließlich in einen traurigen Klagegesang überleitend. Für Touristen ist solches Spektakel seit den 1920er Jahren des Walter Spies in die Kurz-Choreographie der Durchreise gezwängt worden, aber ursprünglich war Kecak ein Ritus des Überlebens im Spannungsfeld der Schatten. Die Elemente reichen zurück in prähistorische Lebensläufe, deren sich kein Gedächtnis mehr erinnert. Es galt, sich vereint Mut zu machen beim Ansturm unsichtbarer Kräfte jenseitiger Sphären, lange bevor ein Buddha verkündete, dass sich die Menschen ihrer eigenen Stärke bewusst werden und ihr Handeln ohne Hilfe der Götter und Geister bestimmen sollten.

Die mönchische Gemeinschaft in Bodhgaya erlaubt sich keine verbalen Kapriolen, bleibt im Sprechgesang moderat und in der Haltung fast reglos. Das ist lang eingeübte Disziplin. Gleichwohl umgibt sie eine Atmosphäre des Dämonischen. Der mönchische Ruf ist Kult. Er lässt etwas im Zuhörer anklingen, das keine Worte kennt und einen verführt, einzutauchen in sinnliche Wahrnehmung, die rauschhaft ablenkt von der nüchternen Ursachenbenennung des Leidens und dessen Überwindung. Nicht Erwachen sondern Hineingleiten in einen Schwebezustand, so meine Empfindung jener Stunden, und ich habe Zweifel, ob es dies gewesen sein mochte, was der Buddha erkannt hatte just an diesem Ort vor so langer Zeitenfolge. Die Klarheit der buddhistischen Erkenntnis führte heraus aus dem Rauchvorhang der vedischen Opfer ins Licht der Eigenverantwortung. Buddhas Geringschätzung der altüberlieferten Opferriten brachte die Brahmanenprofis um ihren Job, denn nur sie wussten wie das Feuer in der den Göttern gefälligen Weise zu entzünden und zu speisen und mit welchen Geheimformeln zu beschwören war. Nicht Unterwerfung war Buddhas Predigt, sondern der Appell zum aufrechten Gang. Buddhas Haus hat viele Räume. Das Friedens-Festival dieser Tage wird von tibetischen Mönchen mit ihren Ritualen bestimmt. Es gibt eine Vorstellung von der Vielfalt an Schulen, Sekten, „Fahrzeugen", die dorthin zurückkommen, wo Buddhas geistiger Durchbruch zu lokalisieren ist. In der Nacht von Bodhgaya flackern unruhigen Geistern gleich irrlichternd Myriaden von Kerzen. Sterne hier unten, Sterne da oben weit weg.

Der Tag danach

Welche geistige Kraft das tage- und nächtelange gemeinsame Gebet von mehr als 7.000 Mönchen und Pilgern erzeugt, lässt sich nicht messen. Der Verpackungsabfall aber, den ein solches Massentreffen hinterlässt, macht aus dem heiligen Ort eine real existierende Müllkippe. Berge von Plastik und Papier müssen abgetragen werden. Tonnenweise waren die von wohlmeinenden Menschen gespendeten Kekse, Früchte, Süßigkeiten, Yoghurtbecher von den Mönchen unters Volk geworfen worden; mit guten Absichten zum Abschluss des Festivals verteilt, doch von der aufgebrachten Menge verschlungen, zerrissen und zertrampelt, weil niemand bereit war, in einer Schlange anzustehen. Alle stürmten sie gleichzeitig die Kartons und Säcke der Mönche, schubsten sich gegenseitig weg, wichen den prügelnden Wächtern aus, schrieen, schimpften und rannten mit zerfledderten Päckchen davon als hätten sie die Beute ihres Lebens gemacht. Armenspeisung auf indische Art. Am Tag danach ist großes Reinemachen. In Omnibuskarawanen haben sich die meisten der Pilger auf den Heimweg gemacht. Auch die Mönche hinterlassen ein Schlachtfeld. Wo gestern noch fromme Demut den Platz rund um den Mahabodhi-Tempel erfüllte, liegen nun Orangen- und Bananenschalen umher, zerknüllte Zeitungen, die als Unterlage dienten, aufgerissene Biskuitstangen, zurückgelassene Festschriften. Ist das der pflegliche Umgang mit der Natur, wie ihn Buddha predigte? Lange her, allerdings.

Nun schwingen die Helfer der Tempel-Verwaltung ihre Besen. Das „Tempel Management Committee" ist ein wohlorganisiertes Unternehmen. Es wird von Hindus und Buddhisten gemeinsam geführt. Ein Gesetz von 1949 regelt die Zuständigkeiten. Die Zusammensetzung des Leitungsgremiums ist immer wieder ein Streitfall gewesen und ist auch heute noch nicht ohne Spannungen, weil die Buddhisten meinen, nicht ausreichend bei den Entscheidungen beteiligt zu sein. Schließlich geht es bei den Spenden für

Organisation, Erhalt und Restaurierung der Anlagen um Geld, viel Geld, dessen Verwendung umstritten ist. Was getan wird, kann im Internet nachgelesen werden. Tue Gutes und teile es der Welt auch virtuell und virtuos mit. Buddhas heiligster Ort hat eine Homepage modernster Aufmachung, professionell gestaltet: www.mahabodhi.com. Die Lehre mag zeitlos sein, zeitgemäß jedenfalls wird sie verbreitet.

Der Tag danach wirkt entspannend. Nein, die Heerscharen der Mönche sind ja nicht alle gleichzeitig wieder davongefahren, und neue Pilger kommen dazu. Menschenleer ist Bodhgaya nie. Hier trifft sich Asien. Aber ohne die wogende, wirbelnde Masse der Rotvioletten und ohne die Lautsprecherbeschallung ihrer stundenlangen Gebete, Mantras, Sutras geht's gemächlicher, beschaulicher zu. Auch die Marktstraße ist nun sichtbar gelichtet. Es ist die Zeit der Individualisten und kleinen Gruppen, die die Gelegenheit nutzen, sich der heiligen Stätte behutsam zu nähern und schweigend den Tempel im Uhrzeigersinne umwandern, einmal, zweimal, immer wieder: auf dem Weg der oberen Außengalerie und in unmittelbarer Nähe entlang des mit 85 Sandstein-Buddhas geschmückten Sockels.

Ich setze mich ins Gras und skizziere den Mahabodhi-Tempel. Das zwingt zum genauen Hinschauen und ist meine Art der Meditation, die mit jedem Strich auf dem Papier eine intensivere Beziehung zu diesem Bauwerk schafft. Betongrau ist es in diesen Morgenstunden, und die abstrakte, streng gegliederte Oberflächenstruktur aus runden und eckigen Ornamenten, ganz ohne figürliche Darstellungen, lässt eher an industrielles Design mit Zahnrädern und funktionalen Maschinenteilen denken als an eine sakrale Kultstätte. Sie wirkt nüchtern und kalt auf mich: sehr wohl das Zeichen eines Denkers, nicht eines Mystikers. Wie überladen, schreiend bunt und über und über mit Götterstatuen und symbolhaften Episoden ausgestattet erscheinen dagegen Hindutempel. Die sind Augenweiden, die die Phantasie anregen, in Gips und Stein gebannte Geschichten für's Gemüt. Hier aber ist eine Lehre manifestiert. Die über die 54 Meter hohen Fassaden nach allen Himmelsrichtungen angebrachten Chakras und stilisierten Lotosblüten geben Kunde von der buddhistischen Besonderheit dieses Heiligtums. Die ursprünglichen Bauten gehen auch hier auf den König Ashoka zurück; in den folgenden Jahrhunderten wurde an- und aufgebaut. Was ich aus der Dreidimensionalität der vom Glockenstupa bekrönten Vierkantpyramide auf meinen Zeichenblock übertrage, ist wesentlich das Werk des 14. Jahrhunderts.

Am Tag danach ist nun auch wieder freier Platz unter dem berühmten Bodhibaum, der an der Ostseite des Tempels seine Arme und Äste ausbreitet und den legendären Ort beschattet, wo Siddhartha Gautama erwachte. „Ficus religiosa" lautet der wissenschaftliche Name des Baumes, der auch Assattha-oder Pippala-Baum genannt wird und überall dort angepflanzt wird, wo der Buddhismus wurzelt. Es heißt, dieser Bodhibaum ist ein Nachfahre jenes Baumes, unter dem Buddha meditierte. Ein Steckling war zu Ashokas Zeiten nach Sri Lanka geschickt worden, mit Buddhas Lehre auch sein Markenzeichen zu verbreiten. Von diesem Abkömmling wurden später Ableger nach Bodhgaya zurückgebracht, nachdem das Original und weitere Nachkommen von Buddha weniger wohlgesinnten Herrschern und vermutlich von Stürmen zerstört worden waren. Der gegenwärtige könnte die sechste Generation sein.

So wie die Lehre des Meisters weitergegeben wurde, angereichert, interpretiert, verändert und jeweiligen Schulen und Verästelungen angepasst, so existierte auch der Baum unter den Einflüssen von Umwelt und Anmaßung weiter und wurde wieder geboren. Nichts bleibt wie es ist, alles ist der Veränderung unterworfen. Zahllose Berührungen haben die Rinde glatt gestreichelt. Sanfte Finger haben hauchdünnes Goldpapier darauf geklebt. Der Baum ist lebende, überlebende Bestätigung solch buddhistischer Erkenntnis, an diesem Orte wahrlich von natürlicher Symbolkraft. Der späte Ur-Urenkel des originalen Assattha-Baumes ist abermals gefährdet. Er ist von einem schädlichen Insekt befallen, so lese ich in der „Times of India" dieser Tage. „Mealibug" heißt das unwillkommene Winzigtier, eine Wanzenart. Mit Chemikalien soll ihm der Garaus gemacht werden. Seine respektlose Gefräßigkeit lässt die Blätter gilben und schwarz werden. Das erklärt die herbstliche Färbung.

Am Fuße des Bodhibaumes, von einer Mauer umgeben, ist die Plattform, die den Platz des Erwachens markiert, Diamant-Thron genannt: der heiligste der heiligen Orte buddhistischer Verehrung. Was sich hier zutrug mit Siddhartha entzieht sich letztlich der Beschreibung, ist der Stoff für Geschichtenerzähler, Psychologen, Religionswissenschaftler. Wie die weitausladenden Arme und Zweige des Bodhibaumes auseinander streben, so blüht die Legendenbildung um dieses Ereignis, das dem 35-jährigen Manne zuteil wurde und dessen Folgen die Welt verändert haben. Dass das Erwachen nicht in einer einzigen Nacht geschah, dass Siddharthas Suche über Jahrzehnte andauerte und der Durchbruch in einzelnen Schritten erfolgte, ist längst die gängige Meinung der Experten. Aber wir schlichten Gemüter sind dankbar, an Orte zu gelangen, die den Nimbus des Hier-war-Es haben. Diese paar Quadratmeter zwischen dem östlichen Sockel des Tempels und dem Stamm des Baumes sind ein solch schattiger Winkel im großen Weltgeschehen, der mir das Gefühl des Angekommen-Seins vermittelt.

Hier sind die Fußabdrücke gleich in doppelter Version in flache Steine geformt. Pilger legen Blumen nieder, setzen sich, halten inne im Rundgang. Vielleicht bilde ich mir das nur ein, aber eine innere Ruhe kommt auf in diesen sonnendurchwärmten Stunden, Wohlbefinden, das Verlangen, ewig hier verharren zu dürfen und sich den Träumen hinzugeben. Nichts zu tun, dem Gebetsgemurmel und dem Vogelgezwitscher im Bodhibaum zuzuhören, nur zu sinnieren – wohl wissend, dass solcher Aufenthalt bloß eine Schonfrist sein kann im Geblök und Unfrieden der Zeitläufte. Ich lehne mich an die kühle Tempelwand und tue das, was hier die meisten Besucher tun: ich schließe die Augen.

Was geschah dem Manne hier, der ausgezogen war, die Ursachen des Leidens und

dessen Überwindung zu ergründen, um dem Kreislauf der Wiedergeburten zu entgehen, endgültig. Es muss ein Kampf gewesen sein, den ein Mann in tiefster Einsamkeit zu führen hatte. Die bildhaften Geschichten berichten von Maras Anfeindungen. Der Widersacher als Inbegriff des Bösen, des Teuflischen, will mit den Mächten der Hölle den meditierenden Siddhartha vernichten. Da ist eine existentielle Auseinandersetzung im Gange, die die Widersprüche jedes Menschen kennzeichnet und im Innersten zu bestehen ist: mit der Klarheit des Geistes, der sich zum Äußersten zwingt, die Abgründe des Unterbewussten zu entlarven und zu besiegen. Mara hetzt seine dämonischen Heerscharen los. Deren Attacken prallen an Siddhartha ab. Mit der rechten, nach unten weisenden Hand, bittet er Mutter Erde um Beistand und ruft sie als Zeugin seiner Wahrhaftigkeit an. Gewalt konnte dem werdenden Buddha also nichts anhaben. Und was ist mit Sex? Immerhin ist schon die Reihenfolge der Prüfungen interessant. Nach den kosmischen Kriegern führt Mara seine Töchter ins Feld, die den jungen Mann nach allen Regeln der Liebeskunst anmachen. Dieses Motiv haben sich die Künstler nicht entgehen lassen, wir können es in Stein bewundern; und auch die alten Schriften sind da ganz und gar nicht prüde. Von Szenen aus dem Freudenhaus ist zu lesen. „Hohe feste Brüste … nackte Schenkel … Seufzer … mit Schmucksachen verzierte Scham … lockende Blicke." Alles, was lasziv-verführerische Weiblichkeit zu bieten hat, kommt ins Spiel. Der Mann widersteht. Nicht die fleischlichen Freuden der Gegenwart nimmt er wahr, sondern bereits den fauligen Verfall der Zukunft. So wird er künftig auch seinen Mönchen raten, dem Zauber der Frauen nicht zu erliegen: wegschauen, weghören, weggehen.

Unter diesem Baum also fand das innere Ringen um Buddhas Sein oder Nicht-Sein statt: das Erwachen. Dies ist der Sinn des Wortes „bodhi". In drei Nachtwachen meditativer Versenkung gelangt er bis zum Tagesanbruch zur erlösenden Erkenntnis, die ihn grundlegend verändert und eine andere, neue Persönlichkeit aus ihm macht. Das „Anslichtkommen, wie eines Küchleins aus der Eierschale", so wird Buddhas Erwachen in der bilderreichen Sprache der späteren Schriften benannt. „Als ich so erkannte und schaute, wurde mein Denken erlöst von den Einflüssen der Sinneslust, des Werdens und Nichtwissens." Er begreift die Wurzeln von Gier, Verblendung, Hass und sieht den Weg zu deren Überwindung; erinnert sich seiner früheren Existenzen und beendet seine Wanderung durch die Wiedergeburten. „Indem ich also erkannte und also schaute, wurde meine Seele erlöst vom Verderbnis des Irrglaubens, und meine Seele wurde erlöst vom Verderbnis des Nichtwissens. Im Erlösten entstand die Erkenntnis: Ich bin erlöst. Vernichtet ist die Geburt, vollendet der heilige Wandel, erfüllt die Pflicht; keine Rückkehr gibt es mehr zu dieser Welt: also erkannte ich."

Davon wird er künftig eben dieser Welt wortgewaltig Kunde tun. Jahrelang hatte er die Menschen gemieden und selbstquälerisch verborgen in den Wäldern gefastet, meditiert, gelitten, nur mit sich beschäftigt; für sich hatte er gefunden, was er suchte; sein Ziel war erreicht. Doch nun drängt es den 35-jährigen Mann zurück ins Leben der anderen. Eine eigenartige Wandlung. Aus dem nach innen schauenden Asketen wird der nach außen gerichtete Verkünder einer neuen Lehre.

Der Wind wirbelt die Blätter des Bodhibaumes davon. Pilger laufen auf den von vielen nackten Füßen blankgewetzten Marmorplatten hinterher, die begehrten Mitbringsel von Bodhgaya aufzusammeln. Unverwechselbar ist deren herzförmige Rundung, die unten in ein gebogenes Schwänzchen mündet. Ein Mönch aus Burma zeigt mir die beziehungsreiche Verfremdung. Er knickt solch ein Blatt, und die obere Hälfte wird zur charakteristischen Halbrund-Silhouette eines Stupas. Der alte Herr im knöchellangen Longyi-Rock tut so, als vermittele er mir ein Geheimnis. Er strahlt mich gütig an wie es an diesem Ort unter Pilgern üblich ist, Einvernehmen bekundend.

Das Licht Asiens in neuem Glanz

„Monk in Charge" ist auf der Visitenkarte des Ven.(arable) P. Seevali Thero zu lesen, und „Maha Bodhi Society, Bodhgaya" steht auch darauf. Der Mann stammt aus Sri Lanka, lebt seit einem Jahrzehnt in Indien und hat den Mahabodhi-Tempel fest im Blick. Im Dienst zu sein, ist für einen Mönch ja selbstverständlich, „in charge" aber hat etwas mit Organisation, Unterschriften, Papierkram zu tun. Der kleine kahlköpfige Ordensmann im gelben Gewand der Theravada-Mönche wird während unseres Gespräches im Vorraum seines hinter einer abgedunkelten Glaswand verborgenen Büros immer wieder von einem geschäftigen Sekretär zu irgend einer Entscheidung gebeten, muss einen ihm vorgelegten Brief signieren, gibt zwischendurch in Hindi einen Kommentar, spricht mit anderen Mönchen seine Muttersprache singhalesisch und wendet sich dann mir wieder in Englisch zu. Ven. P. Seevali Theros Augen sind hellwach und nicht in ein fernes gestaltloses Jenseits gerichtet. Ich werde aufmerksam gemustert. Der Mann in den 40ern lebt nicht in einem abgeschiedenen Bergkloster, sondern mitten im Betrieb mit Telefon, Webside und TV. Er lässt mich an Ananda denken, den treu sorgenden Begleiter des Buddha; verlässlich, praktisch veranlagt ist er gewesen: der Organisator im Mönchsgewand. Sein Nachfahre wirkt keineswegs gestresst, strahlt erwartungsgemäß die seinem Stande entsprechende Ruhe aus, aber es ist unverkennbar, dass dieser Mann sich nicht weltentrückt der Kontemplation widmen und ungestört den hauslosen Weg zum Nirvana beschreiten kann, sondern im Gegenteil tausend Dinge geordneter Häuslichkeit zu erledigen hat.

Ich bin im Gästehaus der „Maha Bodhi Society“, die in Kalkutta ihre Zentrale hat und in Bodhgaya und Sarnath solche Pilgerstätten unterhält. Das weitläufige Gebäude mit Hof und Wohntrakt und stilisiertem Stupa-Turm ist gelb gestrichen und hat gleich neben den Marktständen etwas Festungsartiges, obwohl die Türen jedermann offen stehen. Die Straßenatmosphäre von Kommen und Gehen dringt ein. Auch hier ist es laut.

Auf dem Vorplatz steht in Lebensgröße das Denkmal für den Mann, der zum Wegbereiter des modernen Pilgertourismus werden sollte: Anagarika Dharmapala nannte er sich, nämlich der Nicht-Behauste und der Beschützer des Dharma. Eigentlich hieß er David Hewavitarne, am 17. September 1864 in Colombo geboren. Als Sohn eines Möbelfabrikanten gehörte er der singhalesisch-buddhistischen Mittelschicht an, englisch geprägt, weltoffen. Die Artikel von Sir Edwin Arnold in britischen Zeitungen schrecken den jungen David auf. Darin wird der verwahrloste Zustand der Tempelanlagen von Bodhgaya beklagt. Die hatten mit Buddha nichts mehr gemein und waren längst von Hindu-Priestern vereinnahmt worden. Edwin Arnold war zu jener Zeit nicht irgendein Besucher gewesen, sondern als glühender, schwärmerischer Bewunderer buddhistischen Geistes an die Stätte seines Erwachens gekommen. Der englische Lehrer, Journalist, Dichter, Jahrgang 1832, hat mit seinem umfangreichen Poem „The Light of Asia“ eine literarische Lebens-Hymne auf Buddha gesungen und damit wesentlich in der englisch-sprechenden Welt zur populären Neugier an diesem Weisen aus dem Morgenland und zur intensiven Beschäftigung mit seiner Lehre beigetragen. In England brachte es sein dichterisches Werk auf 60, in den USA auf 80 Auflagen. Das buddhistische Licht, wie es Edwin Arnold 1879 in Verse fasste, erstrahlte fortan in vielen Salons gebildeter bürgerlicher Kreise und inspirierte die Kongresse der buddhistischen Erneuerungsbewegung in Europa und den USA.

Ein Abglanz erreichte auch Menschen wie den jungen David Hewavitarne in Ceylon. Begeistert stellt er sich in den Dienst der Wiederbelebung des Buddhismus, reist 1891 nach Bodhgaya und Sarnath, ist erschüttert von den Trümmern und dem Verfall der heiligen Orte. „Buddhas Name war nahezu vergessen, es gab kein Kloster in Indien, keine buddhistische Publikation, keine Gebete", so notierte er in einem späteren Brief. Zurückgekehrt nach Colombo gründet er am 31. Mai 1891 die „Buddha Gaya Maha Bodhi Society". Ein Jahr später wird deren Büro nach Kalkutta verlegt, um von der damaligen Hauptstadt des britischen Empires aus die Wiedergeburt des Buddhismus in Buddhas ureigenem Lande zu betreiben. Anagarika Dharmapala wird Generalsekretär der Gesellschaft, tritt auf internationalen Konferenzen auf, besucht 1925 auch das von Dr. Paul Dahlke in Berlin-Frohnau begründete Buddhistische Haus, lässt sich schließlich als Mönch ordinieren und wird zum Pionier und Agitator der buddhistischen Erneuerung. Der umtriebige Werber für Buddhas Botschaft stirbt am 19. April 1933 in Sarnath. Ob ohne seine Gesellschaft und seine Forderung nach Rückbesinnung auf Buddhas Orte des Erwachens und den seiner ersten Predigt der Pilgerstrom so angeschwollen wäre, wie wir das nun erleben, darf zumindest bezweifelt werden. Anagarika Dharmapala setzte nicht nur das Rad der Lehre in neue Umdrehungen, sondern auch viele andere Räder in Bewegung. Die Tourismusmanager, Omnibusfahrer, Bettler und Marktfrauen hätten guten Anlass, an seinem Denkmal ein paar Blumen der Dankbarkeit hinzulegen.

Ven. P. Seevali Thero verwaltet in Bodhgaya das Erbe des Landsmannes von der Insel, die an Indiens südöstlichem Küstenkeil in ihren Umrissen wie ein lang gestrecktes Bodhi-Blatt zu hängen scheint. Dorthin hatte König Ashoka den Buddhismus als geistigen Export vom indischen Norden verbreiten lassen. Seinen eigenen Sohn und die eigene Tochter schickte der Herrscher im 3. Jahrhundert v.u.Z. in missionarischer Absicht nach Sri Lanka. Dort keimte der Samen und wuchs zu mächtigem Baume der Erkenntnis heran. Die Ironie der Geschichte: nahezu ein Jahrtausend, nachdem in Indien diese Lehre und ihr Stifter längst vergessen waren, wurde sie von Sri Lanka an die Ursprungsstätten zurückgebracht. Davon erzählt der Monk in Charge und erweist sich als kundiger, gebildeter Gesprächspartner mit Humor und originellen Ansichten.

Was hält er von den tibetischen Mönchen, die in diesen Tagen mit ihrem Auftreten das Geschehen in Bodhgaya beherrschten? Mönche, die dem Großen Fahrzeug des Mahayana-Buddhismus folgen und eine eigene Ausprägung buddhistischen Verständnisses haben. Er lächelt gütig, wie sich das gehört, doch in seiner Stimme schwingt Ironie mit. „Da ist viel Show und Action", sagt er, und das klingt sanft aber deutlich distanziert. Ich bekomme etwas mit von der unterschiedlichen Selbsteinschätzung der Mönche im weitläufigen Haus des Buddha. Der da aus Sri Lanka, dem Theravada-Buddhismus zugehörig und sich als Hüter der ursprünglichen Lehre verstehend, erklärt mir, dass sie alle dem großen Meister folgen auf dem von ihm vorge-

zeichneten Weg, aber das, was die tibetischen Mönche tun, doch zu sehr von Ritualen bestimmt sei. „So etwas lenkt vom Studium ab und ersetzt das Wissen", mokiert er sich. Das Auf- und Niederwerfen auf den abgewetzten Brettern entlockt ihm ein amüsiertes Lächeln. „Vielleicht haben die solch gymnastische Übung in Tibet entwickelt, weil es dort meist so kalt ist", meint er gut gelaunt, „nach einigen Übungen der sportlichen Art ist man dann wohl warm genug für`s Lesen der alten Schriften." Er faltet die Hände im Schoß über der gelben Robe und fügt an: „Wir im tropischheißen Sri Lanka wären nie auf die Idee gekommen, uns derart anstrengend und schweißtreibend zu betätigen."

Ernsthaft spricht er dann über die grundsätzlichen Unterschiede: „Buddha hat den Ritualen keine große Bedeutung beigemessen. Nicht die formalisierten Handlungen sind wichtig, sondern das vom Geist bestimmte Handeln." Da spricht ein Intellektueller, der mir versichert, dass die zum Selbstzweck gewordenen Rituale, über die niemand mehr nachdenkt, eher kontraproduktiv seien und vom Wesentlichen ablenken. „Die abendlichen Veranstaltungen mit Kerzen, Geklingel und Rezitationen sind fraglos beeindruckend", räumt er ein, macht aber keinen Hehl daraus, dass ihm solche Inszenierung fremd bleibt: „Das mag ja auch unterhaltsam sein, geht ans Gemüt, weckt Gefühle, hat sicher auch eine beruhigende Wirkung, ein schöner Schein – aber mit Buddhas Lehre hat das wenig zu tun."

Ein schmächtiger alter Mann unterbricht höflich aber bedrängend unser Gespräch. Er trägt ein langes weißes Hemd, das ihm einen Hauch von Feierlichkeit verleiht. Sein Gesicht ist voller Falten, ein Mann der Unterschicht. Er rollt ein Plakat auf, das für eine Spendenaktion zugunsten der Dalits wirbt, der Kastenlosen, die auf den niedersten Sprossen der sozialen Leiter Indiens stehen. Der Mönch aus Sri Lanka ist sichtlich unerfreut über den Auftritt, stellt keine Fragen und lässt den Besucher spüren, dass er stört. Seinem Sekretär gibt er mit einer Geste zu verstehen, dem Bittsteller an der Rezeption ein paar Rupien auszuhändigen.

Seine Geringschätzung gilt auch den indischen Mönchen im Gefolge der buddhistischen und sozialen Erneuerungsbewegung des Dr. Ambedkar, den Neo-Buddhisten. Am Ausgangsort dieser Bewegung, nämlich im zentralindischen Nagpur, werde ich ihren Spuren und ihrer Rolle im heutigen Indien einige Monate später nachgehen. Die Bemerkung des Mönches aus Sri Lanka aber lässt an abgrenzender Distanz nichts zu wünschen übrig. „Die sind schlecht ausgebildet, es fehlt an Wissen, an fundamentaler Kenntnis der Lehre", so kanzelt er die Brüder ab, „es fehlt ihnen an kompetenter Führung, sie sind viel zu sehr in tagespolitische Abhängigkeiten verwickelt, werden von politischen Parteien und deren Führer instrumentalisiert. Wissen Sie", er beugt sich vor und ist für einen Mönch erstaunlich kritisch, „das alles ist eben Indian Style." Er spricht von den indisch-stämmigen Mönchen als „denen", nennt sie „die"; und es wird klar, dass es kaum Gemeinsamkeiten gibt.

Lächelnd gebraucht er einen eigenwilligen Vergleich. „Buddha ist so etwas wie ein", er sucht das passende Wort, als wolle er eine Pointe wirkungsvoll hinauszögern, „ein Cowboy, ja, ein Cowboy. Der hütet eine Herde von Kühen, weist ihr den Weg durch schwieriges Gelände, aber was mit der Milch geschieht, dem Ertrag der Weiden und des Umherstreifens – nun, die Besitzer der Kühe müssen selbst entscheiden, was sie mit der Milch machen wollen." Er freut sich über diese Parabel ländlicher Verwurzelung. Gleichnisse aus dem täglichen Leben hat ja schon der große Erwachte reichlich unters Volk gebracht.

Der Sekretär flüstert ihm etwas zu. Der Mönch nickt, bittet mich um Entschuldigung, dass er andere Pflichten zu erfüllen habe. „Nun steht eine meditative Übung mit Pilgern aus Europa auf dem Plan", sagt er erklärend und läuft gemessenen Schrittes ins großräumige Innere des Gästehauses. Er hätte wohl auch sagen können, jetzt müsse auch er sich um seine Herde kümmern. Buddhismus sei ja im Westen schon so etwas wie eine Mode geworden, hatte er zuvor beiläufig bemerkt. Wenn es aber den von Konsum und Karriere geplagten Leuten wohl tue, sich bei Buddha zu entspannen, sei dem zuzustimmen. „Was immer die von Buddhas Lehre verstehen, wenn sie ihnen innere Ruhe verschafft, Einhalt in ihrer Hetze, dann begrüßen wir das sehr. Bei uns ist jeder willkommen." So die versöhnliche Betrachtung.

Die ganze Welt trifft sich in Bodhgaya. Bei Buddha geben sich die Leidgeplagten auf der Suche nach der Überwindung ihrer irdischen Kümmernisse ein Stelldichein. Eine Spezies von Frauen europäischer und nordamerikanischer Herkunft fällt mir auf, und ich begegne ihnen hier ebenso wie in Sarnath und anderen Stätten des Meisters. Alter zwischen 40 und 60 Jahren; zwischen Mutterschaft und Selbstfindung sind sie unterwegs. Nach den Familienpflichten und in neugewonnener Freiheit gehen sie auf geistige Entdeckungsreise mit den unerfüllten Träumen von gestern und in die Zukunft gerichteten Sehnsüchten. Die Kinder sind aus dem Haus, und in der ungewohnten Leere taucht die Sorge auf, das könne doch noch nicht das Leben gewesen sein. Klimakterium und Midlifecrisis gebündelt. Es ist das Alter, das auch an den anschwellenden Ballen neben den großen Zehen sichtbar wird. Beim Barfußlaufen und in den offenen Sandalen unübersehbar. Ich ertappe mich immer wieder, im Vorbeigehen den Frauen nicht zuerst ins Gesicht, sondern auf die dicker gewordenen Füße zu schauen. Frauen in diesem Lebensstadium waren schon zu Zeiten des Buddha von ihm angezogen, förderten seinen Orden, speisten die Mönche und stifteten Grundstücke für Klöster in dem Bedürfnis, noch etwas Gutes für ihr Seelenheil tun zu müssen.

In die Rolle einer Stifterin zu schlüpfen, wäre Hannelore B. aus Düsseldorf mit ihren Finanzmöglichkeiten nicht in der Lage. Alle Ersparnisse hat sie zusammengekratzt, um ein Jahr lang in Indien leben zu können. Sie muss sparsam sein, um durchzuhalten. Ich erfahre eine Lebensgeschichte, wie sie auf der Spurensuche des historischen Buddha häufig zu hören ist. „Tee und Puris kann ich mir leisten", sagt die Frau mit abgeklärtem Lächeln. Wir reden in einer der Garküchen am Rande der

Hauptstraße von Bodhgaya miteinander. „Und die Gebühren für die Meditationsübungen kann ich mir natürlich auch leisten", fügt sie an und stellt das Glas mit dampfendem Milchtee auf den mit buntem Plastiktuch überzogenen Tisch, „wegen der Übungen bin ich ja hier."

Sie ist hoch gewachsen, um die Hüften schon füllig. Das bis zu den Knöcheln fallende Gewand indischer Machart, baumwollen und farbig, verdeckt die in die Breite gehenden Körperpartien auf freundliche Art. Sie trägt Plastiksandalen. Die Fußballen verraten spätes Mittelalter. Das graue strähnige Haar hat sie nach hinten gekämmt und zu einem nicht allzu sorgfältig gebundenen Knoten vereint. In den Fältchen der Gesichtszüge erkenne ich diese Mischung aus gewollter Entspannung und mitgebrachten Sorgen. Der Blick der graublauen Augen hat etwas Träumerisches, das in die Vergangenheit der Mädchenzeit weist. Ihre Stimme ist jugendlich geblieben. Offenbar hat sie das Bedürfnis, sich mitzuteilen. In einem der Institute lässt sie sich einen Monat auf Meditationsreisen ein. Sie erzählt mir von ihrem Guru, dem sie sich vollkommen anvertraut. Sie berichtet von tibetischen Mönchen und der von ihnen ausgehenden Kraft. Die Frau hat einen Lebenshalt verloren und sucht neue Inhalte. Buddha hilf. Ihre beiden Kinder sind längst erwachsen, gehen eigene Wege.

Es ist nicht ihre erste Begegnung mit Indien. Mit Buddhismus beschäftigt sich Hannelore B. seit Jahrzehnten. Sie ist auch im Ashram des Bhagwan Sri Rajneesh in Pune gewesen, des bekanntesten und umstrittensten Gurus unter Indiens Wundermännern, Osho genannt. „Das ist schon viele Jahre her", sinniert sie ihrem Leben nach, „der Kult in Pune erwies sich als Weg in die Sackgasse. Ich habe einige Zeit gebraucht, um das zu begreifen." Nun also wieder Ratsuche bei Buddha. Auch der Ehemann teilte zeitweise diese Begeisterung, doch für die Gemeinsamkeit reichte sie nicht mehr aus. Kurz vor dem Abflug aus Deutschland war ihre Ehe geschieden worden. „Die Beziehungskiste ist zerbrochen", sagt sie burschikos. Mit Buddhas Einsichten sollen Scherben gekittet werden.

Schwärmerisch berichtet sie von den Übungen im Institut weit vor den betriebsamen Gassen von Bodhgaya. In ländlicher Ruhe schottet sich ihr buddhistisches Zentrum hinter Bäumen und Mauern vom Trubel ab. In missionarischer Manie erzählt sie vom Fallenlassen. Sie redet von der Leere, die in ihr erzeugt wird; und sie spricht so engagiert, als müsse sie mich davon überzeugen. „Ja, ich habe den richtigen Ort und die richtigen Lehrer gefunden", sagt sie, als hätte ich dies bezweifelt.

Ich brauche gar nichts zu sagen, nur zuzuhören. Eine Frau will etwas in Worte fassen, um sich selbst zu bestätigen. Der Tonfall erinnert mich an die Ausschließlichkeit, mit der ehedem 68er ihre politischen Maximen verkündeten: angetrieben vom gläubigen Eifer, die einzig gültige Wahrheit erkannt zu haben. Natürlich gibt es Unterschiede. Wir 68er wollten die Welt verändern, hatten Visionen im globalen Ausmaß, konnten nicht verstehen, dass dieser Drang nicht von allen so empfunden wurde und neigten deshalb besserwisserisch zu Intoleranz und schnellen Sprüchen. Meine Ge-

sprächspartnerin, die mich kaum zu Wort kommen lässt, ist über den Anspruch solcher Weltverbesserung längst hinaus und nur noch an der eigenen, höchst privaten Lösung ihrer Probleme interessiert. Mit den Enttäuschungen aus dem Westen kam sie in den Osten, um Zuflucht bei Buddha zu suchen. Aus dem einsichtsvollen Lächeln über die unerreichten Lebensziele soll das buddha-milde Lächeln der inneren Zufriedenheit werden. Noch hat es Züge quälender Vorstöße.

„Sie machen ja nur eine Reise entlang der Äußerlichkeiten", sagt sie mir mit der wichtigtuerischen Miene, die Überlegenheit signalisiert und als Selbstbestätigung zu verstehen ist, denn: „Ich mache eine Reise ins Innere", fügt sie an. Auch sie wird vermutlich noch lange unterwegs sein. Auf meiner Spurensuche in Buddhas Geist treffe ich Hannelore B. mit wechselnden Namen immer wieder. Alle Frauen haben ausgeprägte Fußballen, um die sich die Riemchen der Sandalen winden.

Ich wandere weiter. Neben dem dreistöckigen Sikkhim-Gästehaus an der Tempelstraße, einem Hotel gegenüber und in der Nähe des farbenreichen Tempels der bhutanischen Mönche und dem in den Formen kühlen und strengen Tempel der japanischen Buddhisten und dem über und über bunt verzierten tibetischen Tempel – dort ist das Grundstück der Vereinigung der indischen Mönche zu finden: „All India Bhikkhu Sangha". Ich habe in dieser prächtig ausgestatteten Nachbarschaft den Eindruck, zu armen Verwandten unter Buddhas Erben zu gelangen. Der Garten ungepflegt; Mauern stehen als unvollendete Baustelle herum, die wohl schon vor langer

Zeit mangels Geld und Durchsetzungskraft eingestellt wurde; ein barackenähnlicher Flachbau mit Vordach; im hinteren Teil ein größerer Raum mit einer Buddha-Statue, der der Meditation dient. Das alles sieht nicht nur nach Bedürfnislosigkeit aus, sondern nach Desinteresse und Ödnis. Im Kontrast zu den umsorgten Tempeln und Gästehäusern ringsum ist zu spüren, dass hier weder aktives Management, noch lebendiges Gemeindewesen anzutreffen sind. Die Gespräche mit den drei, vier Mönchen indischer Abstammung, die auf der Durchreise sind, bestätigen diese Einschätzung. Nicht die Begegnung mit ihnen bleibt in Erinnerung, sondern die Erscheinung von Ven. Buddhadatu, der in ihrer Gesellschaft rastet obwohl er ein rastloser Mensch und Mönch ist.

Hoch gewachsen kommt er auf mich zu, stämmig, kraftvoll, barfuß. Er trägt eine gelbe Flickenrobe, zusammengestückelt aus vielen Fetzen wie ein Patchwork-Kunstwerk. Das ist vermutlich arbeitsintensiver als eine übliche lange Stoffbahn in ein Mönchsgewand zu schneidern, doch diese Robe ist Markenzeichen. An den historischen Buddha soll sie gemahnen, an dessen sprichwörtliche Verachtung allen Luxus und seinen Hang zum Recycling. Ven. Buddhadatu hüllt sich freilich nicht in Lumpen, dazu wirkt der Stoff zu perfekt, zu sehr gestyled. Er ist vielmehr sein Programm. Seht her, ich wandele auf Buddhas Spuren durch die Welt. „Einen großartigen Tempel brauche ich nicht", sagt er selbstbewusst und sich seiner Worte und deren Wirkung sicher, „wo ich bin, ist der Tempel."

Mit einer kleinen Gruppe von Jüngern und einer Schar von Laien ist er unterwegs. Mr. Lee, pensionierter Rechtsanwalt aus Singapur, erzählt mir mit offensichtlicher Hochachtung vor dem Meister dessen Geschichte. Als kleiner Junge ist er während des Vietnamkrieges schwer verletzt worden. Halb verbrannt wurde er in einem amerikanischen Lazarett wieder aufgepäppelt und zusammengenäht. Ein buddhistischer Lehrer nahm sich seiner an und führte ihn auf den Mittleren Weg des Erleuchteten. Mit gedämpfter Stimme lässt mich der chinesisch-stämmige Jurist aus Singapur dies wissen; er spricht schnell und hat etwas von einem Wiesel. Erst vor drei Jahren habe er selbst zu Buddha gefunden und betrachte sich als Jünger des Ven. Buddhadatu. Der lebe in Australien und zeitweise in Singapur. Der Meister reise sehr viel, und dass er und ein junger Mann und zwei Frauen ihn und vier seiner Mönche nun begleiten dürfen, sei eine große Ehre. Jedes Mal, wenn er die Anrede „Meister" gebraucht, eher flüstert als laut ausspricht, schwingen tiefe Verehrung und bedingungslose Gefolgschaft mit.

Ven. Buddhadatu macht keine Umschweife. Mit der Begrüßung und der eher flüchtigen Frage nach meinem Woher kramt er in seinem schwarzen Almosentopf und zieht drei CD-Rom`s hervor wie ein Zauberkünstler das Kaninchen aus dem Zylinder. „Heart for Peace" steht auf dem Etikett, der Schriftzug umrundet die Erde und ein rotes Herz mit einer weißen Friedenstaube. Lord Buddhas Botschaft der Liebe, durch Ven. Buddhadatu vermittelt. Verkehrte buddhistische Welt. Nicht ich als Laie soll etwas in die Bettelschale werfen, mein Karma zu verbessern, sondern der Mönch verteilt daraus die guten Gaben. „Hören und sehen Sie es sich an", fordert er mich mit tiefer, wohltönender Stimme auf, „geben Sie die CD's Freunden weiter. Die Worte darauf sind in Englisch, Chinesisch, Hindi, Vietnamesisch und Thai." Er wehrt mit energischer Geste meine Bereitschaft zur Bezahlung ab. Nein, diese Botschaft mit belebten Bildern sei kostenlos. Ich betrachte die silbernen Scheiben. Die aufgedruckte E-Mail-Adresse ist unübersehbar: heartforpeace@hotmail.com. Auch die Bankverbindung für die erwünschten Spenden fällt auf. Allein auf seine Almosenschale verlässt sich ein wandernder Mönch vom Schlage des Ven. Buddhadatu heute eben nicht mehr. Es klingt paradox, wenn ein Hausloser eine Homepage hat.

Er wirkt forsch und zupackend, ein Organisator auch dieser Mann im gelben Gewand der hundert Fetzchen; aber auf eine andere Art geschäftig als der Monk in Charge vom Gästehaus der Mahabodhi Society: direkter, in amerikanischer Offenheit und offensiv auf die Leute zugehend, ein Meister der Selbstdarstellung. In den Morgenstunden zieht er mit vieren seiner Mönchsgefährten los, den Advokaten, mich und die kleine Pilgergruppe im Schlepp. In den Gassen der Armen etwas außerhalb des Marktbetriebes von Bodhgaya machen sie die Runde. Ein Krüppel kriecht aus einer ärmlichen Hütte, verneigt sich, faltet die Hände und legt den Mönchen ein paar Biskuits in die Almosentöpfe. Vor einer der nächsten Behausungen warten bereits Frauen, Mädchen, ältere Männer. Aus Schüsseln mit Reis und Gemüse werden löffelweise die Speisen in die Bettelgefäße gefüllt. Schweigend, wie es nach alter Sitte ist, stehen die Mönche in einer Reihe, lüpfen die Aluminiumteller, mit denen ihre Schalen bedeckt sind, sagen kein Wort des Dankes, weil es an den Gebenden ist, für die von den Mönchen vermittelte Gelegenheit zur guten Tat zu danken. Uraltes Ritual. Es wiederholt sich mehrmals. Offenbar werden die Mönche erwartet. Die Frauen knien nieder.

So wird es auch gewesen sein, als Buddha mit seinen Mönchen durch dieses Land zog. Doch der Vergleich kommt in diesen frühen Stunden ins Stolpern. Der junge Mann aus Singapur lässt unablässig seine Videokamera kreisen. Ven. Buddhadatu gibt mit Gesten und hochgezogenen Brauen und Blicken seine Regie-Anweisung. Auch diese Szenen werden dereinst auf silbernen Scheiben in alle Welt getragen werden und auf Bildschirmen flimmern. Es ist die moderne virtuelle Version vom Rad der Lehre. Ven. Buddhadatu scheint sein eigener PR-Chef zu sein. Die nicht nur medizinische Behandlung im US-Lazarett des Vietnamkrieges und die Prägung durch den buddhistischen Lehrer mögen unterschiedliche Einflüsse auf ihn gehabt haben, aber beides hat wohl diesen Mönch geformt.

Die morgendliche Speisensammlung am Rande von Bodhgaya ist eine eigenartige Aufführung. In Thailand, Burma, Laos, Kambodscha ist solch einnehmender Rundgang noch selbstverständlich, doch in Indien völlig ungewöhnlich. Mehrfach wird mir versichert, dass da nichts vorbereitet, nichts gestellt sei. Spontan reagierten die armen Leute beim Anblick des Ven. Buddhadatu, so beteuert der kleine drahtige Rechtsanwalt aus Singapur. Dort sei dem Meister übrigens derartige Speisensammlung öffentlich versagt, flüstert er mir zu; in Singapur fiele ein solcher Auftritt unter das Bettelei-Verbot. Ich werde den Verdacht nicht los, dass hier etwas für die Kamera abläuft. Eine Gruppe tibetischer Mönche kreuzt den Weg, die gelbgewandeten Mönche ebenso erstaunt betrachtend wie es einige Touristen tun, als hätten sie eine derartige Gesellschaft noch nie gesehen. Keiner der tibetischen Mönche würde sich auf eine solche Betteltour einlassen; sie vertrauen vielmehr auf direkte Spenden und finanzielle Zuwendungen an ihre Klöster. Mr. Lee weist mit gewisser Häme auf den Unterschied hin: „Die sind doch nur an Geld interessiert."

Zwischen 11 und 12 Uhr wird gegessen. Ven. Buddhadatu hält diese Zeit strikt ein. Danach ist Fasten angesagt. Im Meditationsraum der Vereinigung der indischen Mönche läuft das zeremonielle Mahl ab. Erlaubt als Nahrung ist nur, was die Almosenschalen aufgenommen haben. Das wird geteilt und gemeinsam verzehrt. Gemächlich und bedächtig. Unter der Buddhastatue hockt im Lotossitz der Meister, Autorität ausstrahlend wie das große, historische Vorbild. Im Halbrund sitzen die Mönche vor ihm.

Ich bin als schauender, nicht als mitessender Gast eingeladen. Ich gerate in einen Grenzbereich, in dem ich nicht mehr auseinander halten kann, was da täglicher Kult und was Inszenierung für die Videoaufzeichnung ist. Der großflächige kahle Schädel des vorsitzenden Mönches und seine beherrschende Persönlichkeit bestimmen die Szene. Er ermahnt einen zusammengekauerten alten indischen Mönch und weist ihn zurecht wegen dessen nachlässig gefalteter, ziemlich schmuddeliger Robe. Außerdem sei es an der Zeit, das Mahl zu beenden. Der Mann kaut unbekümmert weiter, weil er kein Englisch versteht, in dem sich Ven. Buddhadatu an ihn wendet. Väterlich tut er das, aber auch wie ein Klostervorsteher, der in seinem Wirkungsbereich auf Zucht und Ordnung hält. Er ruft den Mönch zu sich, redet ihm ins Gewissen. Die Wirkung bleibt mäßig. Die erkennbar vorwurfsvolle Kritik an seinem Verhalten lässt den indischen Mönch unbeteiligt. Schließlich bietet ihm Ven. Buddhadatu seinen Almosentopf zur Säuberung an, als Geste der Versöhnung zu verstehen. So könnte weiland auch Buddha gehandelt haben, um seine saumseligen Mönche im Griff zu behalten. Noch immer ist mir, in einen Film geraten zu sein.

Später nähere ich mich einem Buddha der gigantischen Größe. Er ist japanischer Abstammung und thront am Ende der Tempelstraße, wo Bodhgaya bereits an Felder grenzt. Die Daijokyo-Sekte von Nagoya hat das Monument errichten lassen. Nach vierjähriger Bauzeit wurde der Buddha im Kamakura-Stil vom Dalai Lama am 18. November 1989 eingeweiht. Das alles verkündet eine Tafel am Eingang, von dem aus der sich verjüngende Weg mit Marmorplatten hin führt zu dieser gewaltigen Figur aus Sandstein, 25 Meter aufragend. Ich laufe strümpfend, wie geboten, darauf zu und habe das Gefühl, dass dieser Buddha anwächst, größer wird, massiger, bedrohlicher; ein gewaltiger Felsbrocken in Gestalt des auf einem breiten Lotoskissen mit verschränkten Beinen sitzenden Buddha-Kolosses, die flache Rechte über der Linken in Meditationspose liegend, übermächtig, ein außerirdischer Weltenherr. Die Augen sind halb geöffnet, den Besucher da weit unter ihm, winzig nur, unwichtig, abschätzend fixierend. Arrogant ist das Gehabe, die wulstigen Lippen zu keinem noch so zarten Lächeln verklärt. Sein Blick ist nicht nach innen versunken, von keiner Güte umflort, sondern als überdimensionaler Big Brother wie ein Richter auf den Delinquenten unter ihm gerichtet. Gnadenlos, kein Augenzwinkern des Verständnisses, keine Spur von Versöhnung. Das ist ein Gebieter, der von oben nach unten blickt, Unterwerfung fordert. Er ist abweisend, nicht einladend; keiner, mit dem ich gern ins Gespräch kommen möchte, der einen aber in dieser Betrachtungsweise auch nicht loslässt. Hinter den Augenschlitzen zwei schwarze Kreise, Pupillen, anklagend. Ich muss an den strafenden, rachsüchtigen Gott denken, nicht an den liebenden, verzeihenden. Genau der Typ, den ich mit Buddha nun eigentlich nicht verbinde. Dem Buddha hier scheinen Menschen in Not und Bedrängnis ziemlich egal zu sein. Dass von rötlichem, warmen Sandstein solche Kälte ausgehen kann, erstaunt mich. Das Licht Asiens, wie es jener Sir Edwin Arnold pries? Mich fröstelt. Das ist das Neonlicht Japans.

Der charismatische Pilger aus Sri Lanka, der vor mehr als einem Jahrhundert hierher kam, würde Bodhgaya nicht wieder erkennen. Anagarika Dharmapala dürfte ziemlich überrascht sein, was im einstigen Winkel der Vergessenheit aus der von ihm angestoßenen „buddhification" so alles geworden ist. Ein Ort der Langeweile jedenfalls nicht.

Natürlich suche ich die Gespräche unterwegs, lasse mich immer auf das Where-do-you-come-from ein. Als guter Gast im Lande bin ich auf Freundlichkeiten bedacht und versuche, selbst welche zu vermitteln. Aber es gibt ja Grenzen. An einem Tage zum einundreißigsten Male die klassische Frage des Woher-Wohin beantwortet zu haben, verschwitzt und müde aus einem Bus zu klettern und eine Bleibe zu suchen, angesichts eines malerischen Sonnenuntergangs endlich mal allein sein zu wollen, in der Zwickmühle also vom Bedürfnis nach Ruhe und der Verpflichtung zur Höflichkeit gibt es ein Zauberwort. Es heißt: Streichholzschächtelchen.

Ich sitze am flachen östlichen Ufer des Nilanjana und schaue ein letztes Mal hinüber nach Bodhgaya, wo über dem pyramidenförmigen Tempel die Sonne entschwindet. Genau die Stimmung, um alleine zu sein, Gedanken nachzuhängen, in sich hineinzuhören. Aber ach: Ein nur mit sich und der Sonne beschäftigter Mensch ist jedem vorbeikommenden Inder eine Herausforderung. Die vermeintliche Einsamkeit weckt Neugier und Anteilnahme. Bedauerlich nur, dass solche Hinwendung sehr einseitig ist. Also: „Where do you come from?", werde ich von einem jungen Mann gefragt, der sich mir nähert und ohne weitere Höflichkeitsfloskeln die Absicht bekundet, neben mir im Gras Platz zu nehmen. Den Taubstummen zu mimen, wäre sinnlos. Mein Schweigen fordert zur Nachfrage heraus. Mein Blick zur sinkenden

Sonne bleibt unbewegt. In solcher Situation vermag das Zauberwort die Ruhestörer abzuwenden. Also raffe ich mich zu dem Bannfluch auf und sage, noch ehe sich der Mann hinsetzt, in tiefstem Ernst als vertraute ich ihm ein Geheimnis an: „Streichholzschächtelchen."

Die Verblüffung ist unverkenbar. Da müsse ein Missverständnis vorliegen, hakt er nach. Abermalige Frage nach Woher-Wohin. Schon drängender. Wieder in verschwörerischem Ton: „Streichholzschächtelchen." Erster Versuch, das Wort zu wiederholen. Es bleibt bei einigen Silben. Weitere Frage in einem kumpelhaften Anflug von Nun-mach-keinen-Blödsinn. Ich bleibe stur: „Streichholzschächtelchen." Es erfolgt ein zweiter Versuch, dieses Wortungetüm in indischer Verfremdung nachzuahmen, um so vielleicht den tieferen Sinn zu ergründen. Es ist fatal. Streichholzschächtelchen kann kein Inder aussprechen. Die Mehrheit der Menschheit kommt über diese verbale Klippe nicht hinweg. Das Wort hat eine magische Abwehrkraft. Ich wiederhole es mit dem gebotenen Nachdruck, ziehe die Silben auseinander und behalte die Sonne im Auge.

In allen Kulturen haben Schamanen, Priester, Politiker und sonstige Meister der manipulierenden Worte mit eben solchen ihre Wirkung erzielt und einen Bann um sich geschlagen. Das Streichholzschächtelchen schafft die höfliche, aber bedingungslose Distanz. Auch hier geht der dritte Anlauf, über dieses Streichholzschächtelchen an den seltsamen Fremden zu kommen, in Stottern und Resignation über. Das Wort ist gemein. Ich gebe es zu. Kann sein, dass ich für einen armen Irren gehalten werde. Die Rufminderung ist mir die Ruhe wert. Der junge Mann geht nachdenklich und enttäuscht weiter. Bei einem wundervollen Sonnenverlöschen über dem Ort der Buddha-Erleuchtung bin ich sicher, dass mir die Auskunftsverweigerung zusteht. Ich bleibe mit meinem Streichholzschächtelchen allein. Ungestört fortan.

SARNATH

Morgenstimmung mit fünf Mönchen

Das Ereignis ist in der naiven Frömmigkeit katholischer Heiligenfiguren nachgestellt. Knatschbunt sind die lebensgroßen Gips-Gestalten mit glänzender Ölfarbe gestrichen. Erhöht thront der Erwachte, im Halbrund vor ihm hocken fünf Männer gesenkten Hauptes, die Hände gefaltet. Die Szene ist für schlichte Pilgergemüter eingerichtet. Ich freue mich darüber. Ja, so könnte es im Gazellenhain von Sarnath gewesen sein. Déjà vu. Ungezählte Male hat die buddhistische Kunst dieses Motiv variiert. Die Museen der Welt sind damit ausgestattet. Hier stehe ich vor der einfachsten Art im Stil einer Schaufenstergestaltung. Ein Mann hat einen Auftritt, der zu den folgenreichsten der Weltgeschichte gehört. Er ruft keinen Krieg aus, stellt kein epochales Waffensystem vor, proklamiert keine Verdammnis Andersgläubiger oder sonst eine Unheil bringende Tat, mit der sich Herrscher seit eh und je in den Annalen verewigten. Der Mann verkündet seine Botschaft des Friedens. Nicht vor Menschenmassen spricht er, nicht aufwieglerisch, nicht in demagogischer Verführung sondern vor fünf Männern; und die Rede ist – wie wir wissen – von Erkenntnis und Weisheit durchdrungen. Er bedarf keines Instrumentes, keines Buches, keines Zeigestabes oder gar eines virtuellen Power Points. Seine rechte Handfläche ist nach außen gedreht, Daumen und Zeigefinger bilden einen Kreis und berühren Daumen und Zeigefinger der linken Hand. Es ist die Geste des In-Bewegung-Setzen des Rades der Lehre: Dhammacakka-mudra in Pali genannt, Dharmacakra-mudra in Sanskrit. Grazil die Fingerhaltung, spielerisch, verletzlich und ein wunderbares Exempel, wie Hände vielversprechend geöffnet sein können, nicht zur Faust geballt und doch auf ganz besondere Weise kraftvoll. Zu früher Stunde schaue ich dieser Männerrunde zu, denke nicht über Kunst nach, sondern lasse mich von dieser kindlich-anrührenden Gruppe unterm Pavillondach in eine muntere, beschwingte Stimmung von Neubeginn und Aufwachen versetzen.

Ich war wie weiland Buddha von Bodhgaya westwärts nach Sarnath gereist. In einen mit Menschen und Gepäck voll gestopften Bus hatte ich mich gezwängt, war von den nach innen dringenden Auspuffgasen geräuchert, von den Untiefen der Schlaglöcher durchgerüttelt worden und wurde bei zähen Wartezeiten an Busbahnhöfen und Straßenrändern einen Tag lang genervt. Bei Dehri war der zerbeulte Bus über eine der längsten Brücken Indiens gepoltert, um den Fluss Son zu passieren. Dann fuhren wir durch scheinbar menschenleere Ebenen, die immer wieder überraschen, wenn bei einem Stopp plappernde Scharen halbnackter Kinder aus dem Schatten ausgedörrter Sträucher auftauchen. Staub und Schwermut liegen über der Landschaft.

Einzig die Reaktion eines schwarzbärtigen, grimmig dreinblickenden Mannes hatte meine Laune erheitert. Über drei Sitzreihen fragte er von hinten brüllend nach meinem Woher. Und welch Überraschung: „Germany!“ löste einmal nicht die in solcher Situation oft vernommene und als peinlich empfundene Antwort aus: „Ah, Deutschland, euer Hitler war ein toller Mann, machtbewusst, prima, solche Führer brauchen wir. Sie können stolz darauf sein, ein Deutscher zu sein. Wir sind ja auch Arier.“ Nein, danke. Zuweilen hatte ich, solche unerwünschten Lobeshymnen ahnend, bei derartigen Fragen Island oder Andorra geantwortet, um keine teutonischen Assoziationen zu wecken. Es ist stets mühevoll und unerfreulich, gegen Lärm und Dummheit anzugehen und klar zu machen, dass im Zusammenhang mit Hitler für einen Deutschen kein Grund zum Stolz, sondern nur zur Scham ist. Auf dem miserablen Wege nach Sarnath war's erfreulich anders. „Deutschland“, schrie mir der Mann zu, winkte kumpelhaft und sein Gesicht erhellte sich, „ihr seid auch gegen Bushs Irak-Krieg. Gut so!“ Ich winkte lachend zurück. Endlich mal ein Kompliment, dem ich trotz meiner Volkszugehörigkeit überzeugt zustimmen konnte; hoffend, dass die deutsche Ablehnung der Bush-Kriege und seiner ölgierigen Kumpane auch für künftige Abenteuer der Hochrüstung gelten wird. Die ernüchternde Fußnote musste ich dem freundlichen Mitreisenden im Gedröhn des Busses freilich schuldig bleiben. Ich hätte erklären müssen, dass die regierungsamtliche Ohne-uns-Haltung der Berliner Kriegsgegner nicht etwa buddhistischer Friedfertigkeit entsprang, sondern dem wahltaktischen Schielen eines Kanzlers auf die populäre Stimmungslage im Volke. Aber solche feinen Unterschiede bleiben ja immer auf der Strecke.

Buddha brauchte barfuß ausschreitend für die 250 Kilometer zwischen Bodhgaya und Sarnath gut zwei Wochen, Rast und die morgendliche Runde mit der Almosenschale eingerechnet. Seine Tageswanderung von etwa 20 Kilometern entspricht 2.500 Jahre später dem Stundendurchschnitt, mit dem in Indien öffentliche, erdverbundene Verkehrsmittel dahinzotteln, egal ob Bus oder Bahn. Schneller geht's nicht, angemessen allenfalls, um über die Segnungen des Fortschritts nachzudenken. So viel weiter haben es die Inder, technisch gesehen, auch nicht gebracht. In der Schwärze vor dem Sonnenaufgang war ich losgefahren, nach Sonnenuntergang entließ mich der Bus auf der Hauptstraße von Sarnath. Ich war der einzige und letzte Passagier, alle anderen waren bereits in Benares ausgestiegen, das auch Varanasi heißt. Ich war gerädert, verschwitzt, verdreckt. Im Kopf dröhnten Dieselmotor und Lautsprechergeplärr nach. Von ausgeleierten Kassetten kreischende Filmmusik der Bollywoodstudios trieb mir einen Tag lang im Überlandbus den letzten Rest an Lebensfreude aus und ließ das Nirvana vor allem wegen der damit verbundenen ewigen Lautlosigkeit als höchstes Glück erscheinen.

Eine Bleibe? Derartig angeschlagen in der Dunkelheit auf die Suche gehen zu

müssen, gehört zu den Momenten, in denen man sich fragt, warum solche Plage freiwillig aufgenommen wird. Immer dann, wenn ich mein Reiseziel entgegen der strikten Absicht, nicht mehr bei Tageslicht erreichen kann, wird's umständlich und stressig. Auch in Sarnath. Die wenigen Gästehäuser und Klosterkammern alle mit Pilgern belegt, der Tourist Bungalow von einer Hochzeitsgesellschaft ausgebucht. Die zwei, drei sonstigen Herbergen mies und muffig. Ich fand schließlich ein mäßig beleuchtetes Privatzimmer in einem stillen Garten und einen etwas umständlichen Vermieter, der ebenso wie sein gediegenes Mobiliar die Bedächtigkeit vergangener Jahrzehnte verkörperte. Nur für Historie, ob jüngere, ob ältere, hatte ich nun wahrlich keinen Sinn mehr. Ich sah noch die verblassten Ölkreidefarben einer morbiden Schönheit in dunkelgebeiztem Rahmen, knipste einen Schalter aus und versank in einem Nebel.

Diese frühe Stunde nach ruhiger, erholsamer Nacht bringt nun die Lebensgeister zurück. Über den weitläufigen Park schweben sie und hauchen mir vor der Gruppe der fünf Mönche mit dem predigenden Buddha das gute Gefühl ein, nach Lumbini und Bodhgaya am dritten der vier heiligsten Orte der buddhistischen Welt angekommen zu sein. Ein paar Meter neben der Gedenkstätte der neueren Art steht auch hier mit verschränkten Armen Anagarika Dharmapala auf einem Podest wie ein zu Stein erstarrter Friedensengel ohne Flügel. „Founder of Mahabodhi Society and Pioneer of Buddhist Revival in India“ ist darauf zu lesen. Hier in Sarnath hat er sich zweieinhalbtausend Jahre danach den fünf Jüngern dieser ersten Predigt angeschlossen und wurde zum Mönch ordiniert. Drei Monate später, am 19. April 1933, ist er gestorben. Die Einweihung des von ihm angeregten Tempels hat er noch erlebt. Das Vorbild des Mahabodhi-Tempels in Bodhgaya ist unverkennbar. Als kleinerer Bruder ragt der

Mulagandha Kuti Vihara auf. Die Bauarbeiten waren 1922 begonnen und 1931 abgeschlossen worden. An den Innenwänden erstrahlen in gedeckten Art-deco-Farben die vertrauten Schlüsselszenen aus Buddhas Lebensgeschichte; die Fresken hat der Japaner Kosetsu Nosu gestaltet: breitflächige, fluoreszierende Bilder, Kirchenfenstern verwandt. Von diesem modernen Teil des einstigen Gazellenparks ist bereits der wuchtige Dhamekh-Stupa-Stumpf zu sehen, der hundert Meter weiter westlich den archäologischen Bereich von Sarnath dominiert.

Geschichtsträchtiger Boden. Der Blick schweift über die Grundmauern von einstigen Klöstern, Tempeln und Stupas, die Ausdehnung der Gebäude ist beeindruckend. Über dem Grabungsfeld liegt ein feiner Dunst wie ein seidiges Tuch, das Kostbarkeiten bedeckt und schützt. Das ausgebrannte Rot der Ziegel und das Grün der Wiesen sind die vorherrschenden Farben. Ich schreite über die Fundamente des Buddhismus. Bis ins 7. Jahrhundert wurde hier gepredigt, debattiert, meditiert, über neue Schulen und Sekten gestritten und vertiefend darüber nachgedacht, was Buddha in seiner ersten Lehrrede den fünf Mönchen mitgeteilt hatte. Der Dhamekh-Stupa ist genau an dem Platz errichtet worden, an dem der Erwachte seine ersten Jünger um sich scharte. Unter dem Bodhi-Baum in Uruvela hatte Wochen zuvor der innere Kampf stattgefunden; da rang der künftige Buddha mit sich und den Mächten der Finsternis, eine Kreatur, ganz auf sich allein bezogen; in Abgründe geraten, aus deren Tiefen er mit den Kräften des Geistes aufsteigt, der Überwinder des Leidens; der Arzt, der die Ursachen benennt und die Lösung allen Übels durchschaut. Es bleibt ein Geheimnis, warum er es nicht bei der Selbst-Erlösung belässt, was ihn zur Mission drängt. Er hatte doch gefunden, was er gesucht; warum nun das Bedürfnis nach Mitteilung? Mitleid – vielleicht. Hier in Sarnath spricht er von seinem Erwachen. In diesem Hain wagt er den unumkehrbaren Schritt in die Öffentlichkeit, die zur Welt-Öffentlichkeit werden sollte. Hier fasst er in Worte, was dort wortloser Durchbruch zur befreienden Erkenntnis war. Die fünf Asketen kannte er aus seinem jahrelangen Selbstversuch der radikalen Kasteiung. Damals hatten sie ihn bewundert, in der Überzeugung befangen, nur die totale Verneinung des Körpers könne zur Befreiung des Geistes führen. Nachdem Siddhartha sich von diesem Extrem abwandte, kehrten die fünf ihm den Rücken. Als Rückfälligen, wieder dem Wohlleben verfallenen Verräter schmähten sie ihn.

Nun kommt er auf sie zu in Sarnath. Sie schmollen. Nein, keine Ehrbezeugung. Ein Gruß, vielleicht. Aber sich erheben? Nicht doch. Welch eine Episode, die die buddhistischen Legenden filmreif ausschmücken. Irgendetwas hat den Mann verändert, der auf sie zuschreitet. Das spüren sie wohl. Je näher er ihnen ist, desto unsicherer werden die fünf im Gras lagernden Asketen. Das ist nicht mehr der Siddhartha gemeinsamer Versenkung und Fastentortur. Doch wer ist er nun? Was ging vor mit diesem so vertraut und doch fremd wirkenden Mann? Also gut. Sie rappeln sich auf, erweisen sich als höfliche Zeitgenossen, nehmen ihm respektvoll Almosenschale und

Obergewand ab, bereiten dem seltsam anders auftretenden Freund einen Sitz, waschen ihm die Füße und begrüßen ihn mit „Bruder" und sind verwirrt, dass er den Titel früherer Tage zurückweist: „Mönche, redet den So-Gekommenen, den Tathagata, nicht mit dem Namen und der Bezeichnung ‚Bruder' an – wie euresgleichen. Ein Heiliger, ein Arahant, Mönche, ist der So-Gekommene, ein vollkommen Erwachter!"

Die derart in ihre Schranken verwiesenen Männer müssen sich wie vor den Kopf gestoßen fühlen. Was bildet sich der Gefährte von gestern ein? Gleicher unter Gleichen war er gewesen. Und nun? Wer ist dieser Mann mit solchem Auftreten, das Erklärung verlangt aber keinen Widerspruch duldet? Es geht etwas von ihm aus, das die Grenzen zwischen jener Zeit des Suchenden und dem Jetzt des Erwachten zieht. Voller Zweifel aber guten Willens hören sie ihm zu. Was später zur umfassenden Lehre – Dhamma in Pali, Dharma in Sanskrit – und zum ausformulierten Lehrgebäude anwachsen sollte, erläutert ihnen der Buddha hier in den Grundzügen und fasst zusammen, was vertiefend, ergänzend fortan durchdacht, auswendig gelernt und mündlich weitergegeben wird über Generationen, bis es in schriftlicher Form die Nachwelt erreicht. Vom Mittleren Weg berichtet der Buddha. Jener Pfad verläuft zwischen Lustvergnügen und Selbstquälerei: „Der Mittlere Weg macht sehend, erzeugt Wissen und führt zu Beruhigung der Leidenschaften, zu höherer Erkenntnis und Erleuchtung und zum Verlöschen."

Und von den „Vier Edlen Wahrheiten" spricht der Buddha: Vom Leiden als Grunderfahrung jedes Menschen, Dukkha. Damit sind Geburt und Alter gemeint, Krankheit, Tod; auch Trauer, Jammer, Schmerz, Gram und Verzweiflung; mit Unliebem vereint, von Liebem getrennt zu sein, Begehrtes nicht zu erlangen. Nach dem So-ist-Es der Zustandsbeschreibung folgt das Warum: Leiden entsteht durch Gier nach Lust, nach Werden, nach Vernichtung. Dann die letzte Wahrheit: Nur mit der Überwindung solcher Leidenschaft ist Leiden zu beenden. Dies ist möglich mit der Aufhebung von Sinneslust, Unwissen und Lebensdurst.

Auf „Achtfachem Weg" ist dies zu erreichen. Buddha zählt die Stichworte auf, die er später mit Gleichnissen und Lehrreden interpretiert: Rechte Ansicht, Rechter Entschluss, Rechte Rede, Rechtes Verhalten, Rechter Lebensunterhalt, Rechte Anstrengung, Rechte Achtsamkeit, Rechte Meditation.

Die fünf Männer im Halbkreis vor dem Erwachten lauschen gespannt. Er trifft auf Ohren, die vorbereitet sind, offen für Einsichten, die in ihnen bereits schlummern, aber nun in Worte gefasst das Ja-so-ist-Es auslösen. Kondanna, der älteste von ihnen, begreift als Erster und wischt die Zweifel der anderen beiseite. Er bittet Buddha, ihn als Jünger anzuerkennen. Kondanna folgt der von nun an gültigen Formel: „Komm, Mönch, gut erklärt ist die Lehre, führe ein Leben in Reinheit, um des Leidens Ende zu verwirklichen." Kondanna, ein Mann der Brahmanen-Kaste, wird somit zum ersten Mönch des Buddhismus und dessen Mönchsorden, dem Sangha. Die anderen vier werden danach aufgenommen. Buddha setzt das Rad der Lehre in Bewegung.

Ich zögere, wirklich zu begreifen und zu beurteilen, was in einem Siddhartha vor sich ging, der zum Buddha wurde. Es wird stets nur Interpretation bleiben, Versuch, Ahnung, Annäherung. Doch eines ist klar: Das ist Bewusst-Sein, Bewusst-Werdung, Sein im Bewussten, das von Wissen kommt. Ein Mann erkennt Zusammenhänge, sieht nicht nur Auswirkungen des Leidens, sondern Ursachen; sieht nicht nur das Übel, sondern auch dessen Wurzeln – und mehr noch: revolutionär im Sinne von Umkehr und Neubeginn: er erkennt Wege des Überwindens, die aus bewusster Erkenntnis benannt werden. Diese Einsicht ist seither Anlaß der Auslegung und in jeweiliger Aktualität und Modernität neu und jeweiligen Lebensumständen angepasst zu definieren. Das unerhört Zeitlose der Lehre ist ihre elementare Deutung des Lebens: seit 2.500 Jahren eine Herausforderung für alle Menschen, die sich ihrer Existenz nicht in bloß leiblich-animalischer Ernährung verpflichtet fühlen, sondern den grundsätzlichen Fragen von Stirb-und-Werde nachgehen wollen. Dazu hat der Mann aus der Einsamkeit der Wälder heraus und in der Mission seiner Lebensspanne den nachfolgenden Generationen bis heute jedem neuen individuellen Dasein den Stoff zur Auseinandersetzung gegeben.

Wo nun der massige Rundbau des Dhamekh-Stupa rötlich in den blauen Himmel ragt, soll es sich so zugetragen haben. 33,50 Meter hoch, 28 Meter im Durchmesser, ein wahrer Klotz, der einstens noch bombastischer gewesen war. Auch diese Gedenkstätte reicht in den Grundsteinen auf die Buddha-Verehrung des König Ashoka zurück. Später wurde an- und draufgebaut. In der Epoche der Gupta-Regenten, im 5. Jahrhundert u.Z., hat er seine umfangreichste Form erhalten. Danach verfiel mit dem Schwinden des buddhistischen Einflusses auch dieser Stupa, wurde wie andere sakrale Bauten von muslimischen Eroberern zerstört, als Steinbruch ausgeschlachtet, vergessen. Im 18. Jahrhundert fand man bei Abbrucharbeiten eine grüne Marmorurne, die Asche enthielt – wahrscheinlich eine Reliquie des historischen Buddha, die von König Ashoka hier eingegraben worden war. In Unkenntnis dieser Geschichte wurde die Asche 1794 in den Ganges gestreut. Längst wusste hier niemand mehr etwas von Buddha, seiner Lehre, seinen Mönchen. Mit der Neugier englischer Forscher wurde auch Sarnath im 19. Jahrhundert ins öffentliche und internationale Bewusstsein zurückgeholt. Anagarika Dharmapalas Mission machte Sarnath sechs Jahrhunderte nach seiner Zerstörung wieder populär.

Gerade umrundet eine japanische Pilgergruppe gemessenen Schrittes den Dhamekh-Stupa. Dumpf tönt ihr Trommelschlag in den Morgen. Moderne Restaurierung hat am Sockel etwas vom Glanz einstiger Stuckarbeiten und figürlicher Darstellungen der Steine gerettet. Da werden Kerzen entzündet, Blumen niedergelegt. Eine tibetische Oma wandert schweigend daran entlang, die rotierende Gebetsmühle in der Rechten. Bei jeder neuen Umkreisung des Stupa-Kegels lächelt sie mir zu. Die kleine, grauhaarige Frau trägt eine bunte Tracht üppig geschlungener Tücher. Ihr rotschwarzer Rock schleift auf dem Boden. Das faltenreiche Gesicht ist uralt und

mädchenhaft zugleich, schalkhaft das Lächeln, humorig. Jedes Mal, wenn sie mich wieder sieht, blicken mich schwarze Augenpunkte an, und es scheint, als tauschten wir stummes Einvernehmen aus: über Generationen, Kulturen, Landschaften hinweg.

Während ich mich an den Ruinen einer entfernteren Tempelanlage hinsetze, die Umrisse des Dhamekh-Stupas im Blick, und ein paar Skizzen mache vom monumental aufsteigenden Bauwerk, muss ich eher an Shiva denken, als an Buddha. Das ist ja nicht mehr das gewohnte Halbrund eines Stupas, sondern nach all den Veränderungen durch Wetter und willkürlichen Abbruch ist es der männlich aufragende Lingam. Der Anblick kann symbolisch als indische Metamorphose verstanden werden. Diese phallische Kraft hat sich stärker und letztlich in Indien dauerhafter erwiesen als die buddhistische Lehre, die die Götterwelt des Shiva und deren opfernde Brahmanen-Priester zu überwinden sich angeschickt hatte.

Eine Gruppe durcheinander redender indischer und ausländischer Archäologen und Indologen stört meine Ruhe und Betrachtung. Namensschilder am Revers, Aktentaschen und Broschüren in den Händen weisen sie ebenso als Teilnehmer eines Kongresses aus wie das feierliche Schwarz der Anzüge der Männer und die kostbaren Saris der Frauen. Dieser Ausflug gilt als Freiluft-Fortsetzung des wissenschaftlichen Disputes. In Englisch, Hindi, Deutsch wird Fachkenntnis ausgetauscht. Ich werde unfreiwillig als Hörer in ein Gelehrtenpalaver einbezogen. Sie streiten über Stilfragen, kommen sich bei Datierungen ins Gehege, halten Kurzreferate und vermitteln den Eindruck, dass sie Monologe gewohnt sind und sich jeweils als die einzigen Experten verstehen. Ich sitze stumm an eine Ziegelwand gelehnt. Aus dem späten 4. oder aus dem frühen 5. Jahrhundert? Es geht zu wie auf einem Basar. Mir ist, als sei da eine Schar von Raben eingefallen, sich gegenseitig mit Wortgekrächz überbietend. Die Damen als die bunteren Vögel schweigen oder tuscheln im Abseits. Wo ich eben noch in friedlicher Träumerei Buddhas erster Lehrrede nachsann, befinde ich mich plötzlich in einem lärmenden Seminar. Fachkundige Finger weisen auf Ornamente im Gestein. Stimmen, die gewohnt sind, Hörsäle zu beschallen, geben mit der Autorität akademischer Titel detaillierte Forschungsergebnisse kund. Von Einigkeit vermag ich wenig zu ergründen, eher Rechthaberei zu vernehmen. Die toten Steine bringen Archäologen-Hirne in Wallung. Und wie eine lärmende Vogelschar dunklen Gefieders ziehen die studierten Konferenzteilnehmer auf dieser Art Feldforschung zum nächsten Tempelrest weiter. Ich bin wieder allein mit den roten Ziegeln, die vor nahezu zweitausend Jahren kunstvoll aufeinander geschichtet worden waren und die Fach- und Nachwelt an diesem Vormittag so temperamentvoll werden lassen.

Eine Kopie der berühmten Löwen im Park von Sarnath.

Löwen im Museum

Da sind sie also. Die berühmten Löwen auf hohem Podest beherrschen den Eingangsbereich des Museums von Sarnath. Endlich mal ein wohlbestalltes und hervorragend geordnetes Museum. Indien hat meist eher Rumpelkammern zu bieten, deren unüberschaubares Durcheinander angetan ist, Schätze zu verstecken und im Zwielicht düsterer Ecken verkümmern zu lassen als ins Licht der Bewunderung zu stellen. Das archäologische Museum, das von britischen Architekten 1910 gebaut wurde, bietet gegenüber dem einstigen Gazellenhain der Ausgrabungen eine Augenweide. Ich gehe auf den flach gestreckten breiten Bau zu. Die Tore sind geöffnet. Der erste Blick ist nach oben gerichtet. Über zwei Meter erheben sich die vier sitzenden Löwen, in alle Himmelsrichtungen schauend. Nur drei der königlichen Tiere sind gleichzeitig zu sehen. Die beiden hinteren sind beschädigt, eines sogar stark. Majestätische Größe geht von ihnen aus. Mit aufgerissenen Mäulern, die Zungen herausgestreckt, mit Schnauzbärten, die britischen Kolonialoffizieren alle Ehre gemacht hätten, und starrem Blick weist das Quartett auf kraftvollen Pranken in unbestimmbare Ferne. Es ist das Glanzstück des Museums, wortwörtlich. Fein poliert schimmert der graue Stein im Tageslicht, das von draußen den Raum erhellt.

Ursprünglich bekrönten die vier Löwen eine 15 Meter hohe Säule. Deren abgebrochener Stumpf ist drüben im weitläufigen Grabungsfeld unter schützendem Dach zu bewundern. Dass die Säule nach Jahrhunderten der Vergessenheit wieder gefunden wurde und das Löwenkapitell in solch vollkommener Beschaffenheit im Erdreich erhalten geblieben ist, gehört zu den weiteren Wundern Indiens. Denn wieder einmal ist es König Ashoka: auf dessen Pilgerreisen und sein Bestreben, der Nachwelt die Beziehung zu Buddhas Lehre in Stein zu manifestieren, gründen die Säule und die einzigartige Löwendarstellung. Ob dieser Beleg seiner Machtausdehnung und Bewunderung Buddhas tatsächlich an diesem Ort aufgestellt oder erst später hierhergebracht wurde, ist umstritten. Die Inschrift auf der Säule gibt Anlass für Interpretationen. „Niemand soll eine Spaltung des Ordens verursachen“, ist da zu lesen. Das ist kein Hinweis auf die erste Lehrpredigt des Erwachten, sondern bereits der Ruf des Königs nach Einigkeit unter den Mönchen zwei Jahrhunderte danach. Längst war aus der Vereinigung der ersten fünf Jünger ein großer Orden geworden, dessen Mitglieder sich um das geistige Erbe Buddhas stritten. König Ashoka, der in seiner Person ebenso weltliche Macht wie religiösen Führungsanspruch verkörperte, war nicht an einem Schisma, sondern an der Geschlossenheit der Ordensgemeinschaft interessiert. Ashoka agierte als oberster Aufseher der Klöster, als höchste Autorität im Staate. So sind wohl diese prachtvollen Königstiere da oben auf himmelhoher Steinsäule zu verstehen: ein Monument königlicher Würde und ein Zeichen der Verehrung des Erwachten. Dass die sprungbereit lauernden Löwen ausschließlich Buddhas Lehre in die Welt brüllen, wollte mir nie so recht einleuchten. Der Erhabene selbst hatte seine

Stimme zwar mit der der Löwen gleichgesetzt, um seine unüberhörbare Bedeutung zu bekunden, doch dieses Quartett hier lässt eher an Politik denn an meditativ zu erlangende Lebensweisheit denken. Krallenbewehrt sind die Tatzen, bissfest die Hauer im Maul.

Die vier Speichenräder im Sockel repräsentieren die Lehre des Buddha und zugleich den Machtanspruch des „raddrehenden" Herrschers, des Weltenlenkers: Cakravartin. Ursprünglich trugen die Löwen auch auf ihren Köpfen ein Rad. Reste der Speichen und der Nabe sind in Glasvitrinen aufbewahrt, anzusehen wie Scherben des zerbrochenen Ashoka-Reiches. Die vier mit dem Rücken gegeneinander sitzenden Löwen haben nicht nur als Erbe künstlerischer Vollkommenheit überdauert, sondern auch als Symbol von Stärke und Staatsräson. Aus dem Schutt der Geschichte und dem Müll des Vergessens stiegen sie wieder auf in die Höhen repräsentativen Ansehens. Dieses Ensemble ist zum Wappen der Republik Indien gekürt worden, als 1947 die britische Kolonialherrschaft abgeschüttelt wurde und die junge Nation ein Kennzeichen der Einheit brauchte. Darin ist ein beachtenswertes Verlangen nach Kontinuität und Rückbesinnung auf Wurzeln nationalen Werdens bekundet. Welcher Staat hat wohl ein so weit in die Vergangenheit reichendes Motiv seiner Selbstdarstellung? Und mehr noch: Das 24speichige Rad der Buddha-Lehre und der darin sich begründenden gerechten Herrschaft wurde in die Mitte der indischen Nationalflagge gestellt.

Im hinteren Saal des Museums leuchtet mir eine Buddha-Skulptur entgegen, die auf freundliche Weise neugierig macht. Anders als beim Hingehen zum Kamakura-Koloß in Bodhgaya, der einen kümmerlich klein erscheinen lässt und zum Aufschauen zwingt, bleibt dieser Buddha in Augenhöhe, und je näher ich ihm komme, desto intimer bezieht er mich ein in seine Gegenwart, die als zeitloser Moment mehr als eineinhalb Jahrtausende währt. Die Skulptur stammt aus dem 5. Jahrhundert der Gupta-Epoche und strahlt eine anziehende Frische und Präsenz aus, als habe der Steinmetz gerade erst seine Werkzeuge beiseite gelegt und prüfend sein Werk betrachtet. Der Buddha sitzt in der Position des Lehrens. Zwar sind die Finger beschädigt, doch in ihrer Feinheit und Eleganz bewundernswert von graziler Leichtigkeit bestimmt. Dieser Buddha ist eine Einladung. Er bleibt in Lebensgröße. Entrückt und verinnerlicht, mit geschlossenen Augen, ganz auf sich bezogen die runden, faltenlosen Gesichtszüge. Da ist Distanz spürbar und doch ist er den Menschen zugewandt. Vernehmt, was ich zu sagen habe: „Ich bin von allen Banden gelöst, von göttlichen und menschlichen." Das ist der Buddha, mit dem ich gern ins Gespräch kommen möchte, dem ich zuhören will. Genau der, der nicht Unterwerfung oder gar blinden Glauben verlangt, sondern Achtsamkeit und Aufmerksamkeit, die das selbständige Denken anregten. Diese Zweiseitigkeit spricht mich an. Innen- und Außenräume, die es zu erkunden gilt. Im Sockel ist die Szene der ersten Lehrrede zu erkennen. Das Rad ist nicht von der Seite, sondern von vorn dargestellt: es rollt auf den Betrachter zu.

Beim abendlichen Tee vor einer der Bretterbuden an den zwei, drei Straßen in Sarnath halte ich den Mann mit roter Schirmmütze und gutem Englisch erstmal für einen Touristen. Ich sage leichthin, Chai sei vom Besten, was Indien zu bieten habe. Er stimmt dem spontan zu. Lachend mit hundert Fältchen im braunen, gegerbten Gesicht. Erst dann schaue ich genauer hin bei spärlicher Beleuchtung. Er trägt ein rotes, dunkelrotes langes Gewand und ein gelbes Hemd. Nein, ein Tourist sei er wahrlich nicht. Er komme aus Ladakh – „aus den Bergen", ergänzt er, „wo die Himalaya-Gipfel über 5.000 Meter hoch sind. Das Hochplateau gehört zum Bundesstaat Jammu und Kashmir im äußersten Norden Indiens, wissen Sie. Früher wurde es West-Tibet genannt. Dort ist ziemlich unzugänglich in einsamer Höhe mein Kloster zu finden." Wieder dieses mir zugewandte Lachen, das so unmittelbar ist und die Entfernung und die völlig andere Lebensweise da oben unter dem Himalaya-Himmel überspielt. Für zwei Monate habe er am Tibetischen Institut in Sarnath studiert. Gerade sei die Zeit zu Ende. Er bereite sich auf die Heimkehr vor. Er nippt an der tönernen Teeschale und erzählt von seinem mönchischen Leben.

Mit neun Jahren wurde er ins Kloster aufgenommen. Er stamme aus einer bäuerlichen Familie. Verstreut leben die Menschen in der gebirgigen Einsamkeit. Ein Kloster ist Zufluchtsort für die armen Jungen, um etwas zu lernen, die kümmerliche Existenz der Familien zu verlassen und mit der Ordination den Verwandten zu verbessertem Karma zu verhelfen. Übergangslos und im ersten Moment für mich unverständlich erzählt er von einer Lady in München.

„Was haben Sie mit einer Frau aus Süddeutschland zu tun?",

„Sie ist Ärztin und kommt seit vielen Jahren fast jedes Jahr einmal nach Ladakh. Dort hat sie den Weg zu Buddha gefunden. Sie ist meine Sponsorin geworden. Sie bezahlt auch meine Studien hier in Sarnath." In freundschaftlichen Ton berichtet er von der weitgespannten Beziehung. „Ich schreibe ihr Briefe, E-Mails. Manchmal telefonieren wir miteinander."

Was Buddha so alles ermöglicht. Da entstand über Kontinente hinweg eine von seinem Geist durchdrungene Gemeinsamkeit. Wie ich erfahre: Eine nicht mehr junge Frau und der noch ziemlich junge Mönch. Auch wir finden erstaunlich schnell eine gemeinsame Tonlage im von matter elektrischer Birne beleuchteten Dämmer der Teebude.

Was er denn gelernt habe in den zurückliegenden Monaten, will ich wissen.

„Das Studium der alten Schriften ist eine endlose Herausforderung", sagt er milde, „Pali, Sanskrit – ich habe da noch immer viel zu lernen. Aber glauben Sie nicht, wir beschäftigen uns hier nur mit lebensfernen Dingen oder vergessen gar, in welcher Zeit wir leben. Ausbildung am Computer, Geschichte, moderne Medizin, Civic, eine Art Staatsbürgerkunde. All das gehört zum Unterricht."

Und wie ist das mit den Ausrichtungen der buddhistischen Schulen?

„Wir fühlen uns den Tibetern und ihrem Buddhismus sehr verbunden. Die Hima-

वाराणसी
VARANASI
وارانسی

laya-Berge sind unser gemeinsamer Lebensraum. Das prägt. So folgen wir dem Mahayana, dem Großen Fahrzeug."

Wie sieht er denn die Abgrenzung zum Theravada, dem Kleinen Fahrzeug der Alten, die sich auf die Wurzeln des Buddhismus berufen?

Spontan kommt die Antwort, als sei er nach dieser Unterscheidung schon oft befragt worden: „Die sind doch nur auf ihr eigenes Heil aus und wollen allein auf dem Wege zum Nirvana vorankommen. Wir aber wollen anderen dabei helfen."

Wie wird das Klosterleben in den Einöden von Ladakh finanziert?

„Nun, mit einer Almosenschale von Haus zu Haus zu gehen, ist nicht unsere Sache. Stellen Sie sich die von Bergen getrennten Bauernsiedlungen vor. Es wäre ziemlich mühselig, stundenlang umherzukraxeln, um etwas Essbares zu bekommen. Unsere Lamas besuchen buddhistische Veranstaltungen in Europa, Australien, in den USA. Das bringt Spenden ein. Natürlich halten wir Mönche traditionelle Zeremonien bei Familienfesten ab. Auch dies verhilft zu Spenden."

Ich bekomme eine Kurzlektion in praktischer Lebensart, die von der Geografie bestimmt wird und das Verhältnis zu Geld geprägt hat. Der Tee-Wirt hockt auf seinem Holzpodest neben dem Lehmofen, auf dem die Aluminiumkanne mit dem stets heißen Gebräu steht. Mit artistischer Behändigkeit, unendliche Male geübt, schenkt er nach, den Teestrahl in hohem Bogen ins Tontöpfchen gießend. An den Bretterwänden kleben auch hier die leuchtendbunten Bilder von Ganesha, Krishna, Durga. Ich erkenne Sarasvati mit ihrer Vina auf einem Schwan reitend. Sie gilt als Göttin der Gelehrsamkeit und der Künste.

Das eigentliche Indien? Ist es diese Götterwelt?

Der Mönch aus Ladakh schaut sich aufmerksam die Götter an und lacht wieder. „Ja, das ist es wohl. Indien pur. Vom wahren Buddha hat hier kaum mehr jemand eine Ahnung", sagt er und schiebt sich so gar nicht mönchisch seine rote Schirmmütze in den Nacken. Vergebend klingt seine Stimme, und die Fältchen um die Augen lassen ihn alt und weise erscheinen. Er strahlt etwas aus von der Ruhe seines Klosters, das da irgendwo in der Abgeschiedenheit der Berge liegt, weit weg vom Trubel der Welt. Mehrmals hat er an diesem Abend von der Friedfertigkeit gesprochen und Buddha dafür als Zeugen benannt.

Mutter Ganga und die Ghats

Auf dem Wege nach Benares/Varanasi komme ich am Hauptbahnhof vorbei. Das Rad da oben am Giebel der Halle über dem Eingang ist weithin zu sehen, schlicht und riesig. Eine der großartigsten Erfindungen der Menschheit. Oder war's eine Entdeckung, zufällig der Natur abgeschaut und nicht Ergebnis intelligenten Erforschens? Das Rad der Lehre, das Rad des Gesetzes, das Rad der Bewegung, des Unterwegs-Seins, das

Rad der Erhabenheit, das Rad, unter dem Massen zermalmt werden, das Rad der Erkenntnis, das Rad der Ewigkeit. Der Bezug zur buddhistischen Lehre wirkt am Bahnhof von Benares wie ein Markenzeichen, das für die Mobilität der Lehre steht. Das Eisenbahnrad ist eben auch nur ein weiteres Vehikel der Verbreitung.

Nur etwa zehn Kilometer liegen zwischen Sarnath im Hinterland und Benares, das die Inder Varanasi nennen, an den Ufern des Ganges. Mit einer dreirädrigen Motor-Rikscha fahre ich hin und mir ist es, als wechsle ich wieder einmal die Welten. Schon zu Buddhas Zeiten war das so. Der Erwachte machte einen weiten Bogen um Varanasi. Das war nicht mehr sein Lebenskreis. Den merkantilen Opfer-Rummel der Berufs-Brahmanen hatte er hinter sich gelassen.

Aus nächtlicher Kältestarre wird allmorgendlich im Gewühl der Menschenmenge die Wiedergeburt gefeiert. Wenn das junge Tageslicht die Terrassen, Tempel, Herbergen beleuchtet, kommt Leben in dieses Gebirge der Frömmigkeit, das sich kilometerweit am westlichen Ufer des Ganges entlang zieht. Den Blick zur Sonne gerichtet, den Körper mit dem Wasser des Ganges benetzt, die Hände zum Gebet erhoben und vereint, tauchen die Hindu-Pilger ein in den Kreislauf des Seins. Die Menschen suchen ihr Heil in den grünlichen Fluten des träge dahinfließenden Stromes, des den Hindus heiligstes aller Gewässer. Die jedes Individuum schluckenden farbigen Menschenwogen schwappen über die steinerne Kaskade der Ghats, der Badeterrassen, in den Ganges; innere Reinigung erheischend, unaufhaltsam Schmutz verbreitend. Die Grenzen menschlicher Bedürfnisse sind fließend, spirituelle Erhabenheit und leibliche Notwendigkeit sind unauflöslich und körperlich vereint. Im Morgengrauen

hocken entlang der Uferstraße die Männer, ihrer Hosen und Umhänge ledig. Männer entleeren sich zur Stunde des werdenden Tages. Die Frauen kommen bereits im Schutz der Nacht, die ihnen neugierige Blicke erspart.

Der aufgedunsene Kadaver einer Ziege treibt vorbei. Raben picken im rotweißen Fleisch. Der Fluss nimmt das irgendwo verendete Tier ebenso mit auf seine Reise wie die bei Gewitter entwurzelten Uferbäume und die stinkenden Abwässer der Menschen und Tiere. Gewaltige Rohre ergießen ihren Inhalt direkt in den Fluss. Auf dem Wasser schwimmen leuchtendgelbe Blumengebinde in schillerndem Reigen. In die Fluten mischt sich die Asche der verbrannten Leichen. Vom Winde geblähte Plastiktüten sehen auf den leichten Wellen wie entseelte Kinderkörper aus. Die Verstorbenen der Ärmsten, die sich keine Verbrennung leisten können bei den steigenden Preisen für den einfachsten Stapel Holz, werden in ihrer sich auflösenden Starre der alles aufnehmenden Mutter Ganga übergeben, ohne Zeremoniell, ohne Feierlichkeit, in verändertem Zustand nur eine Weiterreise im Zyklus der Existenzen. Es stinkt nach Urin und Räucherstäbchen, das Profane und Erhabene übel riechend vereint.

Allein oder in Gruppen und Familien kommen die Pilger aus der verwinkelten Stadt mit ihren düsteren Gassen in die Helligkeit und Weite der einzigartigen Flusslandschaft der Ghats, die Frauen in bunten Saris, denen die aufsteigende Sonne die Farben kräftigt; die Männer in langen weißen Hemden, in Hosen. Körbeweise schleppen sie ihre Opfergaben herbei. Weiter oben werden die ersten in weiße Tücher gewickelten Leichen auf Bambusbahren neben die noch nicht lodernden Scheiterhaufen gelegt, seltsam alleingelassene Wesen, um die sich nach dem Transport niemand mehr zu kümmern scheint. Wortgewaltig wird über Holzpreise verhandelt. Beile zerteilen krachend die Scheite. Ein aufdringlicher Jüngling mit Sonnenbrille und Dandygehabe weist mich warnend auf das Fotografierverbot hin. Sollte ich eine Verbrennung aufnehmen, würde das schlecht für mein Karma sein. In erkalteter Asche wälzen sich räudige Hunde.

Mir werden Bootsfahrten angeboten, Massagen, ein Haarschnitt, Amulette, jeweils lautstark und gestenreich nahe gebracht. Ein Mann in Jeans und offener weißer Bluse folgt mir geheimnisvoll und raunt von hinten zu: „Brauchst du Hasch? Marihuana? Sauberer Stoff. Billig.“ Ich schüttele den Kopf. Er lässt nicht locker. „Dort, mein Boot“, flüstert er mir zu und zeigt zum Ufer hinab. Darauf könnte der Deal stattfinden. Mitten im Ganges, von niemandem beobachtet. Sichere Sache. Ich deute auf die vorbeischlendernden Hippie-Typen heller Hautfarbe, langhaarig, barfuß, in indische Gewänder gehüllt. In Varanasi fallen sie auf. Sie scheinen übrig geblieben zu sein aus den 68ern, geflüchtete Blumenkinder der Konsumgesellschaft, sanftmütig, bedürfnislos. Es sind junge Leute. Nachgewachsen als neue Generation oder wieder geboren, einmal Hippie, immer Hippie? Das ist eher die Kundschaft, die der Boots-Makler bedient. Sein kratziges Geraune, das mir die Flucht ins Drogen-Paradies verspricht, bleibt hinter mir. Nicht nach dem solcherart inszenierten, künstlichen Rausch ist mein Verlangen. Auch dabei halte ich es lieber mit Buddhas Enthaltsamkeit.

Rhythmisches Klatschen zerreißt die frühe Stille. Die ersten Wäscher sind bereits am Werke. Mit ausholendem Schwung lassen sie die zusammengedrehten nassen Kleidungsstücke auf die Steinplatten sausen. Einseifen, auswringen, dann schleudern. Waschprogramm à la India. Keine Aufgabe für Maschinen, sondern Angelegenheit verachteter Kasten. Das Klatschen ist weithin zu hören als Signal dafür, dass dem Fluss auch in diesem Sinne Reinigung abverlangt wird. Wie Roboter schlagen die sehnigen Männer mit blanken Oberkörpern die Textilien auf die Steine, kraftvoll, kraftzehrend, halb nackt. An gespannten Seilen hängen weiße Hemden und Hosen zum Trocknen, Hunderte in langen Reihen; der Wind spielt damit, bläst die Tücher auf, verführt sie zu grotesken Verrenkungen, menschlichen Torsi gleich, der Eingeweide beraubt.

Alle und alles lässt Mutter Ganga in sich eindringen; profane Kloake und heiliger Lebensfluss, der vom Jenseits ins Diesseits und von der sichtbaren Welt in die Abgründe des Verderbens reicht; ein Schrecken für Hygieniker und Ökologen, eine Offenbarung für hinduistische Besucher. Beide waten bei Sonnenaufgang ins heilbringende Wasser, der naturwissenschaftlich ungebildete Gläubige und der gläubige Naturwissenschaftler, in trauter Nachbarschaft sich das warme Wasser aus Messinggefäßen über die Köpfe gießend, untertauchend, ein paar Schlucke trinkend.

Gerade in diesen Tagen lese ich in Zeitungen von Protestaktionen gegen die unerträgliche Verschmutzung des Ganges. Offenbar scheinen nicht alle Menschen der natürlichen Entschlackung des Flusses zu vertrauen und einige Umweltschützer gehen auf die Straße. Die Messergebnisse der Schadstoffe sind alarmierend. Industriebetriebe, Gerbereien, Abdeckereien lassen ihren Dreck ungefiltert in den Ganges fließen. Die Großprojekte, die zur Entgiftung des Gewässers beitragen sollten, werden als gescheitert bezeichnet. Doch beim Pilgerbetrieb, der auch mich an den Ghats mitschwemmt, ist von solchen Tönen der Rationalität nichts zu hören. Ich beobachte wieder einmal den indischen Unterschied von rein und sauber. „Rein" ist rituell zu verstehen und hat mit dem chemischen „sauber" nichts gemein. Aus dem trübsten Tümpel sprießt eine Lotosblüte.

„O Götter, heute bei der Sonne Aufgang/ Bewahret vor Bedrängnis und vor Schmach uns!/ Das mögen Mitra, Varuna gewähren,/ Aditi, Sindhu, Prithivi und Dyaus auch." Uralte Worte, verschlissen in unendlicher Wiederholung, trägt der Wind, aufwirbelnden Papiers gleich, durch die Gassen von Varanasi und hinaus auf die Amphitheater der Ghats. „Der uns das Leben gibt, der uns die Kraft gibt./ Des' Machtgebot die Götter all' gehorchen,/ Des' Schatten die Unsterblichkeit, der Tod sind:/ Wer ist der Gott, den wir mit Opfern ehren?" Aus Männermündern, vereint zu unablässig singendem Chor, steigt die Beschwörung auf, von scheppernden Lautsprechern verstärkt, vom Geschrei der Pilger und Händler und Heiligen begleitet. Welke Lippen in eingefallenen bärtigen Gesichtern runden sich zum immer wieder gehauchten Om, die heilige Silbe in alle Ewigkeit erneuernd. Monoton der Brahmanengesang, kreischend die Klage der Bettler. Ooooooommmmm… Ooooooaaammmmmm…

Zu Tausenden schieben sich die Menschen durch das enge Auf und Ab der Durchlässe zwischen den Tempeln, an den Ständen mit überquellenden gelben, roten, weißen Opferblumen entlang, weichen wiederkäuenden Kühen aus, strömen in das Gewimmel vor dem Goldenen Tempel. Auf dem Platz davor sitzen die Händler, zartrosafarbene Lotosblüten anpreisend; Frauen, die mit Süßigkeiten aufwarten, verlockend dekoriert; Männer mit grellbunten Drucken der Götter, mit Traktaten, Büchern, Spielsachen für daheim gebliebene Kinder. Die Leprakranken halten ihre Stümpfe erwartungsvoll in die Luft. Einbeinige humpeln und hüpfen auf Fremde zu. Blinde leiern ihre Gesänge herunter. Derweil poltern muskulöse Wasserbüffel die Treppen zum Fluss hinab, lassen eine grünschwarze Spur vegetarischer Scheiße hinter sich und stapfen hinein in Mutter Gangas amphibischen Schoß. Mit Asche beschmierte Asketen strecken am Ufer die nackten Füße von sich, die einzigen schweigenden Wesen im Gewühl. Es blubbert und brodelt und dröhnt. Ein geheiligtes Durcheinander aus Bahnhof und Basar.

Einstige Paläste sind nur noch Rattenlöcher. Unter einem Treppenabsatz hat sich ein Alter verkrochen wie ein Eremit in einer Höhle. Das Orange seines Gewandes leuchtet aus dem Loch, wo er mit Büchern, Flaschen, Götterbildern zusammengekauert hockt. Er trägt eine Brille und einen stattlichen langen weißen Bart. Ein Weiser? Ein Irrer? Ein Heiliger? Vor der Öffnung versammelt sich eine Gruppe von Frauen und Männern. Im Schneidersitz scharen sie sich vor dem Alten, der zur Seite

gelehnt ihre Kümmernisse anhört. Dann schlägt er in seinen Büchern nach, erklärt, redet, murmelt, schreibt etwas auf Papier. Dankbar wird es entgegengenommen. Vielleicht hat er ja praktischen Rat für die Suchenden, die von weit kamen. Ein Psychiater? Ein Homöopath? Ein Magier?

Ich schaue einem Alten zu, dessen Haare zu einem verfilzten Knäuel auf dem Kopf getürmt sind. Unter einem geheiligten Baum hockt er, die Beine zusammengefaltet wie Gliedmaßen, die ihn gar nichts angehen. In der Linken hält er einen kleinen Spiegel, in der Rechten einen feinen langstieligen Pinsel. Er zieht sich die symbolträchtige Bemalung nach, tut's mit konzentrierter Eitelkeit, die einer Diva alle Ehre machte. Der Vergleich ist wohl nicht so abwegig. Beiden ist die Zur-Schau-Stellung von Gesicht und Körper ein wesentlicher Teil der Professionalität. Behutsam setzt der Sadhu die gelben und roten Striche über Stirn und Nase, prüft, den Kopf hin- und herwendend, das Ergebnis, legt noch ein paar Nuancen der Farben nach, kneift ein Auge zu, zieht die Lippen hoch, schließlich zufrieden und gerüstet den spirituellen Obliegenheiten. Das Make up stimmt.

Wenige Meter weiter thront auf steinernem Podest halb sitzend, halb liegend ein weißer Sadhu, verfilzt und geschmückt wie die indischen Kollegen, doch weit hergekommen aus abendländischen Gefilden: abgeglitten in die Armut der Verblödung – grölend schwenkt er eine Bierflasche – oder aufgestiegen zu spirituellen Höhen? Wer weiß. Bärtige Sadhus mit bunter Gesichtsbemalung schreiten die Ghats entlang, in der einen Hand den Dreizack des Shiva, in der anderen den Henkelmann. Silbern blinken die mehrstöckigen Essensbehälter, modern, zweckmäßig und industriell gefertigt, nur noch entfernt mit der wohlgeformten Almosenschale buddhistischer Mönche verwandt. Weniger fromm als geschäftig sehen die Asketen unserer Zeit aus, als seien sie mit dem Henkelmann unterwegs zu einem Arbeitsplatz. Von wegen Weltentrücktheit! Dass entlang der Ghats die Geschäftswelt pulsiert, ist nicht zu übersehen und nicht zu überhören. Vom volkstümlich frommen Verlangen leben Tausende, die Heilssuche ernährt ihren Mann und manche Frau und aufdringliche Scharen bettelnder Kinder. Der Umfang der vermarkteten Hindu-Frömmigkeit stellt den Betrieb an buddhistischen Pilgerstätten weit in den Schatten.

Auch die Politik wird einbezogen. Die Zeitungen berichten von Sadhus, die in Sonderzügen nach Neu Delhi reisen. Die Männer mit der Kriegsbemalung im Zeichen der Götter werden von der hindu-chauvinistischen BJP (Bharatiya Janata Party) angeheuert, um für das Erstarken des Hindu-Staates zu demonstrieren. Unter dessen diktatorischer Führung haben sich Nicht-Hindus zu ducken, zu verkriechen, zu verstecken. Es ist eine verschärfte Form des Kasten-Wesens. Ram, Ram, Ram! brüllen die Sadhus, wenn sie engagiert und instrumentalisiert in Hundertschaften auftreten, und dann fordern sie beispielsweise, dass in Ayodhya ein neuer Tempel errichtet werden soll für Ram, eine Inkarnation Vishnus. Muslime sind im Wege. Über die historischen Quellen oder gar über die Echtheit archäologischer Grundmauern streiten sich Gelehrte. Einen ausschließlichen Hindu-Staat hat es nie gegeben, sondern eher religiöse Toleranz als verblendete Hatz auf Andersgläubige. Der einende und versöhnende Ashoka wird von den Gutwilligen dafür gern als Ahnvater zitiert. Die BJP-Aufputscher haben mit ihm nichts gemein. Die gewaltvolle Vertreibung der Muslime hat

Hunderte von Toten und Verletzten gefordert. Ihnen wird vorgeworfen, just am vermeintlichen Geburtsplatz des Ram eine Moschee gebaut zu haben. Diese wurde von aufgehetzten Hindus zertrümmert. Mit Religion und Geschichte hat das alles wenig zu tun, mit fanatischem Machtanspruch dagegen sehr viel. Kritiker der BJP-Politiker und ihrer Schlägertrupps sagen ihnen faschistische Methoden nach. Sadhus werden vor den Kriegskarren gespannt, den die Scharfmacher in den Dreck des Menschen verachtenden Aufruhrs fahren, um ihre Position zu stärken. Indiens Einheit steht auf dem blutigen Spiel. Der säkulare Vielvölkerstaat ist in seinen Grundfesten gefährdet. Auch daran ist an den Ghats von Varanasi zu denken. Buddahs Friedensmission ist schon lange vom Ganges weggeschwemmt worden.

Wie sagte der Mönch aus Ladakh? Indien pur. Hier ist es – und zwar bereits seit Jahrtausenden. Varanasi gilt als die am längsten in ununterbrochener Folge besiedelte Stadt des Subkontinents. Auch Buddha kam zum Bade hierher. Doch dann zog er nach Sarnath weiter. Varanasi war damals so fest in Händen der Sadhus und Brahmanen wie heute. Hier hätte ihm kaum jemand die Almosenschale gefüllt. Hier war niemand bereit, seiner Botschaft zuzuhören. Zu sehr erboste sein Auftreten die Krämer, Brahmanen und all jene, die sich den vedischen Traditionen verpflichtet fühlten.

Keine Opfer mehr den erzürnten Göttern? Keine rituellen Schlachtungen? Kein Feuer erforderlich, dessen Rauch die Wünsche, Sehnsüchte, Forderungen der Menschen mitnimmt in die Sphäre der Geister? Selbstbestimmt soll der Weg ins Nirvana sein? Ungeheuerlich. Buddhas Maxime stieß auf heftige Ablehnung, dass jemand nicht durch Geburt zum Brahmanen wird, automatisch und ohne sein Zutun, sondern erst sein rechter Lebenswandel ihn zum Brahmanen mache, jeder Mensch also Brahmane aufgrund seiner Taten werden könne: Das musste den Zorn der Berufs-Priester hervorrufen. Buddha hätte sie ja arbeitslos gemacht.

Buddha war Konkurrent auf dem Markt des religiösen Geschäfts. Er war nicht der Einzige unter den Sramanas, die als Wanderprediger eigene Wege der Erfüllung gingen; aber der Erwachte sollte der populärste werden, der bekannteste, der überzeugende unter denen, die den orthodoxen Brahmanen eine geistige Herausforderung zu bieten hatten. Mit den Profis der Opfer und Rituale hat sich Buddha angelegt; nicht gewalttätig, bewahre, sondern mit den bilderreichen Worten seiner Erkenntnis und der Ausstrahlung seiner Persönlichkeit. In Benares freilich suchte er das Streitgespräch nicht. Wer sich aus der bestens organisierten Welt der Händler und Heiligen in Varanasi von seiner Lehre angezogen fühlte, gab Haus und Hof auf und lief ihm hinterher nach Sarnath. In Varanasi sind die Berufs-Brahmanen unter sich geblieben. Sie haben Buddhas Lehre überdauert. Shiva und seine Getreuen haben den längeren Atem in Indien.

Wie wirkt das auf mich? Verwirrend. Ich begreife mit allen Sinnen, wie bedeutsam das alles für die Menschen ist, die hierher kommen. Es passiert etwas mit ihnen, die sie Akteure, Statisten, Schauspieler, Publikum, Handelnde und Behandelte im heiligen Theater von Benares sind. Aber ich bleibe Beobachter und abgestoßen eher als angezogen. Ich suche Harmonie mit mir und der Welt. Dazu bedarf es keiner Rituale, keiner Massenveranstaltung. Wie ich schon in Bodhgaya beim Friedens-Festival auf Distanz ging, so auch entlang der Ghats in Varanasi. Je lärmender, je bunter und bimmelnder, desto mehr das Verlangen nach Stille und Innerlichkeit, nach dem Gespräch. Es ist eine unterschiedliche Weltanschauung, ob man in Shivas Varanasi wohnt, lebt, sich einlogiert und nach Sarnath einen Ausflug macht oder ob man sich in Sarnath niederlässt, Tage, Wochen, ein Leben lang, und man mal zu einer Stippvisite nach Varanasi fährt, seiner Rückkehr zu Buddha sicher.

An einer der Steintreppen zu den Ghats lese ich hingekritzelte Botschaften der Suchenden unserer Tage. Ein Kreuz ist da gezogen von flüchtiger Hand, daneben geschrieben: „God is everywhere." In anderer Schrift folgte die Erwiderung: „Don't feel that..." Ein Dritter fügte enttäuscht und ketzerisch seine Erfahrung an: „He is not here." Die Zeichen an der Wand sind Austausch über die ewigen Fragen des Seins. Ich schreibe mit Filzstift darunter: „Lasst uns weiter suchen."

RAJGIR

Bei einem König zu Gast

„Bleiben Sie, solange Sie wollen." Solch ein Willkommen höre ich gern. Der Mönch Sanghopal empfängt mich mit vertrauter Freundlichkeit als sei ich schon seit langem erwartet worden. Dabei hatte ich eher zufällig und im Vorbeigehen bei meinen Streifzügen durch Rajgir das hohe eiserne Gittertor vor dem Gästehaus der Bengal Buddhist Association geöffnet und um eine Bleibe nachgefragt. Der dreistöckige Kastenbau steht inmitten von Reisfeldern, kargen Bergen und den Wällen der einstigen Stadtbefestigung just zwischen dem quirligen Marktflecken Rajgir und den ausgedehnten Wegen des Bergkessels, wo sich zu Buddhas Zeit die Hauptstadt des Magadha-Reiches ausbreitete, Rajagaha genannt. Von der Terrasse vor meinem Zimmer kann ich die Anlage und ihre geografische Besonderheit weithin überschauen. Die Landschaft südlich von Patna, dem heutigen Zentrum Bihars, ist flach; und stundenlang fährt man im Bus durch eine Ebene, die beziehungsreich ist für den Lebens- und Wirkungsraum des wandernden Buddha. Hier aber ragen schroffe, in ihren Höhen gerundete Berge auf, die wie liegende, lauernde Monster aussehen, denen Wind und Wetter die borstige Haut zerfetzt hat. Kaum ein Baum, nur Steine und Gestrüpp, wenig Schatten unter brütender Sonne nun. Unterhalb der Bergketten regt sich kein Windhauch. Es sind die natürlichen Hindernisse, die einst Rajagahas Palästen, Märkten und Häusern den Schutz vor Feinden boten, durch Tore und kilometerlange Mauern zusätzlich gesichert.

Zweieinhalbtausend Jahre ist es her, da an diesem Ort der König Bimbisara regierte, der Buddha ein Freund werden und für das Ansehen des Erwachten und die Verbreitung seiner Lehre eine wichtige Rolle spielen sollte. Ich brauche nur wenig Phantasie, um mir vom Logenplatz meiner Terrasse diese Stadt in der Geborgenheit ihrer Wälle vorzustellen, obwohl doch nur noch wenige Grundmauern spätes Zeugnis davon geben. Es sind die alten Geschichten, legendenhaft die einen, historisch belegt die anderen, die den Ort von heute mit den handelnden Personen von damals bevölkern.

Schon kurz nach seiner Flucht aus Kapilavastu war Siddhartha in Rajagaha eingekehrt, hatte den etwa gleichaltrigen König Bimbisara kennen gelernt und war weitergezogen auf dem mühevollen Wege seiner Selbstsuche. Als Erwachter kam er acht Jahre später wieder. Diesmal mit Gefolge. Die Schar seiner Jünger wuchs an. Der Ruf, ein herausragender Mann unter den Sramanas zu sein, ging ihm bereits voraus.

Noch immer erkennbar: die einstige Stadtbefestigung von Rajagaha.

Zweifler und Anhänger konkurrierender Schulen hörten ihm zu, waren begeistert, schlossen sich seinem Orden an. Solcher Zuspruch machte auch den König hellhörig. Er kam Buddha entgegen – wörtlich zu verstehen. Bimbisara, den religiösen Gepflogenheiten der Zeit gemäß, ließ den Mann in der gelben Robe nicht zu sich kommen, sondern gesellte sich dessen öffentlichen Auftritten und Lehrreden als Hörer zu. Buddhas Sendungsbewusstsein, seine Redegewandtheit, seine Ausstrahlung und die Klarheit seiner Worte bewirkten königliche Zustimmung. Männer mit geistlicher Botschaft genossen hohes Ansehen und standen außerhalb der königlichen Gebote. Es war für Buddhas gesellschaftliche Reputation von hohem Gewinn, dass ein so machtvoller Regent wie Bimbisara sich seiner Lehre öffnete, sie annahm und sich schließlich ausdrücklich als Laienanhänger dazu bekannte. Beim Essen bediente der König den Buddha, legte ihm eigenhändig die Speisen in die Almosenschale.

Da begegneten sich zwei Männer, deren freundschaftliche Verbundenheit ein Leben lang währen sollte: der Monarch mit ausgeprägtem Verlangen nach intellektuellem Gespräch und der Denker, dem die Instrumente der Macht vertraut waren. Diese Männerfreundschaft erwuchs offenbar aus beider Persönlichkeitsstrukturen und war auf ihre Generation bezogen. Nur mit wenigen Menschen seiner Zeit ließ sich Buddha auf eine engere menschliche Beziehung ein. Ohne sich in politische Entscheidungen einzumischen, war Buddhas Rat der Mäßigung gefragt; doch mit dem öffentlichen Bekenntnis des Königs zum Erwachten war dessen Lehre auch ein Politikum geworden. Bimbisara tat noch mehr. Er schenkte dem Buddha nahe dem nördlichen Stadttor einen Bambus-Hain – Veluvana geheißen –, der den umherziehenden Mönchen fortan ein Aufenthaltsort für die Regenzeiten wurde. Mit diesem Stück Land war die Grundlage für ein späteres Kloster gegeben worden: das Fundament, auf dem sich der Mönchsorden entwickelte. Aus der Hauslosigkeit folgte schon zu Buddhas Lebzeiten die zumindest zeitweise Rückkehr unter schützende Dächer. Auch wenn damit keinem der Mönche ein persönlicher Besitz zuteil wurde, begann mit dieser Schenkung die Tradition der Klöster und in deren Verwaltung und Nutzanwendung liegende Ländereien. Irdischem Reichtum hatte Buddha als Mensch entsagt, doch mit der Übereignung dieser und später weiterer Grundstücke erwuchs dem Orden und anderen Orden in Buddhas Namen materielles Hab und Gut, aus dem sich sehr wohl auch Macht und diesseitiger Einfluss auf Politik und Zeitgeschehen ableiten ließen. Da unterscheidet sich Buddha in seiner Wirkung kaum von anderen Religionsstiftern. Gewollt oder nicht.

Ein paar Hundert Meter vom Gästehaus ist rechterhand Veluvana noch immer zu orten. Ich spaziere durch den Park mit schattigen Bäumen, einem quadratischen Teich, Bänken und einigen Buddha-Statuen. Das ist heute die blühende Erinnerung an den historischen Bambus-Hain, gepflegt und von wohltuender Ruhe durchzogen. Ich kann meinen Gedanken nachhängen. Wie eine Oase wirkt der Park auf mich, entspannend, duftend aus vielerlei Blüten und erfüllt von Vogelgezwitscher. Der Garten erscheint in seiner üppigen Blätterpracht paradiesisch, weil die zerschrundenen Hänge und die geräuschvollen Marktstände ja nur ein paar Steinwürfe entfernt sind. Hier ist ein Ort für Buddhas frühe Erfolgsgeschichte zu erahnen. Meditieren, sich versenken, kasteien, abzusteigen in die Abgründe selbstgewollter Höllenqual – : das ist eine Dimension; die daraus ersprießende Erkenntnis in Worte zu fassen, sie mitzuteilen, offene Ohren zu erreichen – : das ist die nächste Stufe; höchste Anerkennung zu finden und den festen Boden übereignet zu bekommen, auf dem die abstrakte Lehre in der Organisation eines Ordens wurzeln kann – : das ist die Basis des Fortbestandes. Hier im Wäldchen von Rajagaha hat diese Verbindung von Seinserfahrung und solider Umsetzung in praktische Lebensweise wenige Monate nach dem Erwachen in Uruvela erstmals Gestalt angenommen. Weltentrückt mag Buddha gewesen sein, doch barfuß stand er mit beiden Beinen fest auf dem Boden seiner Zeit. Der Raja-Sohn und Angehörige der Kriegerkaste aus Kapilavastu, aufgewachsen in einer Umgebung sachbezogener Verwaltung und politischer Entscheidungen, war nicht nur der Mann, der in gleicher Augenhöhe mit Brahmanen und Königen verkehren konnte, sondern auch ausreichend geschult, seine Autorität in Aufbau und Regeln eines Mönchsordens einzubringen.

Ven. Sanghopal ist mir als später Nachfahre dieser ersten Jünger Buddhas ein hilfreicher Gastgeber und mitteilsamer Gesprächspartner; letzteres schon deshalb, weil er aus Bangladesh stammt, als Bengale leidenschaftlich erzählen kann und selbstverständlich bei der Nennung des Namens Rabindranath Tagore leuchtende Augen bekommt. Der Mönch ist 31 Jahre, entstammt einer Familie, die sich zum Theravada-Buddhismus bekennt und deshalb in der streng islamischen Umgebung des heimatlichen Dorfes nicht sehr angesehen ist. Ihre Wurzeln reichen in jene vor-islamischen Zeiten zurück, da in Nordindien der Buddhismus noch weit verbreitet gewesen war. Davon berichtet er mir in der engen, fensterlosen Pförtnerloge des Gästehauses, die zugleich sein Zimmer ist mit kleinem Schreibtisch, Bett und Bücherstapeln. Schlaksig ist seine hagere, hohe Gestalt, um die er seine gelben Tuchbahnen windet wie Girlanden um einen knorrigen Baum. Er redet schnell, fast hastig, kann sich in gutem Englisch mitteilen. Für junge Männer in seiner Heimat ist es selbstverständlich, ein paar Monate und auch Jahre in ein buddhistisches Kloster zu gehen. Was er mir von deren einfacher Beschaffenheit erzählt – Hütten nur ohne den vielfarbigen Schmuck, mit dem tibetische Klöster prunken –, erinnert in der bescheidenen Ausstattung an die Anfänge ehedem im Bambus-Hain Veluvana, als es den Mönchen des Buddha nur darum getan war, in den Monaten der Regengüsse ein Dach über dem Kopf zu haben, um sich der Vertiefung im Verständnis der Lehre hinzugeben. Von gigantischen Buddha-Statuen in gleißendem Gold und palastartigen Tempeln war die buddhistische Welt noch Jahrhunderte entfernt. Ven. Sanghopal wuchs in der Nachbarschaft eines ärmlichen Klosters auf, lernte dort lesen und schreiben, wurde Novize und ließ sich als 20-jähriger zum Mönch auf Lebenszeit ordinieren. Dann siedelte er nach Indien über, weil er das Klima hier für Buddhisten angenehmer empfindet. „Hier erleben wir Offenheit und Toleranz", sagt er und seine dunklen Augen schauen mich durchdringend an, „hier kann ich als Mönch leben." Nun ist er in Diensten der Bengal Buddhist Association und guter Geist des Gästehauses, das diese Organisation in Rajgir betreibt. Mit japanischen Geldern war es gebaut worden.

Ich treffe den Mönch nach meinem ersten Rundgang beim Schreiben an. Eilig huscht sein Kugelschreiber über das Papier. Mit bengalischen Schriftzeichen bedeckt er großformatige Seiten. Lächelnd blickt der kahlköpfige Mann auf. Was er da verfasse, frage ich. „Oh, Poems, Geschichten." Wie es bei Bengalen guter Brauch ist, wo sich doch fast jeder als Dichter verstehe? Freundliches Nicken. Meine Bemerkung scheint ganz in seinem Sinne zu sein. Ob er denn über Menschen schreibe, auch einfache Menschen im Elend? Er schaut mich erstaunt an und legt den Stift beiseite.

Ich berichte ihm von einem kleinen Jungen, den ich am Fuße eines der Hügel von Rajgir gesehen hatte. Eine winzige gebeugte Gestalt war es gewesen, niedergedrückt von einem schweren Holzbündel auf den Schultern. Wir liefen eine Weile nebenher auf dem sandigen Boden. Die zusammengeklaubten Äste und Zweige hielt der Junge mit nach hinten gebeugten Händen fest. Schleichend und schlurfend bewegte er seine nackten Füße. Es war gegen Mittag. Die Sonne brannte heiß. Als mich der Junge bemerkte, blickte er auf. Ich sah in ein Greisengesicht. Mir war, als sei nicht das Antlitz des alten, bettelnden Mannes, der sich siech dahinschleppt und schon einen Siddhartha aufschreckte, das Bild der Hoffnungslosigkeit, sondern dieses Kindergesicht des Elends, das das Leiden in stummer Duldung verkörpert. Der Junge blickte mich aus tief liegenden Augen mit einem Ernst an, als habe er bereits unendlich viel Not durchlitten. Ich sah da nicht auf einen fünf- oder sechsjährigen Knirps hinunter, sondern auf einen uralten Mann, der schon ein Leben lang unter seiner Bürde dahintappte. Ich musste an Wiedergeburt denken, nicht in religiösem, philosophischem oder buddhistischem Sinne, sondern an die Reproduktion der Verdammnis. Auch dies ist ein Kreislauf von Generation zu Generation. Nicht in abstrakter Definition von Leiden sah ich die Wiederholung der ewig gleichen Gebresten, sondern in unmittelbarer Bedrücktheit eines Kindes, das von Edlen Wahrheiten keine Ahnung hat, von Worten nicht satt wird und weitertrabt unter dem Fluch, dem es sich auch auf seinen weiteren Lebenswegen nicht entledigen wird. Der Junge nahm die magere Rechte von den Hölzern, tippte mit den Fingern auf seinen Mund und dann auf den Bauch. Müde der Blick, kraftlos. Kein Wort der Klage, keines der Forderung. Wie oft hatte ich in Indien schon solche kindlichen Greisengesichter gesehen. Weil mir gerade dieses eine Bild noch so eindringlich im Gedächtnis ist, erwähne ich es im Gespräch.

Ven. Sanghopal, der selbst aus solchen Verhältnissen kommt, weiß aus eigener Erfahrung, wovon ich rede. Ihm brauche ich solche Gesichter nicht zu schildern. Nachdenklich nickt er. Er denke schon lange darüber nach, ein Waisenheim zu gründen, Sozialarbeit zu leisten. „Ja, das müsste getan werden“, sagt er, und in seiner Stimme klingt ebenso Unternehmungsgeist mit wie im Unterton bereits die Resignation. „Ich habe keine Mittel“, fügt er an und wirkt sehr allein, allein gelassen. Schon von Buddha hätte er keine Zustimmung für sozialhelferische Betätigung erhalten. Der sah sich ja ausdrücklich nicht als Reformer oder gar Revolutionär, der die Lebensumstände seiner Mitmenschen verbessern wollte. Das war Sache des Königs, der Behörden, der Familien, darin immerhin von den Mönchen in ihrer Gemeinschaft, der Sangha, verbal ermahnt und ermutigt, aber eben nicht tatkräftig unterstützt. So verkriecht sich auch Mönch Sanghopal in seine Klause und schreibt poesievolle Geschichten von Buddha und seiner Lehre auf und gibt mir gute Ratschläge, was ich noch alles in Rajgir aufsuchen sollte, um Buddhas Spuren zu folgen.

Im Sessellift zur Bergpredigt

Die Kutscher zweirädriger Pferdedroschken bieten ihre Dienste an. Farbenprächtig bemalt sind die Gefährte. Zu Hunderten verkehren sie im Tal von Rajagaha, dem Pilgertourismus ein wohlfeiler Transport. Die meisten Gäste kommen freilich nicht Buddhas wegen, sondern als Angehörige des Jainismus. Diese Erlösungsreligion war zur selben Zeit aus den Asketenbewegungen Nord-Indiens hervorgegangen wie die Lehre des Buddha. Er war Zeitgenosse des Mahavira, der den Jainismus begründete; aber wahrscheinlich sind sich die beiden Männer eher aus dem Weg gegangen als dass sie eine geistige Auseinandersetzung suchten. Es gibt viele Gemeinsamkeiten, doch während Buddha den Mittleren Weg zur Überwindung der Sterblichkeit wählte, wurde von Mahavira die Selbstkasteiung bis hin zum Hungertod als Heilsmittel gepriesen. Im Gegensatz zum Buddhismus hat der Jainismus in Indien die Jahrtausende überdauert und zählt noch immer Millionen von Anhängern. Sie sind streng darauf bedacht, keinem Lebewesen etwas zuleide zu tun. Die meisten gelten als wohlhabend, sind im Bank- und Handelsgeschäft tätig, haben gegen Reichtum nichts einzuwenden und verhalten sich unter den Glaubensbrüdern spendenfreudig. Über die Hügel von Rajagaha sind die weißen Tempel ihrer Andachtsstätten verteilt wie spitztürmige Landmarken.

Ich winke den Kutschern ab und ziehe Buddhas Art der Fortbewegung vor, ins Tal der einstigen Hauptstadt des Magadha-Reiches zu wandern. Am schreierischen Marktgewimmel der Souvenirbuden und Restaurants vorbei schaue ich rechterhand hinauf zu den rosafarbenen Tempeln hinduistischer Prägung, die über heißen Quellen errichtet wurden. Deren Heilwirkung wurde schon zu Buddhas Zeiten geschätzt. Der Meister selbst soll sich hochbetagt in den warmen Wassern gelabt haben, Linderung seiner Altersgebrechen suchend. Heute tobt da eine Volksmenge, Männlein und Weiblein in verschiedenen Becken getrennt. Beim Anblick der blubbernden Brühe vor soliden Tempelwänden muss ich wieder einmal an den indischen Unterschied zwischen „rein“ und „sauber“ denken. Zu einem Hinein ins von den Badewächtern gelobte Gewässer fühle ich mich ganz und gar nicht veranlasst.

Je länger ich der Straße südostwärts folge, desto ruhiger wird es. Einen Kilometer weiter sind die Ziegelmauern eines Gebäudes zu sehen, das ehedem das Zentrum der alten Stadt markierte. Maniya Math wird die Ruine genannt, eine Anlage der Andacht aus vor-buddhistischer Zeit. Ein Wellblechdach deckt den Stumpf eines Kegels, vermutlich einmal ein gigantischer Lingam. Affen flitzen das bröckelnde Gemäuer entlang. Wo Könige Hof hielten, tollen nun die braunen Gesellen umher, misstrauisch jeden Fremden beäugend. Neben dem vor sich hin dösenden Wächter sind sie die Bevölkerung zu früher Stunde. Von hier aus wurde ein Reich regiert, das die mittlere Gangesebene beherrschte. Nicht die wenigen verfallenen Reste einstiger Pracht, die König Bimbisara entfaltet haben mag, beeindrucken, sondern die weitläufigen Dimensionen der Stadt. In einem Seitental öffnen sich Meditationshöhlen an steilem Felshang, im 3. oder 4. Jahrhundert u.Z. von Jaina-Mönchen ins Gestein getrieben. Weiter südwärts erinnern freigelegte Grundmauern an das Gefängnis, in dem der königliche Freund Buddhas jämmerlich verhungerte. Sein eigener Sohn Ajatasattu verbannte Bimbisara nach dessen von ihm erzwungener Abdankung hinter Gittern. Niemand durfte ihn mehr besuchen. Das war Jahrzehnte nach dem huldvollen Einzug des Buddha in Rajagaha; und aufschlussreich genug ist es, dass dessen Lehre von der Gewaltlosigkeit zwar den Vater begeisterte, aber bereits den Sohn ziemlich kalt ge-

बिहार
पयटन
92

lassen hat. Buddhas Einfluss auf den machtgierigen Ajatasattu reichte nicht aus, den Vatermord zu verhindern. Später verlegte er Magadhas Hauptstadt ins 70 Kilometer nördlich gelegene Pataliputta, das heutige Patna. Ajatasattu endete übrigens auf ähnlich unfreundliche Art, die er dem eigenen Vater angedeihen ließ; auch er wurde von seinem Sohn gewaltsam ins Jenseits befördert, um den Thron zu räumen.

Von solchen Machtkämpfen war noch nichts zu ahnen, als Buddha hier in seinen jungen Jahren und in der Bewunderung einer zunehmenden Gefolgschaft das Tal von Rajagaha durchmaß. Wo sich der Weg gabelt und eine Abzweigung linker Hand zum berühmten Geiergipfel führt, dem Gridhrakuta-Hügel, komme ich am einstigen Mango-Hain vorbei. Er gehörte dem königlichen Leibarzt Jivaka. Auch der ließ sich von Buddhas ethischen Grundsätzen überzeugen und wurde ein Laienanhänger. König Bimbisara wies ihn an, die Mönche medizinisch zu versorgen. Das trug zur Attraktivität des Ordens bei. Der wohlhabende Arzt behandelte nicht nur kranke Mönche, sondern zeigte sich generös. Er schenkte Buddha und seinen Jüngern seinen Mango-Garten. Darauf wurde ein Kloster gebaut, das zu den ältesten des Buddhismus zählt. Die Grundmauern sind erhalten und vermitteln noch heute im Vorbeigehen eine Vorstellung von den frühen Fundamenten, auf dem sich Buddhas Organisation gründete. Seine Lehre erhielt vor allem in Rajagaha die erste solide Basis, die zum Ausgangspunkt missionarischer Arbeit wurde und mit dem königlichen Wohlwollen, der medizinischen Betreuung und der materiellen Ausstattung bald einen sehr viel festeren Rückhalt aufwies als das, was andere religiöse Schulen, Sekten und geistige Führer jener Zeit in Nord-Indien zu bieten hatten.

Der Geiergipfel außerhalb der einstigen Stadt, wo Buddha meditierte und predigte, ist zum Ziel des Sonntagsausflugs geworden. Souvenirbuden auch hier, Straßenrestaurants. Und als Attraktion: ein Sessellift für all jene, die den anstrengenden Aufstieg scheuen. Das Vehikel mit den bunten Blechsitzen und den steil gespannten Drahtseilen zwischen eisernen Masten ist auf Massenandrang eingerichtet, der martialisch gebändigt wird. Man muss sich durch labyrinthisch verwinkelte Stahlkäfige zwängen, um endlich zur Plattform zu gelangen, wo man auf die endlos kreisenden Sessel springt, die einen in die Höhe tragen.

Ich bin der einzige Besucher zu dieser Stunde und so leichtsinnig, geradezu tollkühn, mich dem Lift anzuvertrauen. Ein beherzter Satz, an den Lehnen festhalten, Platz nehmen und schwankend werde ich in die Lüfte entführt. Auf geht`s! Welch erhebender Rundblick. Ein unendlicher blauer Himmel über mir, die braunen, kargen Hügel ringsum, 30 Meter unter meinen Füßen das scharfkantige Felsgestein des rasant ansteigenden Chatha-Berges. Ratternd und knatternd winden sich die Stahltrosse, an denen nun pendelnd mein Schicksal hängt, über die Räder der Tragemasten. Doch was ist das! Plötzlich ist Stille, tödliche Stille. Nichts bewegt sich mehr. Der Lift mit seinen Sesseln steht. Ich blicke hinauf, hinunter. Außer mir kein Mensch in dieser Höhe. Ist das eine Panne? Ein technischer Defekt? Mittagspause? Ein Streik?

Hallo!!! brülle ich talwärts. Hallo!!! tönt mein Ruf nach oben. Ich vernehme nur das Echo der eigenen Stimme. Sie verhallt in den Weiten. Mit einem Male habe ich uneinschätzbar viel Zeit, das Panorama zu bewundern. Doch ich würde gern darauf verzichten. Mir wird flau im Magen. Kann es sein, dass ich vergessen werde? Ein winziges Nichts zwischen Himmel und Erde. Ich komme mir ziemlich verloren vor da auf meinem nun gar nicht mehr schwankenden Sitz. Unbeweglich hängt der Sessel am Seil. Ich sehe Dutzende andere unter mir, Dutzende über mir. Rot, blau, grün, gelb sind sie gestrichen, bunte Farbtupfer in öder Landschaft. Keiner ist besetzt. Ein Sprung in die Tiefe wäre Selbstmord. Die nächsten Masten für einen möglichen Abstieg sind in unerreichbarem Abstand. Hallo!!! Mein Gebrüll wirkt lächerlich. Das sind Momente des Reisens, die einen über das Sein und den Sinn des Lebens nachdenken lassen. Ich bedauere, nicht wie Buddha zu Fuß den Geiergipfel erklommen zu haben. Schon kommt der Gedanke, wenn ich denn heil da oben eintreffen sollte, ein Räucherstäbchen der Dankbarkeit zu entzünden. In solcher unbequemen Lage werden sogar ungläubige und widerspenstige Pilger weich und erhoffen sich geistlichen Beistand, der bei sonstiger Fortbewegung nicht in Betracht gezogen wird. Buddha hilf? Ich zögere. Noch will ich an die Technik und deren von Menschen bestimmte Regulierbarkeit glauben, obwohl ich aktuellerweise nicht darin bestärkt werde.

Mir geht die Zeitungslektüre vom vorigen Abend durch den Kopf. In diesen Tagen war der amerikanische Space-Shuttle „Columbia“ nach seiner Mission im All beim Wiedereintritt in die Erdatmosphäre verglüht. Die Katastrophe machte Schlagzeilen auch und gerade in Indien, weil die Austronautin Kalpana Chawla unter den Besatzungsmitgliedern war, die zu Tode kamen: eine Inderin mit amerikanischem Paß, „a small-town girl who set her sights high“, war in der „Times of India“ zu lesen. Das ging ans indische Gemüt. Ich hatte im Markt von Rajgir beobachtet, wie ein alter Mann an der Teebude einigen Kindern und Männern die Todesnachricht aus einer Zeitung in Hindi vorlas, jede Zeile mit dem rechten Zeigefinger verfolgend. Eng zusammengedrängt hockten die Leute im Dunkel vor der Teebude, die nur von einer Petroleumfunzel erleuchtet war. Die Stromversorgung hatte mal wieder ihren Geist aufgegeben wie fast jeden Abend zwischen 18 und 19 Uhr wenn das Netz überlastet ist. Dann werden Kerzen hervorgekramt und Öllampen angezündet ähnlich wie zu Zeiten Buddhas. Offenbar hatte der Zeitungsvorleser Analphabeten vor sich, die gespannt die Tragödie vernahmen, sichtbar betroffen und in ihrer nationalen Ehre verletzt – oder jedenfalls in dem, was ihnen Journalisten und Politiker als solche einreden und verkaufen.

Alles ist der Veränderung unterworfen, so Buddhas Erkenntnis. Nichts bleibt, wie es ist. In diesen Minuten unfreiwilligen Stillstandes in den Lüften habe ich freilich keineswegs den Eindruck von Veränderung. Ich zwinge mich zu buddhistischer Gelassenheit und stelle bekümmert fest, dass ich angesichts meiner Lage in dieser Übung noch nicht weit fortgeschritten bin. Auch Selbstversenkung erscheint mir zwischen Himmel und Erde baumelnd unangemessen. Also Geduld, da ich absolut nichts machen kann, meine missliche Situation zu beenden. Was war da noch in der Zeitung? Richtig. Der „Columbia“-Absturz, bei dem mal wieder die vermeintlich unaufhaltsam hochfliegenden Pläne der Techniker und ihr unerschütterlicher Glaube an die Machbarkeit aller Dinge zu Bruch gingen, war der „Times of India“ in New Delhi ein Anlass für ein Interview mit Rakesh Sharma. 1984 war er als erster Inder ins All aufgestiegen. An Bord der sowjetischen Sojus T-11 konnte er sein Heimatland aus großer Entfernung sehen und war dessen Problemen weit entrückt. Wieder heil gelandet, machte er in der Computer-Industrie von Bangalore irdische Karriere. Sein Vertrauen in die von Menschen gesteuerte Technik blieb auch nach dem Todessturz seiner Landsmännin Kalpana Chawla ungebrochen. Ob Indien einen Mann zum Mond schicken sollte, wurde der Fortschritts-Freak von den Zeitungsleuten befragt. „Ja, Indien braucht eine bemannte Mission“, antwortete er und erklärte, dass ein solches technisches Unternehmen für die Entwicklung Indiens von größter Bedeutung sei. „Wir sind eine wissenschafts-tüchtige, -fähige (science-capable) Nation. Ich sehe keinen Grund, warum wir uns zögerlich bei der Anwendung unserer Möglichkeiten zurückhalten sollten.“ Schließlich würde davon jedermann einen Nutzen haben. „Der Vorstoß ins All berührt alle Aspekte unseres Lebens und bereichert uns. Zuerst wird die Kommerzialisierung des Alls natürlich die Gewinne der Shareholders, der Investoren, steigern, später aber werden viele Leute davon profitieren, Leute wie Sie und ich.“

Ich war am Abend zuvor nicht sicher, ob der Vorleser im Dämmer der Ölfunzel seinen aufmerksamen Zuhörern auch solche Zeitungsmeldungen verkündete. Vielleicht war es ja zu düster für Einzelheiten der dritten Dimension. Mir erschien der Mann ohnehin in der guten alten Tradition der Märchenerzähler zu stehen. Da hat Indien seit jeher einiges an kunstvoller Unterhaltung zu bieten, die die Phantasie beflügelt und einen tatsächlichen Flug auf den Mond gar nicht erforderlich machte. Was der Zeitungsleser und seine Zuhörer von einem Inder auf dem Mond profitieren würden, wollte mir nicht so recht einleuchten – wo auf indischem Boden noch nicht einmal die elektrische Leitung funktioniert und die meisten Dörfer gar keinen Stromanschluss haben.

Apropos – ich hätte nichts dagegen, endlich wieder auf eben diesem Boden auftreten zu können. Noch immer schwebe ich in einem Zustand der Vergessenheit. Zu Fuß wäre ich längst auf dem Geiergipfel Buddha`scher Bergpredigten angelangt. Werde ich je dorthin kommen? Nach meinem Zeitgefühl baumele ich schon seit Stunden. Der Blick zur Armbanduhr reduziert das bange Warten auf zehn Minuten. So ist das mit der subjektiven Wahrnehmung der Wirklichkeit. Alles ist Schein. Doch allem Anschein nach werde ich weiter ziemlich unerfreuliche Gedanken über Indiens wissenschafts-tüchtige Macher haben, wenn nicht bald ein Energiestoß den Sessel wieder in Schwung bringt. Selten sind mir Indiens Widersprüche so absurd erschienen wie in diesen Minuten zwischen den himmlischen Weiten über mir und den scharfkantigen Felsen unter mir. Da reden die einen vom Mondflug und basteln an Atombomben und die anderen hocken nach Sonnenuntergang im Dunkeln. Schließlich ein Ruck. In mein Leben kommt schlagartig wieder Bewegung. Kann sein, dass da unten jemand seinen Mittagsreis gegessen hat oder die Stromzufuhr wieder klappt. Ich werde in die Höhe gezogen, ich ganz allein. Mir fällt ein Stein vom Herzen. Polternd rollt der Brocken zu Tale.

Weiß erstrahlt auf einem Bergrücken die vom stilisierten Schirm bekrönte Halbkugel des Friedens-Stupa, den japanische Buddhisten erbauten; und gleich daneben steht ein flacher ebenfalls weißer Tempel japanischer Art. Die modernen Großbauten bezeugen die Bedeutung des Ortes für Buddhisten aus aller Welt. Eigentliches Pilgerziel ist hundert Meter unterhalb der Lift-Station die anthrazitfarbene Felsnase, die in stürzend dramatischer Schieflage über und über von bunten tibetischen Gebetsfahnen umflattert wird. Leicht und zart wehen die mit buddhistischen Sprüchen und Motiven bedruckten Tücher im Winde. Der Geiergipfel. Ausgetretene Stufen führen dorthin. An einer Höhle kräuseln die dünnen Rauchfahnen von Räucherstäbchen. Ich spreche in Gedanken einen Dank aus für meine Errettung. Hier war auch Buddha im Abstand der Jahre häufig hergekommen während seiner mehrmaligen Aufenthalte in Rajagaha. Den Mann aus der Ebene drängte es nach oben zur meditativen Einsamkeit und zur Lehrrede vor versammeltem Publikum, das auf den Felsen und Vorsprüngen festen Halt suchte. Viel Platz gibt es nicht. Die Landschaft breitet sich in ihrer strengen Kargheit wie ein chinesisches Rollbild aus und macht Menschen klein, sehr klein. Zwei Dutzend seiner Lehrreden hat Buddha hier gehalten.

Eine Pilgergruppe aus Bhutan keucht den Weg herauf. Die Männer tragen bürgerliche Hüte, die aus einer Altkleidersammlung von Köln-Nippes stammen könnten. Die Frauen haben kurz geschnittene Haare und sind in schwarz-rote Gewänder und knöchellange Röcke gehüllt. Das sind Menschen der Berge, robuste Gestalten, dünne Luft zum Atmen gewöhnt. Zwei Wärter stehen auf, die eben noch auf flachem Gemäuer schliefen, das den kleinen Platz mit der winzigen goldenen Buddha-Figur umgrenzt. Monumental ist hier nicht sein Abbild, sondern die Natur, die Schauplatz seiner Auftritte war. Die dienstbaren Geister offerieren Blumengebinde, bieten Kerzen an und geben Anweisungen, offensichtlich keine Buddhisten, sondern Profis in der Organisation solcher heiliger Stätten. Während die Pilger barfuß beten, putzt der jüngere der beiden Helfer deren Schuhe. Zwei alte, beleibte Mönche halten die Hände über die Köpfe und beginnen lauthals ihre Mantras zu sprechen, leiernd klingen die Worte, oft wiederholt an solchen Stätten der inneren Einkehr, tief und sonor die Stimmen. Die Männer riechen nach ranziger Butter und Holzkohlenfeuer.

Wie aus dem Nichts gekommen, so verschwindet die Gruppe wieder in den Abwegen der Berge. Sie nehmen als schwächer werdendes Echo den Singsang ihrer heiligen Texte mit. Nur noch das Knistern der Kerzen ist zu vernehmen. Flüchtiges Vogelgezwitscher. Irgendwie scheint man dem Himmel näher zu sein, räumlich sowieso. Kein Monument gemahnt an die Auftritte des Buddha an dieser Stelle. Nirgends eine Inschrift. Kein in die Felsen gemeißeltes Symbol, keine bildliche Darstellung des Meisters. Nur Natur. Das laute, lärmende, drängende Indien ist weit weg. Es ist die Ruhe zwischen zwei Pilgergruppen. Momente der Stille. Kostbar und so selten. Man muss kein besonders frommer Mensch sein, kein Buddhist, muss sich nicht auf den Boden werfen oder heilige Worte aussprechen, um von dieser Stimmung ergriffen zu sein. Der Sessellift mit seinen Tücken ist von hier aus nicht zu sehen. Auch diese Erinnerung verblasst. Die beiden Wächter kramen Chapatis aus Papiertüten. Einer schmatzt genüsslich. Sie essen bedächtig langsam, sehr langsam. Zwischendurch ein Schluck Wasser aus der Plastikflasche. Es fällt kein Wort, wo so vieles gesagt worden ist vor langer Zeit.

Devadatta, Sarasvati und der Dreck

Ich weiche einem Bus aus, der dröhnend durchs Tal prescht und viel Staub aufwirbelt. Auf dem Dach klammern sich in dichten Trauben Männer, Jugendliche, Kinder an das aufgetürmte Gepäck. Sie winken mir übermütig zu. Aus dem Bordlautsprecher schallt die übliche Musik. Solch ein Bus ist ein stinkendes, krachmachendes Ungeheuer, brutal, anmaßend, gefährlich, rücksichtslos. Ein rollender Rambo. Nur ein rascher Schritt zur Seite bringt mich in Sicherheit. Ich muss an den bösartigen Elefanten denken, der einmal durch Rajagahas Straßen raste und beinahe Buddha zertrampelte. Wutentbrannt stürmte der Bulle auf den Meister zu, eine losgelassene Mordmaschine. Die Geschichte wird in den alten Legenden erzählt und hat vermutlich einen historischen Kern.

Buddha war bereits in den 70ern, sein Lebenswerk weitgehend vollbracht, der Orden zu einer über Nordindien agierenden Organisation mit gesellschaftlicher Ausstrahlung erwachsen. Die Frage, wer Buddhas Nachfolger werden könnte, beschäftigte die Mönche. Der alte Mann weigerte sich, darauf eine Antwort zu geben und verwies auf die Lehre als einzige Autorität, die sein irdisches Dasein überdauern werde und keines namentlich zu bestimmenden Ordens-Oberhauptes bedarf. Da revoltierte Devadatta und beanspruchte die Leitung. Die beiden kannten sich gut. Buddha hatte den Vetter und Schwager selbst 35 Jahre zuvor ordiniert. Ob Devadatta nun von persönlichem Ehrgeiz getrieben ein hinterhältiger Intrigant war oder im ehrlichen Bemühen den Orden künftig zusammenhalten wollte, um Buddhas Vermächtnis zu bewahren, ist unter den Gelehrten umstritten. Als er im offenen Gespräch in Anwesenheit des Königs Bimbisara vom Meister die Überantwortung des Ordens verlangte, wurde er von Buddha harsch abgekanzelt. Es ging um Macht und Einfluss. Da war es wohl auch mit den Edlen Wahrheiten nicht weit her. Der Erwachte, ansonsten die personifizierte Mäßigung, soll aufgebracht gewesen sein. Es fielen deutliche Worte vor hochrangigem Publikum und im Kreise anderer Mönche. Menschlich, sehr menschlich. Devadatta verlor sein Gesicht und ging keinesfalls in sich, sondern sann auf Rache.

Die Rivalität flammte zu der Zeit auf, da Bimbisaras Sohn Ajatasattu seine Machtgelüste ausschweifen und den Vater ins Gefängnis stecken ließ. Ausgerechnet in diesem skrupellosen Drahtzieher fand Devadatta einen Verbündeten. Der junge König unterstellte dem Mönch einen Trupp Soldaten, die auf dessen Geheiß den Meister umbringen sollten. Das Attentat schlug fehl. Auch den zweiten Anschlag überlebte Buddha. Devadatta ließ auf dem Weg zum Geiergipfel einen Felsblock talwärts rollen, der den Meister erschlagen sollte, ihn aber nur am Fuß verletzte. Da kam der rachsüchtige Mönch auf die Idee mit dem Dickhäuter. Eine filmreife Szene auch dieser Komplott.

Der Elefantenwärter wurde bestochen, der Bulle Nalagiri, der schon einmal einen Menschen getötet hatte, in Rage gebracht und auf den mit seiner Almosenschale durch die Straßen von Rajagaha schreitenden Buddha gehetzt. Das aufgebrachte Tier trompetete los, stampfte nieder, was ihm in den Weg kam und hatte den gelbgewandeten Mann im Blick der kleinen Augen. Dramatische Sekunden. Vermutlich standen entsetzte Zuschauer am Rand des Geschehens. Sie werden den Atem angehalten haben. Buddha sah die tödliche Gefahr und wich keinen Millimeter zurück. Ein Mann, der das Nirvana in den Nachtwachen von Uruvela bereits erreicht hatte, ließ sich von einem Elefanten nicht mehr aus der Ruhe bringen. Der Buddha strahlte den mordgierigen Elefanten mit der sprichwörtlichen Güte an – metta in Pali. Liebe, Wohlwollen, freundliche Gesinnung heißt das. Üblicherweise gilt dies den Buddhisten im Umgang mit den Menschen als Ausdruck ihrer Grundeinstellung. Buddhas Charisma und Furchtlosigkeit schlugen auch den Mord-Bullen Nalagiri in Bann. Das riesige Tier stoppte den Angriff, kniete nieder vor dem Meister und gab gewissermaßen Pfötchen. Die Geschichte wird in den Legenden ausgeschmückt wie für ein Drehbuch. Dichtung und Wahrheit sind nicht mehr auseinander zu halten. Aber eines kann als glaubhaft überliefert gelten: dass Buddha, der Mensch, eine geistige Kraft und Ausstrahlung hatte, die ihn wie ein Schutzschild umgab und jedermann spüren ließ, es mit einem außergewöhnlichen Mann zu tun zu haben. Die Wirkung ließ denn auch einen wilden Elefanten lammfromm werden.

Nur auf Devadatta hatte Buddha keinen versöhnlichen Einfluss mehr. Der wiegelte junge Mönche gegen den Meister auf, löste zeitweise eine Abspaltung vom Orden aus und zog sich mit einigen Getreuen ins Hinterland von Gaya zurück. Buddhas Autorität blieb fortan unangefochten, die Nachfolge offen. Die Geschichte zeigt, dass es schon zu Buddhas Lebzeiten die ersten Ansätze der Neuorientierung gab, aus der später die sich über ganz Asien ausdehnende Verästelung der Schulen und Richtungen erwuchs. Individuelle Machtgelüste und spirituelle Interpretation von Lehrmeinungen sind dabei gar nicht klar voneinander zu trennen. Mönche sind stets auch Menschen.

Einen durchrasenden Bus hätte freilich auch Buddha mit seiner Güte nicht aufhalten können. Nach dem Schreck, den mir das Gefährt einjagte, erhole ich mich nördlich des antiken Rajagahas und jenseits der Berge an einer Teebude in Rajgir und genieße Kajas. Das Blätterteiggebäck ist die süße Spezialität der Region. Zu runden Stapeln gehäuft leuchten Kajas weithin in appetitlichem Gelb. Knusprig wie sprödes Papier sind die handtellergroßen Stücke, die mit weißem Zucker gesprenkelt sind, und aufgereiht sehen sie wie stehende Bücher aus. Natürlich werden sie vom Straßenstaub gepudert, von den Abgasen der Autorikschas überzogen, und der Junge vom Teestand legt einem die Kajas mit bloßen Fingern auf den Teller oder wickelt sie in Zeitungspapier zum Mitnehmen ein. Das alles macht Würze und Geschmack aus. Hygienevorschriften eines deutschen Gewerbe-Aufsichtsamtes hätten da wohl einiges zu bemängeln. Mir schmeckt`s köstlich. Chai ist das passende Getränk.

Von meiner Holzbank beobachte ich das Treiben. Einige Tage zuvor hatte sich ein Wolkenbruch mit Wassermassen über dem Ort entleert. Rajgirs Gassen mit den aufgerissenen Asphalt- und Pflastersteinresten verwandelten sich in schmutzige Seen. Nach dem Regenguss breitete sich zäher, schwarzer Schlamm aus, der die Leute zu zögerndem Gang und gelegentlichen Sprüngen veranlasste. Nun liegt wieder eine Hitzeglocke über dem Marktflecken. Fahrradrikschas und Pferdedroschken ziehen Staubfahnen hinter sich her. So könnte es wohl auch in mittelalterlichen Städten Europas gewesen sein. Vor den Häusern, teils aus Ziegelsteinen, teils aus Holzbrettern, wird gefegt. Frauen in gebückter Haltung bewegen ihre Reisigbündel und säubern den Platz unmittelbar vor ihrer Behausung. Das ist nicht eigentlich Straßenreinigung, sondern nur die Umverteilung von Dreck. Überall in Indien findet diese wirkungslose Art von Hausputz statt. Es sind Sisyphus` Verwandte, die das private Umfeld der eigenen vier Wände, seien sie aus Mauern, Brettern, Sackleinen, Pappendeckel oder Wellblech, halbwegs sauber halten, während draußen die öffentlich bestallten Mitarbeiter des Sisyphus längst resigniert haben und als Straßenkehrer und Abfallbeauftragte den Schmutz nur bewegen aber nicht wirklich aus der Welt schaffen. Außerhalb der familiären Verantwortung wird das Land als Müllkippe betrachtet. Das Umweltbewusstsein baumelt etwa bei Null. Durch Rajgirs Gassen werden schwarze Schweine getrieben, grunzend wühlen sie in den Abfällen.

Gerade einem Omnibus entsprungen zu sein wie dem Tod von der Schippe, stimmt mich milde und verhilft zu fatalistischem Gleichmut, der das Reisen in Indien wesentlich erleichtert. So sehe ich auch den Karren mit der gebührenden Gefasstheit zu, die von Kindern und Halbwüchsigen mit Gebrüll durchs Menschengedränge geschoben werden. Zumeist sind es rollende Bretter mit vier Fahrradrädern oder Fahrradrikschas, aber auch Ochsenkarren werden benutzt und von Traktoren gezogene Anhänger. Sie befördern nicht nur lebende Wesen, sondern in diesen Tagen und Nächten vor allem eine Göttin. Auf jedem dieser Vehikel thront Sarasvati. Wunderschön ist die ewig junge Dame aufgeputzt. Lang wallt ihr schwarzes Haar über die Schultern. Der Blick aus verträumten großen Augen mit wimpernweichem Aufschlag ist geheimnisvoll verschleiert. Ihr zur Seite ist ein Schwan. In den Händen hält sie eine Vina, eine Laute, und Bücher. Die Kleider leuchten in allen Farben. So rollt Sarasvati in hundertfacher Variation durch die Straßen. So steht sie unter Baldachinen in Hauseingängen und in Altären an den Ecken und neben Bäumen. Ob stationär oder ambulant unterwegs: stets umdröhnt Sarasvati ein Geplärr von Filmmusik aus kreischenden Lautsprechern. Ich bewundere immer wieder das technische Improvisationstalent der Inder, wenn es darum geht, eine Lärmquelle sprudeln zu lassen. Elektrisches Licht ist Glückssache. Diesbezügliche Leitungen erreichen nicht einmal die Hälfte der Bevölkerung. Lautsprecher aber werden von Autobatterien gespeist. Die Rikschas ziehen kleine Anhänger mit Generatoren hinterher, damit der Strom fließt, der aus harmlosen Plastik-Kassetten dröhnende Gesangskanonen werden lässt. Alles zur Freude der Sarasvati, deren Fest gefeiert wird. Die Jungen und Mädchen drumherum tanzen und singen und schreien und bewerfen sich und Passanten mit buntem Puder.

Sarasvati ist die Göttin der Gelehrsamkeit und der Künste. Die wundersame Schöne war die erste Gemahlin des Gottes Brahma. Sie gilt als Inbegriff des Wortes, des magischen Wortes und dessen Wirkung. Ihre Vergöttlichung reicht weit in die Zeiten der Veden zurück, die den Opferkult in Hymnen feierten, buddhistische Vor-Zeit also. Veda heißt Wissen – es war das geheime Wissen der Priester. Die schöne Göttin gilt als Schöpferin des Sanskrit und der Devanagari-Schrift. Sarasvati wird vor allem von Schülern und Studenten verehrt. Zu ihren Füßen werden Schulbücher und Hefte gelegt und die Hoffnungen ausgesprochen, die Göttin möge beim Examen helfen und ein gutes Wort bei den Prüfern einlegen. Lachend und vergnügt rufen sich die jungen Leute bei ihr in Erinnerung, weniger dem Lernen und Studieren vertrauend als dem Opfer und dem göttlichen Beistand, der erwartungsgemäß eigenes Büffeln und Arbeiten vermeiden lässt.

Davon erzählt mir Previn Kumar. Er ist in meiner Lieblings-Teebude am Markt beschäftigt und serviert mir neben Chai und Kajas auch Geschichten von sich und Rajgir. 21 Jahre ist er alt, noch Junggeselle, aber längst haben ihm die Eltern eine Frau vermittelt. Der Hochzeitstermin sei von den Astrologen bereits festgelegt worden. Eine Liebesheirat? will ich wissen? „Wo denken Sie hin", wehrt er entrüstet ab, „die Entscheidung haben meine Eltern mit den Eltern der Braut getroffen." Kennen Sie das Mädchen? Sanftes Kopfschütteln. „Nein, aber ich habe ein Foto gesehen. Es ist ein hübsches Mädchen", sagt er schwärmerisch. Eigentlich hatte er sich noch nicht in der Rolle eines Ehemanns sehen, sondern studieren wollen. Sein Englisch aus der Schule ist wortreich, er ist für einen Kellner-Jungen gebildet und weiß sich korrekt mitzuteilen. Aber die Eltern können das Studium nicht bezahlen. „Der Wille der Familie ist mir heilig", sagt er mit ernster Miene und ohne einen Anflug von Zweifel oder Abwehr, „warum sollte ich mich dagegen auflehnen. Meine Eltern wissen am besten, was für mich gut ist." Für ihn kommt also Sarasvati als Ansprechpartnerin und Hoffnungsträgerin in Sachen Studium nicht mehr in Frage. Previn Kumar braucht deshalb auch nicht hinter ihrer Statue herzulaufen.

In turbulenter Begleitung wird sie nämlich zum Wasser gebracht, wo Sarasvati nach den Tagen ihres Festes baden geht. Prozessionen tragen die Figuren zu Tümpeln und Flüssen. Ich schaue unweit der einstigen Stadtwälle dem Ritual zu. Dort ist ein brauntrüber Teich, zu dem zwei steinerne Treppen hinabführen wie eine Miniatur-Kopie der Ghats von Varanasi. Waschplatz der Frauen ist das und Stätte der Opferungen. Während dickarmige Frauen unbeeindruckt ihre Tücher und Decken auswringen und überhaupt keine Notiz von dem Geschehen ringsum nehmen, vollziehen junge Männer mit Sarasvati ihren Kult. Noch ist Sarasvati die liebevoll bemalte Schönheit. Zu Dutzenden wird sie mit lautem Gesang auf den Köpfen herangeschleppt. Es tönt weithin wie ein Kampflied, von Zimbeln und Quertrommeln rhythmisch und trancehaft untermalt. Aus einem Tongefäß lodert ein Feuer auf und wird wie ein Weihrauchkessel katholischen Instrumentariums hin und her geschwenkt. Dann muss es Sarasvati den Atem verschlagen, denn der Rauch bläst ihr ins Gesicht. Noch ist sie im Trockenen, doch nicht mehr lange. Einige der Männer tragen sie ins Wasser und steigen bis zum Hals hinein. Lachen und Geschrei. Beschwörende Handbewegungen über Sarasvatis göttlichem Haupt. Schwupp. Weg ist sie. Untergetaucht in all ihrer Pracht. Was eben noch umworbenes Abbild einer Göttin war, sind nur noch sich im Wasser auflösender Gips, dahintreibende Stofffetzen und zerfleddern-des Stroh. Umweltverschmutzung. So schnell kann das gehen. Die Männer und Jugendlichen wenden sich ab, als hätten sie nie etwas mit dieser Frau zu tun gehabt. So will es das Zeremoniell.

Wieder solch ein aufgeregtes Schauspiel, das mir deutlich macht, warum Indien mit dem Buddha vom einstigen Rajagraha nichts mehr anzufangen weiß. Seine Lehre von der Selbstbestimmung ist viel zu nüchtern und zu abstrakt, als dass sie dem volkstümlichen Bedürfnis nach Unterhaltung und Hoffen auf göttliche Hilfe etwas zu bieten hätte. Zu blutleer, zu wenig Zirkus, zu wenig Farbe. Nicht individuelle Selbstversenkung und Rückzug ins Innere ist populäres Verlangen, sondern ritualisierte Belustigung in der Gemeinschaft und die Freude an Spiel und Räucherstäbchen. Es ist das kollektive Pfeifen im übervölkerten Walde. Vielleicht hilft der ritualisierte Rummel ja beim nächsten Prüfungstermin, und wenn nicht, so macht der Trubel um Sarasvati wenigstens Spaß.

Den beschaulichen Abstand gewinne ich beim Aufstieg zum Vaibhara-Hügel, der nordwestlichen Barriere des antiken Rajagraha. Am Badetempel mit den heißen Quellen führt der steile Pfad vorbei und passiert das Pippala-Steinhaus, das mit massiven Quadern am Hang steht und in Bimbisaras Ära ein Teil der Stadtbefestigung

Die Höhlen auf dem Vaibhara-Berg, wo das erste buddhistische Konzil stattfand.

war. Ich könnte mich Trägern anvertrauen, die Pilger auf einer Liege zwischen zwei Bambusstangen nach oben wuchten. Doch auf den eigenen Beinen geht`s schneller. Nicht die Jaina-Andachtsstätten sind mein Ziel in der Höhe, sondern die Saptaparni-Höhlen, am Abgrund unterhalb der höchst gelegenen Tempel. Kein Schild weist auf die scharfkantigen übermannsgroßen Öffnungen im Felsen hin. Die meisten der Jaina-Pilger sparen sich den Anblick; und die wenigen, die hineinkriechen ins Dunkel, haben keine Ahnung, in welch historische Dimension sie da eindringen.

Auf dem Vaibhara-Berg fanden sich sechs Monate nach Buddhas Tod einige seiner Jünger ein, um das erste buddhistische Konzil abzuhalten. 500 sollen es gewesen sein, doch solcher Zahlenangabe ist in indisch geprägten Überlieferungen nicht zu trauen. Angesichts der engen Höhlen und der knappen Vorsprünge im Gestein kann ich mir eine solche Menschenansammlung nicht vorstellen. Wieviele es auch waren, hier wurde erste Bilanz in buddhistischem Denken nach dem Verlöschen des Meisters gehalten. Es ging darum, eine Grundlage zu schaffen, Buddhas Lehre authentisch und in systematischer Form zu erhalten. Interessanterweise fand das Konzil unter der Schirmherrschaft König Ajatasattus statt, Vatermörder und Machtmensch; Buddha und seiner Lehre blieb er distanziert, aber den Orden und dessen gesellschaftliche Bedeutung hatte er erkannt und bezog ihn in seine Herrschaft ein. So wird schon frühzeitig die enge Verbindung von Staat und Buddhismus deutlich, die Verstrickung von

Politik und Mönchszucht. Mahakasyapa, der älteste damals lebende Mönch, hatte das Konzil einberufen; er verfolgte eine asketische Linie, galt als streng und setzte seinen Führungsanspruch im Orden durch. Unter seinem Vorsitz war es vor allem Ananda, der Buddhas Aussprüche wiedergab. Sieben Monate lang rezitierten die Mönche, die Buddha gekannt hatten, seine Lehrreden und die Ordensregeln. Es wurde überprüft, was seine eigenen Worte gewesen, was bereits Ergänzung war, was zu Zweifeln Anlass gab. Noch blieb dies eine Gedächtnisleistung, nichts wurde aufgeschrieben, alles auswendig gelernt wie es Brauch war zu jener Zeit im Umgang mit geheiligten Texten. Es war die Urfassung des Pali-Kanons, der als Buddhas Vermächtnis weitergegeben wurde von Generation zu Generation.

Nichts kündet in den schroffen durchlöcherten Felsen da oben am Vaibhara-Abhang von solcher Bedeutung des unwirtlichen Hochsitzes. Reste abgebrannter Kerzen vermag ich in den Höhlen zu erkennen, feinstes Goldpapier an manchem Stein, die devoten Zeichen buddhistischer Besucher. Welch phantastischer Ausblick hinunter zur Ebene, zum Tal des historischen Rajagaha und des gegenwärtigen Rajgir und hinüber zu den benachbarten Bergen, die einst natürliche Festung des König Bimbisara gewesen waren. Und irgendwo im Norden liegen ein Dutzend Kilometer entfernt die Ruinen von Nalanda im Dunst. Ein Geschichtspanorama mit weiten Räumen der Besinnlichkeit breitet sich vor mir aus. Ich bin zu abendlicher Stunde allein da oben in der felsigen Keimzelle des Buddhismus und höre hinein in Stille und Vergänglichkeit.

NALANDA

Buddhas Oxford

Eine Bilderfolge wird zum Zeitraffer von Jahrhunderten. Der überwachsene Hügel auf dem ersten Foto verrät nichts von Nalandas einstiger Größe. Bloß einen verwunschenen Trümmerhaufen hat Sir Alexander Cunningham 1861 gesehen, wie nun der historische Schnappschuss beweist; doch der Steinhaufen muss dem Begründer der Archäologie in Indien eine Herausforderung gewesen sein. Die Neugier des Briten setzte die Spaten in Bewegung, die die Geschichte unter dem Schutt hervorschaufelten. Das nächste Dokument zeigt einige der tausend Arbeiter, die 1871 die ersten Grabungen vornahmen. Dann wurde wieder zwischen 1915 und 1937 gebuddelt. Das letzte der bildlichen Dokumente lässt das Bauwerk in phantasievollem Dekor erstrahlen, dessen noch immer eindrucksvollen Ruinen, längst restauriert und herausgeputzt, sich direkt hinter der Schautafel erheben. Eine breite langansteigende Treppe führt hinauf; steil fallen die massiven Wände aus gebrannten Ziegeln ab. Unförmig und keineswegs elegant ist die Ruine, die an eine bombastische Stufenpyramide der Inkas erinnert. Der Blick auf die Schautafel verhilft zu einem Vorher- und Nachher-Effekt. Auf dem Bild sachkundiger Rekonstruktion erhebt sich der Tempel Nummer drei in blendendem Weiß. Der Hauptstupa in himmelhohem Halbrund wird flankiert von vier kleineren Stupas, erreichbar über eine breite, von vier Löwen bewachte Treppe. Das war mehr ein Palast denn ein Tempel, so scheint es ein Jahrtausend nach Verfall und Zerstörung.

Der optische Zeitraffer reicht von Nalandas Blütezeit unter den Gupta-Königen im 5. Jahrhundert u.Z. bis zum Niedergang im 12. Jahrhundert, der Wiederentdeckung Nalandas im 19. und schließlich der Öffnung des Ruinenfeldes für Besucher in unseren Tagen. Es erstreckt sich 400 Meter in der Länge und 200 Meter in der Breite. Vor mir liegt die größte jemals ausgegrabene Universität der Welt. Mit verständlichem Stolz vermerkt die erklärende Tafel, dass deren Anfänge 700 Jahre vor der Gründung der Universitäten in Paris, Oxford und Cambridge erfolgten. Ex oriente lux. Ich bin an einem Ort, an dem das Licht der Weisheit schon ziemlich früh aufging und über sieben Jahrhunderte die buddhistische Welt erhellte.

Nalanda war zu Buddhas Zeiten ein unbedeutender Ort; nur zwölf Kilometer nördlich von Rajgir gelegen. Das Dorf blieb im Schatten der Hauptstadt des Magadha-Reiches unter König Bimbisara. Der Meister passierte den Flecken auf seinen Wanderungen einige Male und hielt auch hier Lehrreden, konnte aber wohl kaum

eine Ahnung davon haben, dass ausgerechnet an dieser Stelle in der flachen Landschaft mit kleinen malerischen Seen das intellektuelle Zentrum erblühen sollte, das seine Botschaft und die geistigen Folgen lange nach seinen Tode zum asiatischen Lehrgebäude universitären Disputes werden ließ.

Die Förderung des Buddhismus durch König Ashoka und dessen Einbeziehung der Buddha'schen Friedensmission in seine Politik setzte die Verbreitung der Lehre, wie unter dem Patronat Bimbisaras begonnen, zwei Jahrhunderte nach Buddhas Verlöschen in – für damaliges Weltverständnis – internationalem Maßstab fort. Auch die Gupta-Herrscher als Nachfolger der Maurya-Dynastie, aus der Ashoka stammte, pflegten in toleranter Weise die geistige Hinterlassenschaft des Meisters. Längst hatten sich Schulen und Sekten herausgebildet; die grundlegende Abspaltung des Buddhismus der Alten, Theravada, von der Neuerungsbewegung des Mahayana war in Gang gekommen; und die ritualisierten Formen des Tantrismus fanden immer mehr Anhänger. Von Nalanda aus wurde diese esoterische Praxis des Buddhismus nach Tibet getragen. Noch beriefen sich alle Mönche auf den historischen Buddha. Die von ihm entfachte geistige Kraft war höchst lebendig und befruchtete die Auseinandersetzung kluger Köpfe, die Jahrhunderte lang den Universitätsbetrieb von Nalanda prägten. Die buddhistischen Wege trennten sich. Hier war noch einmal wie an einem aus allen Himmelsrichtungen zusammenlaufenden Verkehrskreuz in geistigem Suchen vereint, was in jenen Jahrhunderten intellektuellen Rang und Namen hatte. Gelehrt wurden Medizin, Metaphysik, Logik. Auch hinduistische Studien waren einbezogen; die Brahmanen mit ihren Opferriten hatten Buddha ohnehin überdauert.

Dank der königlichen Stiftungen und Spenden wohlhabender Familien wurde Nalanda zur Bildungsstätte, deren Ruf bis in die Inselwelt des heutigen Indonesien drang. Von Java und Sumatra kamen ebenso Mönche und Studenten wie aus China, Korea, Japan. Fünf Jahre lernte und lehrte der chinesische Mönch Huien Tsiang hier; und seine Aufzeichnungen vermitteln ein Bild des disziplinierten und streng geregelten Universitätslebens. Die Aufnahmeprüfungen hatten strikte Auswahlkriterien. Nur jeder zehnte Bewerber wurde aufgenommen. Eine Wasseruhr bestimmte den Tagesablauf. Die Bibliothek umfasste neun Millionen Manuskripte, wird in indischer Großzügigkeit gesagt, was Zahlen betrifft. Das wird niemand exakt nachgezählt haben, aber eine der umfangreichsten Text-Sammlungen jener Zeit ist es gewesen. Das Studium genoss hohes Ansehen. Buddhas Oxford brachte den Absolventen einen Prestigegewinn wie die Ausbildung an heutigen Renommier-Universitäten. Huien Tsiang nennt die Zahl von 10.000 Studenten, was wahrscheinlich auch übertrieben ist; andere Quellen geben 3.000 an. Die Männer des Wortes und der Meditation wurden gut versorgt. Keiner musste mit der Almosenschale von Haus zu Haus wandern. 100 Dörfer in der weiteren Umgebung hatten für das leibliche Wohl der Lehrer und Studenten zu sorgen. Von solchen Universitätsbedingungen können die meisten Studiker unserer Tage nur träumen.

Der Augenschein beim Streifzug durch die bauliche Hinterlassenschaft macht mir die einstigen Dimensionen von Nalanda klar. Mahavihara. Die buddhistische Bildungsstätte von Größe, sowohl was die räumliche Ausdehnung, als auch was die Reputation betraf. Stunden um Stunden durchstreife ich die Weite der Anlage, deren westliches Gebiet von den roten Backsteinen der Grundmauern von zehn Klöstern gekennzeichnet ist, eng nebeneinander gebaut. Jedes umschließt mit ihren im Quadrat angeordneten Zellen und Versammlungsräumen, Küchen und Wirtschaftsbereichen einen Innenhof. Die innere Struktur von Studium, Autorität und Ordnung ist zu erahnen. Ich dringe in Mauern ohne Dächer vor und spüre etwas von den Innenräumen der Selbstzucht. Den Klöstern gegenüber stehen auf hohen Sockeln vier einstmals gewaltige Tempelkomplexe; Nummer drei als größte Ruine ganz im Südwesten. Bis zu 70 Metern ragten die Bauwerke auf. Das waren von Menschenhand geschaffene Gebirge der Buddha-Verehrung. Siddhartha Gautama war hinter der Vergöttlichung des Erwachten verschwunden. Die Stuckmotive an den Turmresten zeigen meditierende Buddhas in vertrauter Pose. Die Zeiten, da der Meister andeutungsweise mit Fußabdrücken, Lotosblumen oder Bäumen dargestellt wurde, lagen zu Nalandas Blüte bereits weit zurück. Längst war er zur Ikone geworden, in menschlicher Gestalt aufs Podest erhoben, aber völlig entrückt seiner irdischen Existenz. Erst von der noch immer beeindruckenden Höhe der Tempelruinen lässt sich das ganze Ausmaß von Nalanda überblicken. Tempel Nummer drei, der üblicherweise in den Berichten über diese Universität abgebildet ist, vermittelt allein nur eine unzureichende Vorstellung ihrer Ausdehnung. Ich kehre zurück zu wechselnden Tageszeiten, steige treppauf, treppab, setze mich auf bemooste Steine, schaue tibetischen Pilger-Mönchen zu und höre ihre monotonen tiefen Stimmen wie Töne aus einer anderen Welt und einer anderen Zeit.

Eben diese Zeit zu haben, nicht von Terminen gehetzt zu werden; niemanden treffen zu müssen für verabredete Interviews, aber jede spontane Gelegenheit zum Gespräch nutzen zu können; nicht Reporter mit thematisiertem Auftrag, nicht Journalist im Sinne von Tagesbetrieb zu sein, all das genieße ich in ausgeglichener Heiterkeit. Ich bin in diesen Wochen zu Gast im chinesischen Tempel mit einem kleinen Kloster. Hinter Bäumen verborgen sind die zweigeschossigen Bauten von der nahen Straße kaum zu erkennen, die von Rajgir nordwärts nach Patna führt. Es ist eine belebte Kreuzung mit Essensbuden, einigen Geschäften und Handwerkern. An der Ecke hat Rajesh Kumar seine Garküche. Mit getrocknetem Kuhmist feuert er den offenen Herd an, auf dem die Samosas bruzeln, die ich zu Mittag speise. Bläulicher Rauch steigt auf. Den rissigen, wackligen Holztisch mit Plastikbezug mache ich zu meinem Schreibtisch; und schon am zweiten Tag stört keine Neugier der Kinder mehr, die mich seltsamen Fremden mit Notizblock und Kugelschreiber nicht weiter beachten. Von hier biegt der Weg ab zu den drei Kilometer entfernten Grabungsstätten des antiken Nalanda. Verstreute Dörfer und Reisfelder ringsum. Ländliche Geruhsamkeit allerorten.

Vom Gefühl, Zeit zu haben, sind auch meine Gespräche mit den Mönchen im chinesischen buddhistischen Tempel erfüllt. Es gibt außer mir nur einen weiteren Gast. T. Kenjitsu Nakagaki ist durchreisender Besucher wie ich. Der japanische Mönch lebt seit 20 Jahren in New York und pilgert nun auf Buddhas Spuren durch Nordindien. Back to the roots. Er wirkt asketisch, jugendlich und drahtig. Er trägt keine Robe, sondern eine dunkelblaue Jacke mit V-förmigem Halsausschnitt und gelbem Tuch und enge lange Hosen. Ein Mann des Amida-Buddhismus, eine der japanischen Schulen des Mahayana, die über China ins Land der aufgehenden Sonne kam. Er ist der Typ des Intellektuellen und wirkt wie ein entfernter Verwandter aus der weltweiten Familie der Buddhisten. Mit leisem Lächeln auf dünnlippigem Mund legt er mir seine Zeichnungen vor, die er vom Geiergipfel in Rajgir und vom Mahabodhi-Tempel in Bodhgaya machte. Als Pilger und Tourist ist er unterwegs, ein Einzelgänger wie ich.

Aus ganz anderem Holz ist Dr. U. Panyalinkara geschnitzt. Der Mönch aus Burma bekennt sich zum Theravada. Rundlich ist sein Bauch, den die gelbe Robe bedeckt, massig der Körper, mächtig der kahle Schädel. Der Mann in den 50ern strahlt eine Mischung von Wohlwollen, Vertrauen und Schlitzohrigkeit aus. Als Monk in charge leitet er das Kloster des chinesischen buddhistischen Tempels und kümmert sich um Spenden, damit aufgestockt werden kann. Als Bauherr beaufsichtigt er die Frauen, die in ihre Saris gekleidet körbeweise Ziegel auf den Köpfen aufs Flachdach tragen. Auf dem Wege zum Nirvana sorgt er für solide Unterkünfte.

An den kühlen Abenden tauschen wir die Gedanken des Tages aus. Drei Zeitgenossen aus drei verschiedenen Ländern, deren Lebenswege sich in Buddhas Namen kreuzen. Nur eine schäbige Glühbirne beleuchtet den Teil der zum Garten hin offenen Veranda, die vor dem Zimmer des Ven. Panyalinkara liegt, Empfangsraum, Besprechungsecke, Essnische in einem. Auf dem Tisch stapeln sich Bücher. Der Haus-Mönch schenkt dünnen, heißen Tee aus einer Aluminium-Thermosflasche ein. Zu unseren Füßen flackert ein Feuer, das alte Männer der Nachbarschaft mit Zeitungspapier und Ästen angezündet haben. Der Rauch vertreibt die Mücken. Die stämmigen Füße des Mönches stecken in Wollsocken. Seine Fingernägel sind abgekaut. Wir reden über Buddha und die Welt. Durch die entspannte Atmosphäre des Abends gleiten die Geschichten von den wohlmeinenden Zielen eines Religionsstifters und der Menschen Versagen, eben diese zu erreichen. Dabei unterscheidet sich Buddhas Wirken und der daraus entstandene Buddhismus nicht wesentlich von den anderen Religionen. Der Mönch aus Burma nennt es eine fromme Lüge, dass in Buddhas Namen keine Kriege geführt worden seien. Gerade Burma biete ein historisches Beispiel. Im 11. Jahrhundert ließ König Anuruddha seine Soldaten ins benachbarte Königreich Thaton einmarschieren, um dem dortigen Herrscher heilige buddhistische Schriften zu entreißen, die er für die Legitimierung seiner Macht brauchte. In den folgenden Jahrhunderten griffen buddhistische burmesische Könige mit ihren Soldaten mehrmals das benachbarte Thailand an und zerstörten deren Hauptstädte Sukhothai und Ayutthaya. Im 14. und im 18. Jahrhundert ist das gewesen. Die solcherart attackierten Könige Thailands, ebenfalls dem Buddhismus zugetan, hatten wiederum keine Skrupel, die buddhistischen Nachbarn in Laos zu überfallen und deren Hauptstadt Vientiane zu zerdeppern, einschließlich buddhistischer Tempel und Buddha-Statuen. Im 19. Jahrhundert mehrfach geschehen. Der wohlbeleibte Mönch aus Burma schüttelt sanft den massigen Kopf. Buddhisten in der Politik seien nicht per se immun gegen Machtmissbrauch und Verrat an Buddhas Friedensbotschaft. Den gegenwärtigen Generälen in Burma, die das Land seit Jahrzehnten mit eiserner Faust unterdrücken, spricht der Mönch aus diesem Lande ab, überhaupt Buddhisten zu sein. Den thailändischen König hält er für integer, nicht aber das politische System seiner konstitutionellen Monarchie.

„Wie konnte es beispielsweise zu dem Massaker auf dem Campus der Thammasat-Universität in Bangkok kommen? 1973 ist das gewesen. Wir haben das nicht vergessen", sagt er und ergänzt: „Das Militär schoß auf Studenten. Schlimmer noch: Wehrlose junge Menschen wurden gelyncht und auf grausame Weise umgebracht. Das brutale Vorgehen entsetzte die Welt. Das geschah in einem Land des Buddhismus." Der japanische Mönch und ich hören zu. Unser Schweigen lässt das Nachtkonzert der tropischen Insekten besonders schrill erscheinen, als müssten sie mit ihrer metallenen Monotonie unerfreuliche Geschichten dramatisieren.

Der burmesische Mönch setzt seine Aufzählung buddhistischer Sündenfälle fort:

„Denken Sie an den Jahrzehnte währenden Kampf zwischen Hindu-Tamilen im Norden Sri Lankas und den herrschenden Singhalesen der Insel, die sich zu Buddha bekennen“, sagt er sich vorbeugend, „haben sich die Singhalesen friedfertiger, gütiger, großzügiger gezeigt, weil sie Buddhisten sind?“ Er schüttelt bedauernd den massigen Schädel. Dann erwähnt er das schrecklichste Kapitel menschlicher Abgründe, das je in einem buddhistisch geprägten Land zu beklagen war: „Was passierte in Kambodscha, als die Roten Khmer die Macht hatten?“ Schon die Frage ruft die Bilder gestapelter Totenköpfe in die Erinnerung zurück. „Pol Pot und seine Schlächter haben die Leichenberge nicht im Namen Buddhas aufgehäuft“, präzisiert der Mönch den Fall der Roten Khmer, „die haben im Wahn einer Menschen verachtenden kommunistischen Kulturrevolution zugeschlagen, aber viele ihrer Mörder waren einmal Mönche gewesen, waren aufgewachsen in buddhistischem Geist.“ Wieder Kopfschütteln mit einer Miene, die das Unbegreifliche und Unerklärliche solcher Barbarei ausdrückt.

Der friedliche Abend, die Abgeschiedenheit des buddhistischen Gästehauses in spärlicher Beleuchtung, die überirdisch tönenden Nachtgeräusche – all das könnte uns in eine abgehobene esoterische Stimmung versetzen, doch seltsamerweise bleibt die Gegenwart in greifbarer Nähe. Der Gastgeber in der Stofffülle seiner orangenen Robe scheint eine Vorliebe für aktuelle Probleme zu haben, kennt sich in der Geschichte aus und hat keine Scheu, über Politik zu reden. Er erwähnt Indiens Überbevölkerung und das Scheitern der staatlichen Familienplanungs-Politik. Das Stichwort Korruption fällt. Der japanische Mönch berichtet von Spenden aus seinem Heimatland, die für Wohltätigkeitszwecke in Indien verwendet werden sollen; davon kämen doch nur 70 Prozent bei den Bedürftigen an. Der dicke Mönch aus Burma, der so solide auf indischem Boden steht, lacht und korrigiert: „20 Prozent, höchstens 20“, sagt er abwertend mit brummiger Stimme; und er zählt auf, wie üblicherweise das Geld von oben nach unten hängen bleibt in vielen aufnahmebereiten Händen. Zu Tausenden seien in den Wintermonaten die Ärmsten unter den Armen erfroren, und was hätten die Behörden getan? Wieder dieses missfällige, verächtliche Lachen aus der Körperfülle heraus. „Nichts“, sagt er kurz und bündig, „jeder da unten auf den Straßen, in den Hütten, in den Dörfern ist auf sich allein gestellt. Wenn ihm die eigene Familie nicht hilft, hilft ihm keiner.“ Der Mönch sagt nichts vom Nirvana und bietet keine Heilslehre an. Unvermeidbar in diesen Wochen das Thema USA und Irak-Krieg. Der Mönch aus Japan, der die amerikanischen Verhältnisse kennt, verurteilt die Regierung seines Gastlandes wegen ihres aggressiven Vordringens und der Ignoranz, was Völkerrecht und weltweite Proteste betrifft. „Und was schlimm und bedauerlich ist“, fügt er bitter an, „die amerikanischen Medien schweigen die Kritik tot und nehmen nicht einmal die amerikanische Friedensbewegung zur Kenntnis.“

Ich bin auf buddhistische Weisheit eingestellt, suche zeitlose Antworten auf ewige Fragen und finde mich mitten in einer tagespolitischen Diskussion. Wo bleibt das buddhistisch-versöhnliche Element in diesen Gesprächen? Immerhin habe ich es ja

mit zwei Mönchen zu tun, wenn auch aus unterschiedlichen Schulen. Ich frage nach den Gründen, die zum Niedergang des Buddhismus in Indien geführt haben. Was hat nach Jahrhunderten geistiger Konzentration und Ausstrahlung die Universität von Nalanda im Nichts versinken lassen?

„Ihr Ende fällt mit dem Verlöschen des buddhistischen Einflusses zusammen. Es war die Zeitenwende", sagt Ven. Panyalinkara. Zum Ende des ersten Jahrtausends christlicher Rechnung hatten sich die buddhistischen Zentren verlagert. Der buddhistische Geist hatte auf vielfältige Weise die Kulturen der benachbarten Länder bis hin zum indonesischen Archipel befruchtet. In Indien aber starb dessen Kraft ab, vermischte sich mit den hinduistischen Glaubens- und Opferriten, passte sich genau dem wieder an, was der historische Buddha zu überwinden trachtete. Als 1234 der 37-jährige Mönch Dharmasvamin aus Tibet ins nördliche Indien kam, erlebte er schon nicht mehr das friedliche Land der Gupta-Ära. Es herrschte Chaos. Plündernde Diebe machten den Menschen das Leben zur Hölle. Islamische Eroberer ritten und marschierten durch Indien, zerstörten Strukturen und Regierungen, brachten aber nichts Neues außer Tod und Verderben. Es gab keine verbindlichen Werte mehr. Der Mönch aus Tibet überlebte die Attacken auf Klöster und Tempel von Nalanda. Die ruhige Atmosphäre des Studierens wurde brutal aufgeschreckt. Muslimische Soldaten wüteten und brannten die Stätten der Gelehrsamkeit nieder. „Die Lampe der Lehre wurde ausgeblasen", notierte der Mönch aus Tibet. Zu hunderten flohen die frommen Männer.

„Wahre Buddhisten sind keine Krieger, keine Kämpfer“, merkt Ven. Panyalinkara an, „obwohl doch Buddha selbst aus der Kriegerkaste stammte. Ihre Friedensliebe und Bereitschaft zur Gewaltlosigkeit wurden ihnen zum Verhängnis.“ Die islamische Invasion versetzte dem Buddhismus in Indien den Todesstoß, innerlich war er aber längst marode und keine geistige Bewegung mehr, bereits aufgesogen vom Hinduismus der Brahmanen.

„Ich habe da etwas“, sagt der Mönch aus Burma mit vieldeutigem Lächeln, geht ins Halbdunkel seines Zimmers und kramt unter einem Durcheinander von Büchern, Schachteln und Zeitungen ein längliches Futteral aus bläulich bedruckter Pappe hervor. Er klappt den Deckel auf und zeigt uns die darin nebeneinander gereihten Gipsfiguren, alle zehn so groß wie ein kleiner Finger, bräunlich angemalt. Im Dämmerschein kann ich nicht gleich erkennen, was sie darstellen. Winzige Gartenzwerge aber vielleicht auch Gottheiten, so der erste Eindruck. „Es sind die zehn Inkarnationen des Gottes Vishnu“, erklärt der Mönch amüsiert und zählt auf: „Als Fisch, Schildkröte, als Eber, als Mann-Löwe, als Zwerg, als Rama mit der Axt, als Ramachandra, als Krishna, als Kalkin in seiner letzten Erscheinung, da auf dem Pferde reitend. Jede Inkarnation hat ihre eigene Bedeutung und ist Abbild der Weltschöpfungsmythen.“

Und was ist Nummer neun? Ich tippe auf die kleine Figur, die mir bei genauerem Hinsehen sehr bekannt vorkommt; auf einem Lotossitz ruhend, die Beine übereinander geschlagen, die rechte Hand erhoben, die Linke flach im Schoße liegend. Das ist doch Buddha. Der Mönch nickt zufrieden, als sei ihm ein freundlicher Witz gelungen. „Buddha, richtig, als Vishnus neunte Inkarnation. Buddha wird nicht ausgeschlossen, nicht diskriminiert oder gar verdammt“, der Mann in der gelben Robe weist auf die neunte Figur wie ein Verkäufer auf dem Jahrmarkt, wo dieser Zehnerpack hinduistischer Frömmigkeit als Mitbringsel zu kaufen ist, „nein Buddha wird einbezogen – vereinnahmt. So haben sich die Brahmanen schon vor Jahrhunderten des Konkurrenten zu entledigen versucht. Sie machten einfach eine Hindu-Gottheit aus ihm. Populär ist Buddha im hinduistischen Pantheon nie geworden, aber auf diese Weise kann auch ein Hindu mit ihm leben und muss sich nicht mit dessen ursprünglicher Lehre auseinandersetzen. Das ist Indien.“

Was er denn davon halte, frage ich. Er klappt das Futteral wieder zu und legt die zehn Vishnus beiseite wie etwas, das nur sehr eingeschränkt von Bedeutung sei. Wieder leuchtet sein tiefgründiges Lächeln in vollen Gesichtszügen auf, die im Widerschein des Feuers schwarzafrikanisch glänzen. Der Mönch hält sich mit einem klaren Urteil zurück wie es weiland auch der historische Buddha vermied, Ja oder Nein zu sagen. „Wenn die Hindus das mit Buddha so sehen wollen, ist es ihre Sache“, lautet die salomonische Antwort, und in seinen zögernden Worten schwingt die großzügige Gelassenheit mit, die buddhistischer Umgang mit anderen Religionen auszeichnet. Kein Spott, keine Häme, keine abfällige Bemerkung. Er verweist auf die buddhistische Selbstverantwortung und die Entscheidungsfreiheit des Einzelnen, der sich nicht auf eine Gottheit berufen sollte, sondern nur auf sich selbst. „Auch dies ist allerdings ein in Indien gescheitertes Konzept“, fügt er lächelnd an. Ich bin nicht sicher ob darin ein Hauch von Geringschätzung mitschwingt. Es könnte wohl sein. Der Mönch aus Japan, der in den USA lebt, hört gespannt zu. Er schüttelt grübelnd den Kopf. Für ihn ist Indien ebenso geheimnisvolles Gastland wie für mich.

Die neue alte Schule

Bei meinen Streifzügen fallen mir die vielen jungen Mönche rund um Nalandas Ruinen auf. Gelb gewandet spazieren die Bhikkhus auf den Dorfstraßen, balancieren auf ihren Plastiklatschen übermütig über die schmalen Dämme zwischen den Reisfeldern, lagern an den Ufern der kleinen verträumten Seen, radeln fröhlich mit wehenden Gewändern durch die Gegend; mal alleine und schweigend, mal zu zweit, zu dritt und munter miteinander redend. Die Männer, um die 20 Jahre alt, wirken so gar nicht kontemplativ in sich gekehrt, sondern jugendlich unternehmungslustig wie Schüler, die beim Landschul-Aufenthalt abendlichen Ausgang und nach langem Stillsitzen das Bedürfnis nach Bewegung haben. Ich komme mit einigen von ihnen ins Gespräch, begegne durchwegs aufgeschlossenen jungen Männern und werde eingeladen, sie im Nava Nalanda Mahavihara zu besuchen, kurz Pali-Institut genannt. Ich werde neugierig.

Die Straße, die zu den Ruinen des antiken Nalanda führt, biegt linker Hand zum Tempel der thailändischen Buddhisten ab. Das hochgeschwungene Dach mit den bunten Ziegeln leuchtet weithin über die Bäume und Felder. Der Anblick ist von Thailand her vertraut. Daneben breiten sich die flachen Gebäude des Pali-Institutes aus, das direkt mit dem Thai-Zentrum nichts zu tun hat. In hellen Farben gestrichen, durch überdachte Pfade miteinander verbunden, parkähnlich, wirkt das weitläufige Institut sehr beschaulich und wie eine Oase guter Geister, von einer Atmosphäre friedlicher Einkehr durchweht. Über dem Haupteingang wölbt sich die Halbkugel eines Stupas. Unverkennbar, in wessen Nachfolge hier gelehrt und geläutert wird. „Nava“ heißt neu; und dieser Hinweis im Namen des Institutes bekundet die Wiederbelebung einer Tradition, die in den Trümmern der muslimischen Eroberer Indiens zusammenbrach und unter dem Mantel der Vergessenheit begraben lag. Ven. Bhikkhu Jagdish Kashyab, der seine buddhistischen Studien in Sri Lanka absolviert hatte, gründete nach dem Zweiten Weltkrieg das Nava Nalanda Mahavihara. Meditierend sitzt er in weißer marmorner Beständigkeit auf einem Sockel der Ehrerbietung im Garten.

Zum Wieder-Geburtshelfer der alten Nalanda-Anlagen in moderner Fortsetzung wurde der indische Staat. 1951 übernahm die Regierung von Bihar die Schirmherrschaft, 1994 wurde das Institut eine Einrichtung der Zentralregierung in New Delhi und ist dem Kulturministerium unterstellt. Der Direktor, die Lehrer und Verwalter sind Staatsbeamte.

Dr. S.P. Sinha berichtet mir in seinem Büro von der Entstehungsgeschichte der neuen Schule auf solch bedeutungsvollem Boden. Er ist Verwaltungschef und von seiner Ausbildung Historiker, was ihn veranlasst, mit mehr Enthusiasmus über die große Vergangenheit zu reden als über die finanziellen Engpässe und administrativen Zwänge der Gegenwart zu lamentieren. Sein rundes, fleischiges Gesicht lässt mich an die sinnenfrohen Skulpturen von Khajuraho denken, die Leib und Leben so zugetan sind; markant sein schwarzer Schnauzbart. Große dunkle wache Augen schauen mich an. Er erwähnt den Titel eines berühmten Buches über die Frühzeit und umschreibt damit, was unwiederbringlich vorbei ist: „The Wonder that was India", das zweibändige Standardwerk von A.L. Basham, schon 1954 verfasst und in immer wieder neuen Auflagen zu haben: eine wissenschaftlich fundierte Lobeshymne auf den frühen Beitrag Indiens zur Zivilisation und Menschheitswerdung. Dr. Sinha ist so gar nicht der Typ des Buchhalters, sondern ein Mann, der sich den Wundern Indiens, besonders den von gestern, verpflichtet weiß. Das alte Nalanda gehörte dazu, und das neue Pali-Institut knüpft daran an.

Dr. Sinha geleitet mich durch die Bibliothek. Wohlgeordnet steht da das geistige Erbe buddhistischen Forschens und Denkens aufgereiht, eine internationale Sammlung von Rang. Ich staune, denn diese Fülle mehrsprachiger Werke hatte ich hier wahrlich nicht erwartet. Nahezu 40.000 Titel führt das Register auf. Der Bibliothekar, ein hagerer älterer Gelehrter, verweist auf die 41 Bände der Pali-Tripitaka, die im Institut erstmals in eine Devanagari-Version übertragen worden sind. Als Rarität preist er die chinesische Übersetzung der Tripitaka, die die Volksrepublik China gestiftet hat. Tschu En Lai ist einstens als Überbringer hier empfangen worden. Ich entdecke unter den Autorennamen aber auch Shakespeare, Goethe, Corneille und Racine. An einem der Tische sitzt ein Mönch über aufgeschlagene Bücher gebeugt, konzentriert mit dem Exzerpt alter Texte beschäftigt. Wohltuende Ruhe ringsum.

200 junge Mönche dringen in mehrjährigen Studiengängen in die Tiefen der buddhistischen Schriften ein, lernen Pali und reden und radebrechen in Englisch miteinander, denn nur so können sie sich verständigen. Sie kommen aus Indien, aus Thailand, Kambodscha, Laos, Vietnam, Burma und werden nach dem Studium dorthin in ihre heimatlichen Klöster zurückkehren, wo sie den verschiedenen Richtungen des Buddhismus angehören. Hier ist eine internationale Begegnungsstätte entstanden, in deren Räumen etwas von dem Geist aufblüht, der ein paar hundert Meter weiter in den Klöstern und Tempeln des alten Nalanda vor einem Jahrtausend verdorrte und schließlich verendete, stranguliert von Hinduismus und Islam.

„Ich will zurückgehen in meine Heimat im zentralen Myanmar", sagt mir einer der Studenten und gebraucht politisch korrekt den Namen für Burma, den die Militärjunta dem Land verpasst hat, um koloniale Spuren zu tilgen und ihrem diktatorischen Regime der Repression ein eigenes Markenzeichen zu geben. Als Lehrer wolle er seinem Volke dienen, einer, der mehr weiß als die anderen und sein Wissen teilen möchte, so höre ich. Ob er denn sozial engagiert sei und sein künftiges Wirken auch in diesem Sinne anpacken will? Der junge Mönch schüttelt sachte den Kopf, nein das sei nicht buddhistisches Verständnis. Er wolle Wege zur Selbstfindung aufzeigen, und politisch könne er seine Mission natürlich nicht verstehen.

Am frühen Abend bummele ich durch die Innenhöfe des Pali-Institutes. Mönche waschen ihre Roben. An den Leinen wehen die Tücher wie gelbe Fahnen eines verschworenen Trupps von Eingeweihten. Einige der jungen Männer schälen Kartoffeln und sind nun weniger mit dem Selbststudium als vielmehr mit der Selbstversorgung beschäftigt. Wieder dieser Eindruck von Landschulheim. Ob das Lernen denn anstrengend sei, frage ich in die Runde. Lächelnde Verneinung. In den Gesichtern strahlt die heitere entspannte Gelassenheit, die ich von den Gesichtern in den Klöstern der Nachbarländer in Erinnerung habe. Stress ist auch hier ein Fremdwort.

SHRAVASTI

Scheidemünzen und die Lehre der Ochsenkarren

Ich bin im Omnibus bei der Fahrt nach Shravasti einer der wenigen Passagiere und der Einzige, der dort aussteigt. Ein untrügliches Zeichen, auf welch abgelegene Region ich mich da einlasse. Die Begrüßung entspricht der Wirtschaftslage der Nation. Als Erstes sehe ich die offene Hand. Eine alte Bettlerin streckt mir ihre Rechte entgegen. Kaum habe ich neben den wenigen Bretterbuden entlang der Straße den Boden betreten, meinen Rollsack in den Griff bekommen, da fuchtelt mir diese Hand ins Gesicht. Schwielig ist sie, abgearbeitet, klein und verkrümmt, schwach geworden um noch zuzupacken, bloß mehr geeignet, einen Obolus aufzunehmen. Der Blick der Alten ist gesenkt. Kein Wort. Nicht die Frau nehme ich wahr, sondern nur diese Hand.

Es ist lästig. Da erreiche ich nach mühseligen Stunden stockend-holpernder Fahrt endlich mein Ziel, suche nach Orientierung, weiß noch nicht, wo vorn und hinten ist, und werde erst mal von einer heischenden Hand in Anspruch genommen. Ich versuche, abzuwehren. Mir kommt eine Erinnerung auf. Ernst Barlach hat solch eine Figur geschaffen, tief gebeugt der Oberkörper, aus dem ein langer Arm mit fordernden Fingern ragt. Das Bild verfolgt mich bei der Ankunft in Shravasti, so wie mich die Greisin verfolgt. Schlurfend bleibt sie an meiner Seite, die Hand wie einen Rüssel zu mir erhoben. Ehe ich mich zurechtfinden kann, muss ich mich von dieser Hand befreien.

Da hilft nur Kleingeld. Ich kenne es zur Genüge. Die metallene Währung Indiens ist symbolträchtig verziert und illustriert das indische Missverhältnis zwischen staatlichem Höhenflug und alltäglichem Elend. Auf dem Ein-Rupien-Stück glänzt ebenso wie auf der Fünf-Rupien-Münze silbern und majestätisch Ashokas Löwentrio, das ja eigentlich ein Quartett ist. Auf der Zwei-Rupien-Münze leuchten die Umrisse Indiens mit dem Hinweis „National Integration“. Das stumme Abverlangen von Scheidemünzen der hehren Werte ist beziehungsvoll für meine ersten Schritte in Shravasti. Der Ort liegt im Bundesstaat Uttar Pradesh, 40 Kilometer von der Grenze zu Nepal entfernt. Einstmals wurde er in der Pali-Sprache Savatthi genannt, die Hauptstadt des Kosala-Reiches mit König Pasenadi.

Was Buddha hierher führte, war ein Park im Gegenwert von vielen tausend Münzen, vermutlich ein Vermögen goldener Beschaffenheit. Dies gab nämlich ein Gönner aus, um den Meister zu ehren und ihm und seinem Gefolge in Savatthi eine würdige Bleibe während der Regenzeiten zu ermöglichen. Sudatta Anathapindika hieß der

Mann. Auf der Spenderliste der frühen Jahre wird er ganz oben genannt. Der wohlhabende Goldhändler und Bankier aus Savatthi hatte den Meister bei einem Verwandtenbesuch in Rajagaha kennen gelernt. Dort war der nüchtern rechnende Geschäftsmann dem Erwachten begegnet und beeindruckt gewesen, mit welcher Hochachtung die Menschen unterschiedlicher sozialer Zugehörigkeit zu ihm aufschauten. Ein Gespräch mit Buddha bekehrte den Mann der materiellen Profite zum Laienbekenner jener Lehre, die solchen Reichtum und die zu seiner Erlangung erforderliche Gier zu überwinden trachtet. Buddhas Ausstrahlung bewirkte, dass arme wie reiche Leute sich veranlasst sahen, Nahrung und Mammon mit seinem Orden zu teilen. Aufnahmebereite Mönche als Vermittler der löblichen Tat und Helfer zum besseren Karma sind zum Inbegriff buddhistischen Selbstverständnisses geworden.

Mir war das immer als einer der Widersprüche in Buddhas Lehre erschienen. Vom Durst nach materiellem weltlichem Reichtum gilt es sich zu befreien, aber Mönche können nur überleben, wenn für sie von solcherart erworbenem Wohlstand etwas abfällt. Anders als die frühen christlichen Mönche mit schweißtreibendem Ora et Labora weigern sich buddhistische Ordensmitglieder arbeitend etwas für ihren Unterhalt beizutragen. Aus der Weltflucht erwuchs stets Abhängigkeit von Gönnern. Auch Sudatta fühlte sich herausgefordert, Gutes zu tun.

Zurückgekehrt in Savatthi, kümmerte er sich um ein Grundstück und hielt einen Park für geeignet, der dem Prinzen Jeta gehörte, einem Sohn des Königs Pasenadi. Hinderlich nur, dass der junge Adelige sich gar nicht von seiner Imobilie trennen wollte. Nicht für Geld und gute Worte, nicht einmal für 100.000 Goldmünzen, so soll der Prinz abgewehrt haben. Dies freilich wurde als Verkaufsangebot verstanden; und die Buddha-Legenden wurden um eine schöne Geschichte reicher. Der Park sei mit Münzen ausgelegt worden oder gar, wie es in unterschiedlichen Überlieferungen heißt, mit aufrecht stehenden Geldstücken bedeckt worden, die in solch großer Anzahl erforderlich wurden, um den Prinzen zufrieden zu stellen. Wie langweilig wäre eine bargeldlose Überweisung unserer Tage gewesen, einschließlich Bankprovision. Der Stifter Sudatta ließ Unterkünfte für den Meister errichten, die Grundlage für das Jetavana-Kloster. In 24 Regenzeiten weilte er mit seinen Getreuen in Savatthi. Es sollte eine der heiligen Stätten werden, die heute zum Pflichtpensum buddhistischer Pilger gehören.

Der Außenposten beflügelt die Phantasie. Hier lassen sich Liebe, Mord und Totschlag lokalisieren. Abstrakt und intellektuell mag die Lehre sein, der ewige Kreislauf der Wiedergeburten ein Gegenstand tief schürfender Dispute, das Nirvana nicht zu beschreiben – aber Buddha ist ein Mensch aus Fleisch und Blut gewesen, hoch geehrt von seinen Bewunderern und gehasst von den Konkurrenten anderer Denksysteme. Seine Verstrickung in die Händel dieser Welt, die er letztlich überwand, wird in den Überlieferungen mit der prallen Fülle lebendiger Storys erzählt. Deren historischer Kern gilt als gesichert, deren Ausschmückung aber bietet gleichermaßen den Stoff für Groschenromane wie für zeitgeschichtliche Studien.

Die Geschichten habe ich im Gepäck. Aber wo ist Shravasti? Wo das historische Savatthi? Da stehe ich nun auf dem Weg, der von der Hauptstraße zwischen Bahraich und Balrampur nordwärts abbiegt, und bin auf diesem Pfad in die Vergangenheit ziemlich unschlüssig. Nachdem die zwergenhafte Bettlerin ihre Hand eingezogen und meine Münzen mit den Fingern umkrallt hatte, war sie verschwunden. Niemand nimmt mehr Notiz von mir. Ich erlebe das stumme Gegenteil der aufdringlichen Woher-Wohin-Befragung, der ich mich in von Menschen wimmelnden Siedlungen anderer Orte kaum erwehren kann. Es ist später Nachmittag, der Himmel grau verhangen, regnerisch und kühl. Ich habe das Gefühl, in indisches Abseits und überhaupt an ein Ende der Welt geraten zu sein. An der Kreuzung reihen sich ein paar hölzerne Verkaufsstände nebeneinander; nicht einmal eine Garküche kann ich entdecken, was für die geringe Zahl der hier lebenden Menschen und deren dürftige Finanzlage spricht. Der verlotterte Tourist-Bungalow gegenüber könnte nur noch anspruchslosesten Reisenden ein müdes Interesse abgewinnen. Der Thai-Tempel in der Nachbarschaft hinter hohen Bäumen ist verrammelt und verriegelt. Von Pilgerrummel kann wahrlich keine Rede sein; eher von verwunschenem Dahindösen in einer Nische der Geschichte.

Zur Rechten dehnen sich Felder aus, zur Linken zieht sich eine von Bäumen und Sträuchern überwucherte Mauer den Weg entlang. Jetavana? Liegt dahinter die einstige Kloster-Anlage, die interessanterweise nicht nach dem Spender, sondern nach dem widerspenstigen Besitzer benannt ist? Ich frage einen vorbeiradelnden Jungen, der sich umdreht, nickt und zur Bekräftigung mit der Hand ins blätterreiche Dickicht weist. Jetavana! Der Park bleibt zur Erkundung für die nächsten Tage.

Dem Tor gegenüber keimt auf der anderen Seite des Weges die Hoffnung auf ein Nachtlager. Gelb gestrichen und flach gebaut steht dort das Gästehaus der Sri-Lanka-Ramalaya, der Pilgerstätte mit Ven. R. Saddhaloka Thera als Monk in charge. Er ist der erste Mensch in Shravasti, der mich begrüßt und mit einladender Geste zum Bleiben auffordert. Die schlichte Handbewegung aus dem gelben Gewand heraus hat etwas Vertrauenserweckendes. In meiner touristischen Hauslosigkeit habe ich also mal wieder ein Dach über dem Kopf. Das Zimmer ist spartanisch. Bett, Stuhl, Tisch, immerhin eine separate Badekammer mit fließendem eiskalten Wasser. In den folgenden Tagen entdecke ich an der Hauptstraße das neue piekfeine Hotel, das für japanische Pilger organisierter Package Tours gebaut wurde. Es steht leer und ist mit seinem Luxus in un-buddhistischem Anspruch sehr teuer. Mein Zimmer in Sichtweite und Augenhöhe zum Jeta-Park ist nicht nur viel billiger – „Geben Sie eine Spende nach Ihren Möglichkeiten", sagte der Mönch mit tiefer, träger Stimme und nannte, nichts dem Zufall oder Geiz überlassend, 250 Rupien als Anhaltspunkt –, das Zimmer ist ja auch Buddhas Fußspuren sehr viel näher. Der Mönch aus Sri Lanka mit gelber Pudelmütze lebt seit mehr als 13 Jahren in Indien und ist einer von jenen „Rückkehrern", die nach den Jahrhunderten der Vergessenheit in Buddhas Ursprungsland wieder seinen Geist beleben. Stämmig und gedrungen ist der Mönch in den 50ern, einer von der Praktikern, fest sein Händedruck. Er verkörpert eine Mischung aus französischem Concierge und einem Klostervorsteher ohne Mönche, eine Figur der Nach-Sicht. Am Nachmittag sitzt er in der Essenshalle mit langen Tischen vor dem Fernsehapparat, der auf einem hochhängenden Podest steht. Der indische Premier flimmert in farbigen Schneeflocken über den Bildschirm. Irgendwo im tiefen Süden des Subkontinents hält er eine Rede von nationalem Zusammenhalt. Dann wird das weiße Band einer Fabrikeröffnung durchschnitten. Ich höre Wort wie „progress" und „welfare" und „success". Heftiger Applaus da irgendwo weit weg in diesem Riesenlande, der auf einem kleinen Fenster bewegter Bilder bis in diese nördliche Abgeschiedenheit dringt. Der Monk in charge nimmt dies ungerührt zur Kenntnis, wie er zuvor gelangweilt die Tanzszenen der wehenden Schleier und kreischenden vollbusigen Frauen mit grellem Make up verfolgte.

Shravasti ist buddhistische Diaspora. Am weiteren Wege zu den längst verschwundenen Toren des antiken Savatthi steht rechts der burmesische Tempel, links die chinesische Pagode; beide Stätten buddhistischer Spender wurden schon vor Jahrzehnten erbaut und sind längst schäbig und renovierungsbedürftig. Die Bauten machen den Eindruck, als seien sie von dichten Spinnweben umhüllt.

Das staubige Sträßchen windet sich. Ochsenkarren mit hochaufgeschichteten Zuckerrohrstangen poltern mir entgegen. Ich hocke mich auf einen Hügel und schaue dem Einbringen der Ernte zu. Bilder wie zu Buddhas Zeiten. Der schleppende Gang

der muskulösen Tiere, die paarweise den Karren durch den Dreck ziehen, bestimmt noch immer den Lebenslauf der Dörfer und ihrer Bewohner: zäh, geduldig, ausdauernd. Niemand treibt zu Eile an. Die hölzernen Doppelräder sind handwerklich ganz ihrer Aufgabe entsprechend gefertigt, von Region zu Region verschieden, doch stets wuchtig und schmucklos. Ob in Speichen unterteilt, ob als Scheibe gezimmert, Stabilität ist wichtig, nicht Eleganz; Beständigkeit ist geboten, nicht Beschwingtheit. Die gewaltigen Räder der Bullockcarts rumpeln als volkstümliches Sinnbild der indischen Version vom Stirb-und-Werde über die abgelegenen Pfade. Nicht das Ziel ist von Bedeutung, sondern das Bestreben, im Kreislauf zu bestehen. Das Weltenwerden ist dem Rade gleich: ein Zyklus ohne Anfang, ohne Ende. Kein geradliniger Weg weist durch die Zeit. Es ist ein kreisförmiges Auf und Ab und Wiederkehren. Nur den Mächtigen ist es vorbehalten, in die Speichen des Rades zu greifen; die Mächtigen der Politik, die Mächtigen des Geistes. Buddha war einer von denen.

Kein Symbol ist so vieldeutig wie der Kreis. Gott Vishnu im hinduistischen Pantheon hält in einer seiner vier Hände die Wurfscheibe als rotierendes Rad. Dem Feinde entgegengeschleudert, wird sie zur vernichtenden Waffe. Unfehlbares Instrument himmlischer Macht. Den Buddhisten ist es das Rad der Lehre. Mahatma Gandhi machte das stilisierte Spinnrad zum Markenzeichen der Gewaltlosigkeit. Im Staatswappen beschwört das Speichenrad die Ewigkeit. Den Künstlern war und ist es Ausdruck der Vollendung, auf ungezählten Monumenten zu sehen, in viele Steine gemeißelt. An Hauswände gepinselt, wirbt das Rad in flüchtiger Vergänglichkeit für eine politische Partei. An Tempeln überdauert es die Jahrtausende. Die Lehre der Ochsenkarren ist einfach. Selten peitscht ein Bauer sein Gespann zu schnellerer Gangart. Die Tiere, so sie wohlgenährt sind und damit auch gute Tage der Menschen ausweisen, trotten im bewährten Schritt, der dem Lande angepasst ist. Die Räder des Karrens sind die Räder des Lebens, des früheren, des gegenwärtigen, des künftigen. Veränderungen? Die moderne Technik rollt auf glatten Gummisohlen auch in die Dörfer. Abgefahrene Autoreifen aus den Städten ersetzen allmählich die überlieferten Holzräder der Ochsenkarren. Cakra und die Wiederverwendung im Industriezeitalter. Eine Reise durch Indien verführt die Sinne, im Profanen das Heilige, im Heiligen das Profane zu erkennen – oder zumindest danach zu suchen.

Ich wandere zwei, drei Kilometer weiter. Das antike Savatthi ist zu erahnen. Kein Palast gibt mehr eine Vorstellung vom Machtzentrum des Kosala-Reiches, nicht mal umrisshaft sind Grundmauern zu sehen wie in Kapilavastu. Doch die Wälle, die einmal die Stadt beschützten, ragen noch immer auf. Im weitläufigen Rechteck begrenzen die mit Gras und Gestrüpp überwachsenen Erdaufschüttungen den heute unbewohnten inneren Bezirk von drei Quadratkilometern. In dieser Stadt herrschte der gebildete und den Künsten wie dem üppigen Essen und den Reizen der Damen sehr zusprechende König Pasenadi. Seinem Kosala-Reich waren die Rajas der Republiken tributpflichtig. Bei Ratsversammlungen musste auch ein Mann wie Siddharthas Vater Suddhodana erscheinen und Rede und Antwort stehen. Die Monarchien eines Pasenadi und die des Bimbisara vom Reich Magadha repräsentierten die eigentliche Macht ihrer Zeit; und in ihren Einflussgebieten gingen schließlich die Republiken und Stämme auf. Der Alleinvertretungsanspruch der Könige, letztlich kriegerisch durchgesetzt, bereitete den Weg, auf dem zwei Jahrhunderte später Kaiser Ashoka sein Großreich begründete.

In dieser Stadt-Landschaft haben sich König Pasenadi und der Erwachte um 526 v.u.Z. getroffen. Die Umstände sind überliefert. Beide waren etwa gleichaltrig, etwa 37 Jahre, und der Herrscher von Kosala begegnete dem Ordensgründer eher zurückhaltend als begeistert und äußerte Zweifel, ob der in seinen jungen Jahren bereits ein vollkommen Erleuchteter sein könne. Buddha, wie immer schlagfertig: „Vier Wesen und Dinge, Maharaja, dürfen nicht gering geschätzt werden nur weil sie jung sind: Ein Krieger, eine Schlange, ein Feuer und ein Bhikkhu.“ Den König überzeugte dies. Er wurde Laienanhänger der Lehre Buddhas.

Damit erhielt die Mission des Meisters nach der Gefolgschaft König Bimbisaras nun im zweiten der mächtigen Königreiche die Zustimmung von ganz oben. Dies war ein politischer Zugewinn und trug entscheidend für die weitere Verbreitung bei, machte aber zunehmend deutlich, wie eng das Verhältnis zwischen Buddha und seinem erstarkenden Orden und den Herren der weltlichen Macht wurde. König Pasenadi und der berühmt gewordene Sramana entwickelten ein vertrauensvolles Verhältnis. Über Freundschaft oder eine gefühlsbedingte Beziehung war Buddha erhaben; er leitete aus seiner Erleuchtung den Anspruch auf Distanz ab. Aber als Berater,

Mahner, Lehrer sah er sich durchaus. Er stellte die Obrigkeit weder in Frage, noch wertete er seine Lehre als Doktrin oder Dogma, sondern immer nur als Empfehlung. Diese friedfertige Grundeinstellung der Gewaltlosigkeit und der Anpassungsfähigkeit erklärt sowohl den Niedergang des Buddhismus in Indien um die erste Jahrtausendwende als auch den missionarischen Erfolg in den Nachbarländern bis hin nach Indonesien. Die jeweiligen Herrscher konnten sich aus seiner Lehre stets das herausnehmen, was in ihre Politik passte. Nie wurde Buddhismus zur Herausforderung, ein Entweder-Oder, sondern eine Ergänzung vorherrschender Geistesströmungen. Darin liegt seine Überlebenskraft bis heute. Mit den festen Plätzen für die Monate der Regenzeit war die Grundlage geschaffen, auf der die Klöster und deren Ausstrahlung in Kultur und Gesellschaft entstehen konnten. Jetavana vor den Toren Savatthis wurde zu Buddhas Lebzeiten eine der wichtigsten dieser Anlagen, beschützt und gefördert von einem dem Leben und Lieben zugetanen König.

Gerade haben Archäologen aus Patna innerhalb des einstigen Stadtgebietes ihre Zelte aufgeschlagen und mit Grabungen begonnen. Der Chef lädt mich zu einem Tee ein. Hochgewachsen ist der Mann, noch jugendlich in Art und Auftreten, doch fraglos die Autorität des Unternehmens. Die Helfer verbeugen sich tief vor ihm, falten die Hände zum Gruß, berühren ehrfurchtsvoll die Hosenbeine des Doktors. Indiens Kastengesellschaft lebt.

Im Zelt der Archäologen reden wir nicht nur über die Trümmer von vorgestern, sondern auch über das Leben von heute. Als alleinreisender Mann wecke ich stets Neugier. Ich werde nach meiner Herkunft gefragt, nach meiner Familie, nach Geschwistern. Verheiratet? Warum ist meine Frau nicht dabei? Wie viele Kinder? Die Fragen sind mir von zahlreichen Reisen in Asien vertraut. Der familiäre Bezug trägt zum Einordnen bei, beschreibt den sozialen Status, bestimmt den Grad der Respektbezeugung. Keine Kinder zu haben, löst Bedauern aus und kann in Misstrauen münden, mit welcher Krankheit unsereiner denn geschlagen sei. Kinderlos? Da kann doch was nicht stimmen. Bewusst und geplant keine Kinder haben zu wollen, stößt auf völliges Unverständnis. Spöttische Anspielungen sind fehl am Platze. Indien sorge ja emsig dafür, dass die Menschheit nicht aussterbe, ich könnte mich doch zurückhalten. Ein derartiger Hinweis weckt nur abwehrendes Kopfschütteln und nicht die erwünschte ironische Distanz. Solche Späße mache ich schon lange nicht mehr.

Um Nachfragen zu meiner Kinderlosigkeit zu vermeiden, habe ich mir bereits vor Jahren einen Jungen und ein Mädchen zugelegt. Mark und Ulla. Die Namen sollen aussprechbar sein. Mit Rüdiger haben nicht-deutsche Zungen schon Schwierigkeiten genug. Also Mark und Ulla sind in all den Reisejahren zur Schule gegangen; und je nach Wissensbedürfnis meiner Gesprächspartner habe ich ihnen die von befreundeten Familien geborgten Lebensgeschichten angedichtet. Bei dieser Reise wird mir erstmals klar, dass die Kinder ja längst erwachsen sein müssen, dass sie aus dem Hause sind, dass sie auf eigenen Beinen stehen. Kinder lassen einen selbst alt aussehen, sogar erfundene. Ich suche im Kreise der Bekannten nach Vorbildern und erlaube Mark und Ulla, ihre eigenen Familien zu gründen. Nur die Rolle des Großvaters will mir noch nicht behagen. Lachend wehre ich die diesbezügliche Frage im Zelt der Archäologen ab. Aber ich kann nicht verleugnen, nun doch in die Jahre gekommen zu sein. Es ist ein gelinder Schock wie damals, als ich bei der Berufsbezeichnung „Student" – früher auf Reisen in Asien stets hilfreiche Benennung, die weitere Neugier bremste und beim Ausfüllen offizieller Formulare harmlos wirkte – erstmals auf Skepsis stieß und ich einsehen musste, dass auch diese Lebensphase beendet war. Nun also habe ich imaginäre erwachsene Kinder, denen ich noch verbiete, selbst welche in die Welt meiner Erzählungen zu setzen. Mark ist übrigens in der Computerbranche tätig. Ulla ist Ärztin geworden. Ich bin ganz zufrieden mit ihnen. Meine Gesprächspartner auch.

Kolonnen von Landleuten, die Frauen in bunten Saris, säubern mit Hacken und Äxten den geschichtsträchtigen Boden Shravastis vom Unterholz. Zwei eigenartige Ruinen ragen etwa zehn Meter auf; Ziegelhaufen nur noch, verwinkelt, geheimnisvoll und geschaffen wie von einem phantastischen Künstler, der Treppen ins Nichts anlegte und steil abfallende Simse und Höhlen und Mauern gestaltete, die keinen Sinn verraten. Ich klettere darauf herum mit den vielen Fragen, die niemand beantworten kann. Angulimala-Stupa wird die eine Ruine genannt, Sudattas Palast in Sichtweite gegenüber die andere. Die Namen sind spätere Erfindungen und sagen nichts aus über die einstige Bedeutung, so erfahre ich von den Archäologen.

„Eigentlich sind wir erst am Anfang unserer Forschungen", erklärt der Wissenschaftler, der in staatlichen Diensten den Vorstoß in die Vergangenheit leitet, „wo immer wir auf Fundamente stoßen, ist es schwierig, das Alter zu bestimmen. Zu vieles ist hier aneinander, übereinander gebaut und Material immer wieder neu verwendet worden in Jahrhunderten. Savatthi war Geschäftszentrum. Es lag im Kreuz wichtiger altindischer Handelswege. Karawanen kamen aus dem Tal des Indus und zogen weiter zum Ganges."

Hier war Sudatta, der Gildemeister und Bankier, zu seinem Reichtum gekommen, den er in Tausenden von Münzen zum Ankauf des Jeta-Parkes verwendete und dem Buddha-Orden als Dauerleihgabe zur Verfügung stellte. Vielleicht finden die Archäologen bei ihrer Buddelei auch noch etwas vom Kleingeld des spendablen Förderers.

Mord im Jetavana

Das Tak-Tak-Tak einer Holztrommel zerteilt die frühe Morgenstunde. Dumpf klingt das Herzklopfen aus einer anderen Welt. Tak-Tak-Tak. Es ist eine Maßeinheit der Ewigkeit. Der kahlköpfige Mönch in langem grauem Gewand schlägt den Takt in rhythmischer Folge. Aufrechten Ganges, das Instrument in beiden Händen vors Ge-

sicht gehalten, schreitet er der Prozession voran. Seine Züge sind asketisch, der Ausdruck ernst und gesammelt. Sechs Mönche hinter ihm. Auch sie grau in grau. Vierzig, fünfzig Männer und Frauen folgen in Zweierreihen. Sie sind in gelbe Umhänge gehüllt und tragen unter den Armen eingerollte Matten mit silberner Kunststoffbeschichtung. Der Auftritt vor den Grundmauern des einstigen Gandhakuti-Tempels im Jetavana-Park ist diszipliniert und wirkt wie einstudiert. Offenbar haben die Buddhisten aus Südkorea schon einige Übung von anderen Stätten der Buddha-Tour. Die drei komfortablen Reisebusse, mit denen die fromme Truppe angekommen war, parken vor dem Sri-Lanka-Gästehaus.

Mit dieser Pilger-Invasion beleben sich die Minuten zuvor menschenleeren Wege entlang der Ruinen aus der versunkenen Welt der Klöster. Dass hier einmal siebengeschossige Gebäude standen, wie der chinesische Pilger und Chronist Fa Hien im 5. Jahrhundert notierte, kann man sich kaum mehr vorstellen. Nur noch nachgebaute und begradigte Grundrisse aus roten Ziegeln sind im weitläufigen Park zu erkennen. Würdevolle riesige Bäume bewachen die Ruhe um sich herum. Im trüben Wasser eines rechteckigen Teiches treiben Blätter; es könnten Briefe sein, die ihre Empfänger nie erreichten. Affen tollen übers Gemäuer und weichen mir aus, als hätten sie ein schlechtes Gewissen. Kreisrunde Reste von Stupas bilden kleine Hügel im Gras. Sie wirken wie frühgeschichtliche Kanaldeckel. Als Sir Alexander Cunningham 1863 sich hier umsah, stieß er in eine Wildnis aus Gestrüpp und Unwissenheit vor. Es bedurfte einiger Nachforschungen, ehe klar wurde, dass der britische Archäologe tatsächlich auf Buddhas Boden vorgedrungen war. Das Leben des Erwachten ist über die Jahrzehnte eng mit dieser Anlage des Jeta-Klosters und weiterer Stiftungen von Frauen und Männern verbunden; hierher kam er auf seiner Wanderung durch Zeit und Raum immer wieder zurück.

Ein prächtiger, hoch aufragender Bodhibaum wirft einen weiten netzartigen Schatten. Er gilt als Ableger des Erleuchtungs-Baumes von Bodhgaya. Ananda selbst soll ihn gepflanzt haben. Hier in Savatthi hatte der schon alternde Buddha den treuen Jünger zum Privatsekretär und Vertrauten erkoren. Ein Vierteljahrhundert wich Ananda in dieser Aufgabe nicht mehr von der Seite des Erwachten, hielt dessen Lehrreden fest im Gedächtnis und sorgte für Buddhas leibliches Wohl, war ihm intimer Gesprächspartner, Leibdiener und wehrte aufdringliche Bittsteller ab.

Ich setze mich auf eine der Mauern und lausche den monotonen, auf- und abschwellenden Gesängen der koreanischen Pilger. Vom hölzern-trockenen Tak-Tak-Tak begleitet, beten sie die heiligen Texte in den jungen Tag. Als stilisierter Stupa wölbt sich das Halbrund aus gebrannten Ziegeln über einen würfelartigen Sockel vor dem einstigen Gandhakuti-Tempel. Nicht einmal mannshoch sind die Mauern, der symbolische Stupa nur so groß wie zwei Männerfäuste. Die erdnahe Ruine reicht in ihren Fundamenten in die Gupta-Zeit zurück. An Buddhas Anwesenheit in diesem heiligen Garten erinnert kein einziger Stein mehr. Dafür sind die Geschichten lebendig geblieben.

Auf einem Mauersims sitzen einige indische Mönche, vermummt in gelbe Roben. Gelassen verfolgen sie die Riten der grauen Brüder aus Korea. Sie wechseln kein Wort. Das Maß der Gemeinsamkeit scheint begrenzt zu sein, das gegenseitige Interesse gering. Das Bild illustriert jenen Disput, dem sich hier Buddha stellte. Sechs Asketen, Stifter und Repräsentanten anderer Schulen fanden sich auf Geheiß des Königs Pasenadi ein, sich im geistigen Streit zu messen. Buddha hatte sich lange gesträubt, daran teilzunehmen. Schließlich willigte er ein. Da kam die Elite seiner Zeit in Fragen des Seins, der Wiedergeburten und der Überwindung irdischen Leides zusammen. Vor dem intellektuellen Schlagabtausch wird von Buddhas Wundern berichtet. Einen Mangobaum ließ er in kürzester Zeit erblühen. Mit Wasser und Feuer trieb er sein Spiel wie ein Zirkusartist. Das Motiv ist in den Gandhara-Darstellungen zur kunstvollen Figur gestaltet worden: Aus seinen Schultern schlagen Flammen, aus seinen Füßen strömen die Fluten. Schon in Kapilavastu vor den Augen der eigenen Familie soll er dieses Wunder vollbracht haben, um bei einem Heimspiel, wo bekanntermaßen der Prophet nichts gilt, die Skeptiker von seiner Lehre zu begeistern. Ein überirdisches Wesen, das die Elemente beherrscht. Sein Körper wuchs ins Unermessliche. Über welche paranormalen Fähigkeiten der Meister tatsächlich verfügte, lässt sich nicht mehr ergründen. Ungeklärt bleibt, was die Zeitgenossen sahen und was sie sehen wollten. Ihr Verlangen nach übersinnlichen Erscheinungen war nicht von aufklärerischen Zweifeln belastet; desillusionierende Enthüllungen erfreuen sich bis heute keiner volkstümlichen Beliebtheit in Indien.

Überzeugender als Buddhas Hokuspokus sind die Streitgespräche, die er mit den Häretikern seiner Zeit austrug. Beherrscht trat er auf, die Gesichtsfarbe behaltend und sich nicht ereifernd, so ist vermerkt. Seine Wortbilder und Gleichnisse waren berühmt, seine Argumente stichhaltig. Die Konkurrenz schlief nicht. Die Zahl der Anhängerschaft war auch ein Gradmesser für Einfluss und letztlich in der Eigenschaft als Spender für das Fortbestehen von Schulen, Sekten, Klöstern lebensnotwendig. Man machte sich gegenseitig die gläubige Kundschaft streitig; es ging um Marktanteile. So hatte Buddha nicht nur Bewunderer, sondern auch Neider, die sich nicht mit abschätzigen verleumdenden Worten begnügten, sondern zu mörderischen Taten schritten.

Auch dies wird vom antiken Savatthi berichtet. Gegner des Buddha versuchten wie Mara in der Nacht des Erwachens mit weiblichen Verführungskünsten den Meister zu erschüttern und seinen Ruf zu ruinieren. Die Asketin Sundari wurde in die Schlammschlacht geschickt. Die junge Frau mischte sich im Jeta-Park unter die Hörer der Lehrreden und tat so, als sei sie dem Buddha auch auf nächtlichem Lager sehr nahe gekommen. Nichts macht schneller die Runde des Geschwätzes als derartige Gerüchte. Wenn es bereits Boulevardblätter gegeben hätte, kann man sich die Schlagzeilen vorstellen: Der Buddha auf Abwegen? Brach der Erwachte sein Keuschheitsgelübte? Wurde der Meister bei einer Schülerin schwach? Fragezeichen, bloß keine Behauptung, aber eine Vorverurteilung. Auf diesem Niveau lief die Kampagne. Die Machart ist über zweieinhalbtausend Jahre aktuell geblieben. Und es kam noch schlimmer. Sundari wurde von den Handlangern der Sektenführer erschlagen, die Leiche in einem Brunnen des Jetavana gefunden und nach Savatthi getragen. Buddhas Jünger wurden der Tat bezichtigt. Das Geschrei war laut: „Schamlos sind sie, sittenlos, böse, verlogen und unkeusch! Wie kann ein Mann, wenn er den Geschlechtsakt vollzogen hat, nur die Frau umbringen!" Dem Mord folgte der Rufmord. König Pasenadi schaltete sich in die Aufklärung ein. Da schon damals Spitzel und Späher zur personellen Ausstattung eines Machtapparates gehörten, wurde der Komplott aufgedeckt. Die wahren Mörder und ihre Hintermänner mussten sich dazu bekennen; und nun waren sie es, die Zorn und Abscheu auf sich zogen. Weiterer Stoff für Schlagzeilen im Bildzeitungs-Stil.

Was an der Geschichte historische Wahrheit, was fromme Dichtung ist, bleibt offen; dass sich Buddha mit Gegenspielern auseinandersetzen musste und auch in solch unappetitliche Affären verwickelt wurde, ist überliefert. Buddha lebte ja nicht in einem luftleeren Raum; er ging barfuß auf dem Boden und schwebte nicht verklärt darüber; noch war er keine Ikone, sondern Zeitgenosse in einer Gegenwart, die eine eigene Vergangenheit, eine Zukunft hatte und von Menschen bevölkert wurde, denen Intrigen, Ränke, Sehnsüchte, Liebe, Herrschsucht nicht weniger das Leben versüßten und versauten wie den Menschen unserer Tage. Wenn es denn Heilige gab, so waren die auch damals schon in der Minderheit. Deshalb erscheinen einem die uralten Buddha-Geschichten so frisch und zeitlos-zeitgemäß. Die technischen Möglichkeiten haben sich verändert und erweitert, nicht die Techniken, sich gegenseitig das Leben zu vermiesen.

Auch die Wandlung des Massenmörders Angulimala hätte blutrünstigen Stoff für die Sensationsberichterstattung der Regenbogenpresse gebracht. Er war ein besonders übler Bursche in der kriminellen Szene jener Zeit. Als Räuber sorgte er für Schrecken und Aufsehen. Seine Bande überfiel Karawanen und Reisende. Er wollte sich offenbar nicht nur bereichern, sondern hatte das krankhafte Bedürfnis, die Bestohlenen ins Jenseits zu befördern und sich mit ihren Knochen zu schmücken. Sein Name bedeutet Fingerkranz und der war sein makabres Markenzeichen. Aus den Fingerknochen der hingemetzelten Opfer formte er sich einen Gürtel oder eine Halskette. Die Machenschaften des Wegelagerers waren dem Ruf Savatthis als Handelsmetropole alles andere als förderlich. Er verstand es immer wieder, den Häschern des König Pasenadi zu entkommen. Angulimala hatte studiert und galt als intelligent und handelte kaltblütig. Ausgerechnet auf einen solch menschenverachteten Verbrecher ging Buddha zu. Entgegen aller Warnungen traf er den Raubmörder in einem Wald. Was sich zwischen diesen beiden so grundverschiedenen Männern abspielte, ist in phantasievoller Legende beschrieben. Buddhas Güte, die einen Elefanten in die Knie zwang, nahm es auch mit einem Kriminellen vom Schlage des Angulimala auf. Der war über die Unverdrossenheit eines Mönches erstaunt, der ihm offenen Blickes und ohne Angst entgegenkam. Seine Verblüffung war sicher ein Element, das den Gangsterboss aus der Ruhe brachte. Solche bezwingende Sanftmut war dem Mafioso noch nie begegnet, der es gewöhnt war, kurzen Prozess zu machen. Ob er sich nun so schnell der Lehre und der Buddha'schen Überwindung des Leides zuwandte, wie uns das die frommen Geschichten mitteilen, sei dahingestellt. Kann sein, dass er des Mordens müde geworden, nach einem Ausweg suchte. Es war wohl auch die Aussicht auf Straffreiheit, die ihn die Möglichkeit, in den Orden aufgenommen zu werden, als verlockend erscheinen ließ. Jedenfalls bat er um die Ordinierung, legte das gelbe Gewand an und trat ins Jetavana-Kloster ein. König Pasenadi, erfreut über diese Art, den gefährlichen Kerl loszuwerden, sprach eine Amnesty aus. Bei seinen Rundgängen mit der Almosenschale rettete dieses höchstlöbliche Wohlwollen den bekehrten Schurken freilich nicht vor der Rache der Bewohner Savatthis. Den Begriff Lynchjustiz gab es noch nicht, wohl aber die populäre Bereitschaft dazu. Bhikkhu Angulimala musste leiden. Mit Prügel und Steinwürfen empfingen ihn die Leute. Er wurde verletzt. Als geläuterter Mönch ertrug er die Schmerzen und wehrte sich nicht. Nach vier Jahren im Orden starb er bereits, möglicherweise an den Folgen solcher Attacken aus dem Volke.

Ich streife durch den Park, in dem sich dies alles zugetragen hat. In den Ästen zwitschern Vögel. Heute liegt Frieden über den Trümmern. Die Grausamkeiten und die Freundlichkeiten, die sich Menschen antun, finden nun anderen Ortes statt. Die

Pilger der koreanischen Gruppe rollen ihre Schmutz und Wasser abweisenden Matten wieder ein, Mitbringsel einer auf Perfektion getrimmten Industriegesellschaft. Noch einmal umrunden die Männer und Frauen den kleinen Ziegelstupa des einstigen Gandhakuti-Tempels. Über und über sind die Steine mit feinen Goldpapieren beklebt. Mit den abblätternden Ecken spielt der Wind. Einer der indischen Mönche läuft mir hinterher, murmelt mir unverständliche Worte und hält mir einen handgeschriebenen Zettel mit englischen Sätzen vor die Augen. „Wir wollen unseren Tempel vergrößern. Bitte eine Spende…" So lese ich. Wieder eine offene Hand.

KOSAMBI

Buddha im Zwielicht

Es ist ein Trauerspiel. Buddha ist kaum zu erkennen. Ich leuchte mit der Taschenlampe in geheimnisvolles Dunkel und taste mich in Allahabad zwei Jahrtausende zurück. Der Lichtschein huscht über Buddhas Füße unter fünf aufgerichteten Kobras. Die Stele mit diesem Motiv ist nur noch ein Bruchstück, aber diese so naiv wie raffiniert in den grauen Stein gebannte Miniatur lockt das Auge und verführt den bescheidenen Lichtstrahl zu wechselnden Effekten. Es ist die berühmte Szene des Erwachten, der in Uruvela vom Unwetter überrascht wird; der Schlangengott Mucalinda bietet ihm Schutz, indem er sich hinter dem Meister aufrichtet und ihn fünfköpfig beschirmt. Die Skulptur am einstigen Stupa von Bharut reicht in jene Zeit zurück, da Buddha noch nicht als Person dargestellt wurde, sondern nur in abstrahierender Symbolik. Die Zehen des Fußpaares sind zum Boden gerichtet, in den Sohlen zweimal das Rad der Erkenntnis. Es waren überhaupt die ersten Steinmetzarbeiten, die den Buddha in künstlerischer Weise abbildeten. Im 2. Jahrhundert v.u.Z. ist das gewesen. Wenig blieb übrig von diesem Stupa, der 150 Kilometer südwestlich von Allahabad stand, wo ehedem sich die Handelsstraßen zwischen den Regionen um Bhopal und Patna und Kosambi und Varanasi kreuzten. Im Indischen Museum von Kalkutta werden Mauerreste und Reliefs von Bharut aufbewahrt. Auch in Allahabad sind Fragmente zu bewundern, obwohl kaum zu sehen. Der Bereich früh-buddhistischer Kunst im staatlichen Museum von Allahabad dämmert vor sich hin wie die stattliche Anzahl der Wärter. Die bärtigen Männer haben von nichts eine Ahnung und lungern schlecht bezahlt in den Weiten der Ausstellungshallen herum, müde schon zu morgendlicher Stunde. Die miserable Beleuchtung in der Unter-Abteilung, die Buddha gewidmet ist, begünstigt das Dahindösen in Zeit und Raum.

Ohne meine Taschenlampe würde ich auch die Akrobaten gar nicht wahrnehmen. Ganz unten stehen sieben muskulöse Gesellen, auf deren Schultern vier, auf denen zwei, die einen Mann nach oben stemmen. Phantasievoll sind die Frisuren in Kringel geformt. Lebendig wirkt die Truppe und voller Witz. Auch die Artisten in Stein stammen vom Stupa in Bharut und zeigen etwas von der Volksbelustigung zu Buddhas Zeit. Meine Taschenlampe spielt mit Licht und Schatten und bringt die Menschenpyramide in Bewegung. Der helle Strahl wird zum Scheinwerfer einer Zirkusdarbietung, die seit nahezu zwei Jahrtausenden erstarrt ist und beim jeweiligen Zuschauer aufs Neue beginnt. Ich bin der Einzige an diesem Morgen.

Es mag ja Zufall sein aber so ist es nun mal: Buddhas untere Räume sind die düstersten im Museum von Allahabad. Der Inhalt einiger Vitrinen entzieht sich neugierigen Blicken. Die wenigen Glühbirnen verdienen mangels Elektrizität nicht einmal ihren Namen. Es wird mehr versteckt als gezeigt. Buddha im Zwielicht. Die Abteilungen aber, wo Vishnu und seine Kollegen aus dem hinduistischen Götterhimmel ihre Heimstatt haben, sind hell, haben Fenster zum Tag und sichtbar einen funktionierenden Anschluss zu den Steckdosen. Die Hindu-Heiligen werden eindeutig ins bessere Licht gerückt. Ob dergestalt unterschiedliche Präsentation und Wertschätzung sinnbildlich für das heutige Indien zu verstehen sind und Buddhas Verbannung ins Halbdunkel seine marginale Rolle unterstreicht, bleibt der Spekulation überlassen.

Der Museumsdirektor, von mir auf die trüben Verhältnisse in seinem Institut angesprochen, stimmt bedauernd meiner Klage zu, weist aber im selben Atemzug auf die Kalamitäten hin, mit denen sich Museumsdirektoren überall auf der Welt herumzuschlagen haben: „Wir bekommen nur eine geringe öffentliche Unterstützung. Womit sollen wir denn die Stromrechnung bezahlen?" Sanft sagt er das und in einem Tonfall, der ergeben und resigniert klingt. Dazu das unvermeidliche Wiegen des Kopfes. Der Mann trägt einen modischen Anzug westlichen Zuschnitts, weißes Hemd, farbige Krawatte. Ein Angehöriger der Oberschicht. Der rote Punkt auf seiner Stirn weist demonstrativ auf seine Beziehung zu diesen Hindu-Göttern hin, die in seinem Museum watt- und luxmäßig bevorzugt werden. „Wissen Sie", fügt er erhellend an, „für Kultur ist in Indien besonders wenig Geld vorhanden." Der altersschwache Generator, der die Buddhas im Untergeschoss erleuchten soll, müsste seit langem erneuert werden. Bei Plänen sei es bisher geblieben. „Und überhaupt: Es sind ja fast nur Ausländer wie Sie, die an einer solchen Sammlung interessiert sind; die wenigen Ausländer, die sich in einem Museum wie unserem verlaufen", sagt der Direktor; und das klingt in meinen Ohren als seien die selbst Schuld, wenn sie sich diese Mühe machten. Ob der rigorose Preisunterschied beim Eintritt von 100 Rupien für die Nicht-Inder und 5 Rupien für die Einheimischen nicht etwas zu krass sei bei solch wenig Gegenleistung an Illumination? Der Mann mit dem roten Punkt auf der Stirn wischt meinen Einwand beiseite. Was ein Ticket kostet, werde von der Regierung entschieden. Im Übrigen würden sich seine Landsleute sogar bei nur 5 Rupien nicht sonderlich für ihre eigene Geschichte interessieren, sagt er bedauernd, und mir drängt sich der Gedanke auf, dass auch ein Mann wie er noch einige andere wichtigere Interessen hat als die Beleuchtung seines Museums.

Ich bin gekommen, um mich auf das antike Kosambi einzustimmen. Das war die Hauptstadt des Königreiches Vamsa, wo Raja Udena residierte; heutzutage 50 Kilometer südwestlich von Allahabad gelegen. Einst wurde es von den Flüssen Ganges und Yamuna begrenzt. Neben Magadha und Kosala war es das dritte Königreich, in dem die Lebenswege Buddhas verliefen. Auch beim Alleinherrscher Udena suchte der Meister um Rückhalt nach, fand ihn aber wenig aufgeschlossen für seine Lehre.

Dagegen zeigten sich Kaufleute von Kosambi großzügig und stellten Grundstücke zur Verfügung, auf denen Mönche ihre klösterliche Bleibe hatten. So wurde die Stadt eine bedeutende frühe Stätte des Buddhismus. Kosambis museale Hinterlassenschaft ist gering. Eine stehende kopflose Buddhastatue ist übrig geblieben aus dem Kunstschatz des 1. Jahrhunderts u.Z., in rötlichem Sandstein fein herausgearbeitet; die Brust jungmädchenhaft betont. Auch einen Säulenstumpf vermag ich in der Dämmerung der Unterwelt zu erkennen.

Und eine Kuriosität entdecke ich unter den Terrakotta-Figuren des 3. bis 5. Jahrhunderts, gefunden im Schutt von Kosambi. Ein Torso mit geöffnetem Bauch ist's; verschlungen sind die Därme zu sehen. „Modell for Surgery" verrät das Schildchen. Meine Taschenlampe spürt anatomische Einzelheiten auf. Das frühe Objekt der wissenschaftlichen Neugier und heilkundlichen Praxis könnte angehenden Chirurgen zu forschendem Einblick in menschliche Innereien verholfen haben. Rührend wirkt die Figur mit dem aufgeschlitzen Bauch. Damit wurde körperliches Leid medizinisch diagnostiziert, dessen geistige Überwindung der Buddha als Arzt der besonderen Art aufzeigte. Das kleine tönerne Wesen in zwergenhaft plumper Gestalt ist nicht nur ein künstlerischer Torso, sondern auch ein Zeugnis der hoch entwickelten Lebensweise in Kosambi. Materiell hat es wenig hinterlassen, aber in den Buddha-Legenden mit zeitlos Menschlichem, Allzumenschlichem besteht die Metropole des König Udena fort.

An der Südseite des Bahnhof-Labyrinths von Allahabad springe ich in einen der anfahrenden Busse, von dem mir im Gewühl der Wartenden widersprüchlich mitgeteilt wurde, er fahre in Richtung Kosambi, vielleicht auch nicht. Auch der Schaffner, der mir von einem dicken Fahrkartenblock ein Fetzchen holzigen Papiers abreißt, bleibt ob des gewünschten Zieles in ambivalenter Neutralität. Der Zeitungsleser hinter mir blickt über das knittrige Blatt und murmelt etwas von Umsteigen im Dorf Sowieso, was die Hoffnung beschwingt, wenigstens nicht in der Gegenrichtung unterwegs zu sein. Ich reise nach dem unausweichlichen Prinzip „trial and error". Wer wagt, gewinnt. Wer sich erkühnt, in einen Bus oder eine Bahn zu steigen, kann Glück haben oder nicht. Reisen in Indien ist immer ein Vabanque-Spiel und wird zum Sinnbild des Lebens, was die reale Gefahr eines Unfalles ebenso einschließt wie die Unsicherheit, auf's falsche Pferd und die falschen PS gesetzt zu haben.

Tatsächlich: unterwegs Buswechsel mit der unbestimmbaren Wartezeit bis zur Weiterfahrt. Ich hocke in dem scheppernden überfüllten Gefährt vorn neben dem Fahrer auf der nach innen sich wölbenden Motorhaube, die die Qualitäten einer Bratpfanne entwickelt, rutsche der Hitze wegen hin und her, suche im Gedränge der harten bäuerlichen Leiber einen Halt. Ein Mann mit offenem Hemd und Sonnenbrille erkundigt sich nach meinem Wohin, nickt bei der Nennung von Kosambi, dämpft die Erwartungen mit einem „nichts zu sehen dort" und schüttelt bei Buddha, den ich erwähne, den Kopf. Der Mann in den 30ern fragt die zusammengeballte

Nachbarschaft nach dem Meister und gibt mir in leidlich verständlichem aber vom Busgedröhn gestörten Englisch zu verstehen, dass hier niemand mit Buddha etwas anzufangen weiß.

Ich dringe in Niemandsland vor. Die Nebenstraße endet bei einigen Häusern, zwei Essenständen und einer Polizeistation. Ich bin mal wieder der einzige Passagier, der das Bedürfnis hat, an solchem Außenposten auszusteigen. Der Bus rumpelt auf die Hauptstraße zurück und verschwindet zu Liliputformat geschrumpft am Horizont der Ebene. Auf dem Kilometerstein von Kosambi steht eine Null. Die Erfindung dieses Zeichens – auch eine Art Rad – ist der geniale Beitrag Indiens zur Mathematik der Menschheit. Sie wäre unendlich ärmer ohne diese Null und ihre weiteren anfügbaren runden Schwestern, die in ihrem inhaltsträchtigen Nichts die intellektuellen Möglichkeiten des Denkens ebenso ausgedehnt haben wie die Zuwachsraten profitgieriger Krämerseelen und Kapitalisten. Die Null von Kosambi verschweigt mir, ob ich hier am Beginn von etwas oder am Ende von allem angelangt bin. Vor dem Polizeibungalow liest ein Uniformierter Zeitung. Er blickt kurz auf, über mein Erscheinen weder erstaunt, noch sonst wie daran interessiert, und deutet stumm mit dem Kopf hin zu einem ansteigenden Weg, wohl wissend, dass ich nicht seinetwegen gekommen bin, sondern in historischem Zusammenhang. Warum sollte sonst ein Fremder hier aufkreuzen?

Das Land hat Charakter. Cañonartig spalten sich Felshänge. Durch Hirsefelder auf den Höhen verlaufen Risse. Kann sein, dass da mal die Stadtmauern von Kosambi standen, eingefügt in eine eigenwillige Natur der Brüche und Abgründe. Vereinzelte Bäume auf kargem Boden. Kinder treiben Ziegen vor sich her. Eine Gruppe von Frauen in bunten Saris kommt mit gesammelten Holzbündeln auf den Köpfen des Wegs, munter schwätzend trotz drückender Last. Nirgends ein weiterer Besucher zu sehen, aber drei, vier Jungen sind stets zu solcher Stelle. Unbeobachtet kann unsereiner kaum einen Schritt auf indischem Boden tun. Ein herausragender Säulenstumpf ragt auf wie ein Zeigefinger: „Herr Lehrer, ich weiß was". „Ashoka-Pillar", ruft mir ein Halbwüchsiger zu, der mit dem Geplärr seines Transistorradios klar macht, dass ich durchs Abseits wandere, aber nicht durchs Jenseits indischer Gegenwart. Wie eine kostbare Reliquie trägt er den Krachmacher auf beiden Händen. Nein, längst habe ich in meiner Geräuschempfindlichkeit zwar nicht klaglos doch resigniert begriffen: diesem Indien kann ich nicht entkommen. Die Säule ist die Landmarke der Ausgrabungen von Kosambi. Grundmauern aus mattroten Ziegeln auch hier; in rechten Winkeln markieren sie die Umrisse einstiger Urbanität. Ob diese Säule wirklich auf Kaiser Ashoka zurückreicht, hier ihren ursprünglichen Platz hatte oder später in diesen Boden gerammt wurde – alles offene Fragen. Nachdem der Junge in mir nicht den erwarteten Backschisch-Geber erkannt hat und mit seinem Dröhngerät weitergezogen ist, genieße ich Momente der Stille, die kostbaren, die seltenen Augenblicke. Ich schaue mich um in der Einöde. An diesem Ort vor zweieinhalbtausend Jahren eine poetische Fülle von Wohlbefinden. Dass das Leben andauerndes Leiden sei, will ich in diesen Glücks-Momenten des Reisens nicht wahrhaben. In welch verschwenderischem Überfluss kann ich schwelgen. In den Wipfeln rauscht der Wind. Weithin trägt er das heisere Gekrächz der Raben, die im Geäst ihr luftiges Zuhause haben.

An den krakenhaft sich am abschüssigen Hang verkrallenden Wurzeln des Baumes, unter dessen aufblühender Krone ich mich niederlasse, entdecke ich seltsame Gestalten. Zwei kleine mit einer Perlenkette geschmückte Füße liegen im Gestrüpp. Ich drehe einen Stein um und sehe über zerborstenen engelhaften Gesichtern einen halben Heiligenschein. An einem anderen Brocken sind drei übereinander angeordnete Meruschirme zu erkennen. Bruchstücke von Steinskulpturen. Wer weiß, welchen Tempel sie zierten, welchen Ritualen sie einmal Medium waren. Achtlos weggeworfen scheinen die Fragmente vergessener Kulte zu sein. Doch dann schaue ich genauer in den vermeintlichen Abfall. Erloschene schwarze Räucherstäbchen stecken darin. Verdorrte Blüten. Sichtbare Spuren gegenwärtiger Verehrung. Gestern noch, vorgestern wurden unter der Obhut des freundlichen Baumes diesen Steinstücken gemurmelte Sprüche zugetragen und Rauchkringel entfacht, wen oder was auch immer genehm zu stimmen. Vom Yamuna tönt der am Bootsrand ächzende Ruderschlag herauf, Holz knarrt an Holz. Unterm Bug knirscht Sand. Die Fähre legt an.

spannungsvolles und kreatives Mit- und Gegeneinander? Kultur und Geist und Macht und Intrigen und Dummheit und Gedanken? Es fällt schwer, sich beim Blick auf solch kümmerliche Reste vorzustellen, dass hier einmal jene Kunstwerke geschaffen wurden, die wenigstens in Scherben und Bruchstücken im Museum von Allahabad zu erahnen sind. Ich höre hinein ins Schweigen der Geschichte, die in Buddhas Geschichten weiterlebt.

Als hier noch Stadttore königliche Macht und das Schutzbedürfnis seiner Bürger in Steinen auftürmten, kam Buddha an und traf auf einen seiner Mönche, dem nicht etwa die Erleuchtung zuteil wurde, sondern alle Lichter ausgegangen waren. Vom Branntwein umnebelt lag er im Staub und schlief seinen Rausch aus. Es bedarf wenig Phantasie, die gaffenden und geifernden Leute und die spottenden Kinder zu sehen. Ein Mönch des Erhabenen in solch erbärmlichen Zustand. Sagata hieß der Kerl, der vom Mittleren Wege abgekommen war. Bei seinem Almosengang war ihm Hochprozentiges kredenzt worden. Von Haus zu Haus soff er sich weiter. An einem der Stadttore brach er zusammen. Pech für den so aus der Fasson geratenen Bhikkhu, dass ihn Buddha fand. Vermutlich war der Freund alkoholischer Getränke unter den gelbgewandeten Mönchen kein anonymer und einzelner Trinker. Aber Sagata, der öffentliche Schande über den Orden gebracht hatte, wurde zum Anlass für das strikte Alkoholverbot, das Buddha seinen Mönchen auferlegte. Stets nahm er eine konkrete Situation, einen aktuellen Vorfall, um daraus eine Regel für das Zusammenleben der Bhikkhus abzuleiten. So entstand in den Jahrzehnten der Pilgerschaft das Geflecht der Vorschriften, nach denen sich die Männer in den Roben zu richten hatten: Vinaya geheißen: Disziplin, Ordenszucht. Im Pali-Kanon wurde daraus einer der drei Teile der Sammlungen buddhistischer Texte neben den Lehrreden, Sutra, und der vertieften Lehre, Abhidharma. Der so genannte Drei-Korb, Tripitaka, ist die geistige Grundlage des Buddhismus geworden; nahezu fünfhundert Jahre nach Buddhas Tod von Mönchen auf Sri Lanka der Nachwelt schriftlich überliefert. Nüchtern und klaren Verstandes sollten sich die Mönche damit auseinandersetzen. In Kosambi war die Notwendigkeit der einschlägigen Vorschrift offenkundig geworden; und Buddha verfügte Enthaltsamkeit.

Hier schienen sich die kahlköpfigen Männer ohnehin nicht allesamt so benommen zu haben, wie es der Meister erwartete. Streit brach aus im Kloster, das der wohlhabende Kaufmann Ghosita gestiftet hatte. An den Hygienevorschriften entzündete sich der Hader, der schon alle Händel in sich trug, die zu späteren Ordensspaltungen führten. Einer der Mönche hatte an der Latrine das Wassergefäß halb gefüllt zurückgelassen, das zur Spülung diente. Eine lässliche Sünde, die aber das Fass der gegenseitigen Gereiztheiten zum Überlauf brachte. Zwei Fraktionen bildeten sich heraus, die geteilter Meinung waren, ob dieses Versäumnis zu ahnden und mit dem Rausschmiss aus dem Orden zu bestrafen oder ob es hinzunehmen sei. Der Mönch wurde suspendiert. Nun beschimpften sich die barfüßigen Bhikkhus erst recht. Die Zänkerei entlud sich in einer Prügelei. Man stelle sich vor: ehrwürdige Mönche schlagen aufeinander ein, reißen sich die Roben vom Leib und führen sich auf wie die sonstigen üblen Kerle in Kosambis Gassen. War das die Gelassenheit, die sie der Meister gelehrt hatte; die Güte, die jedem Lebewesen zu erweisen sei? Nicht mehr abgewogenes Wort regierte, sondern das Faustrecht.

Buddha rief zur Mäßigung auf. Ob er auch dabei seine Gesichtsfarbe behielt, ist nicht überliefert. Er muss ziemlich genervt gewesen sein. Waren das die friedfertigen Jünger seiner Lehre? Die rüden Umgangsformen ergänzen das in den Legenden ansonsten idealisierte Bild der Mönche und bringen sie auf den steinigen realen Boden ihrer Gegenwart zurück. Es waren Zeitgenossen, deren Verhalten die raschen Bekehrungserfolge des Meisters, von denen die frommen Geschichten schwärmerisch erzählen, ins rechte Verhältnis von durchschnittlich begabten Männern des Volkes und einzelnen herausragenden Köpfen rücken. Wer die strengen Fragen der Aufnahme zu beantworten wusste und sich die Robe überzog, war damit noch kein Heiliger geworden. Ich finde es ganz erfrischend, wenn hinter dem Nebeldunst der Verklärung auch vertrautes menschliches Fehlverhalten durchschimmert.

Das Kloster-Klima in Kosambi hatte sich aufgeheizt. Buddhas Löwenstimme und seine im Umgang mit Königen erprobte Autorität prallten ab am Starrsinn aufmüpfiger Gefolgsleute. Ein Elefant und ein Schwerverbrecher waren offenbar leichter zu beeinflussen gewesen als diese Mönche in Kosambi. Buddha geriet an Grenzen seiner Redekünste. „Besessenen gleichen diese törichten Menschen; man kann sie nicht gut belehren", soll er gereizt gesagt haben. Hier erscheint der Mann, den einige Bewunderer seiner Zeit schon vergöttlichten, noch einmal ganz in die Niederungen banaler Alltäglichkeit hineingezogen zu sein. Buddha, dessen Ruf die Landesgrenzen weit überspannte, der zu jenem Zeitpunkt schon dem Nirvana des eigenen Todes nahe gekommen war und ein Lebenswerk von fundamentaler Bedeutung begründet hatte, dieser Mann sieht sich in Kosambi einem Gezänk ausgesetzt, dem er voller Abscheu davonläuft. Wenn es denn eine Tür gab, die er hinter sich zuschlagen konnte, so hat er die wohl kräftig zugemacht.

Die Lage wurde nach seinem Rückzug in die Waldeinsamkeit immer verworrener. Kosambis Laienbekenner wandten sich von dem zerstrittenen Haufen der Mönche ab, verweigerten ihnen den Gruß und – was noch schlimmer war – hörten auf, den hungrigen Almosenempfängern bei deren Rundgängen etwas Nahrhaftes in die Näpfe zu legen. Nicht intellektueller Disput und Gelehrtenstreit um die letzten Wahrheiten drohten hier dem Orden den Garaus zu machen, sondern der selbst verschuldete Essensnotstand. Erst eineinhalb Jahre danach in Savatthi wird von Buddha der Streit im Abstand der Ereignisse und ruhigen Blutes geschlichtet. Die Spaltung der Ordensabteilung von Kosambi konnte verhindert werden, aber der Ruf der entzweiten Bhikkhus in Kosambi war ruiniert. Das vom Meister verlangte Verhalten in Selbstzucht blieb eine Idealvorstellung. Ideale werden von Menschen selten verwirklicht.

Diese Erkenntnis brachte der Zwist den Beteiligten und den Nachfahren ein. Knurrende Mägen trugen letztlich eher zur Überwindung der Gegensätzlichkeiten bei als fromme Einsicht.

Der Orden war immer wieder ins Gerede gekommen. Bei den Handgreiflichkeiten in Kosambi schauten auch Laienbekenner und Kritiker des Erwachten zu. Denen, die ihm skeptisch gesonnen waren, floss aus der Latrinenkanne und dem daraus entstandenen Gezänk reichlich Wasser auf ihre Mühlen. Mönche und Sramanas und Wanderprediger erfreuten sich nicht überall hohen Ansehens. Von ihren Männern verlassene Ehefrauen, die plötzlich mit Kind und Kegel allein erziehende Mütter wurden, weil der Gemahl das gelbe Gewand anzog, fanden diesen Garderobewechsel nicht allesamt hocherfreulich. Buddhas Beispiel der hinterbliebenen Gattin nebst Säugling hatte zahlreich Schule gemacht, aber nicht alle Mönche hatten sein Format. Für manch einen Mann war der Eintritt in ein Kloster beste Gelegenheit, sich lästiger Verpflichtungen zu entledigen. Von Mönchs-Witwen ist die Rede. Da tut sich allemal ein widersprüchliches Spannungsfeld buddhistisch-mönchischen Selbstverständnisses auf. Individuell erfolgt die Abkehr von weltlichen Verpflichtungen, um sich ganz der eigenen Erfüllung widmen zu können, und der Vollzug sozialer Verantwortung bleibt anderen überlassen.

Es ist bezeichnend, dass Buddha solche alltägliche Herausforderung zu vermeiden suchte. Ihn beschäftigten höhere Dinge. Das Gleichnis der Blätter wird in Kosambi lokalisiert. Der Erwachte griff sich im Kreise der Mönche einiges Laub und fragte sie, was wohl mehr sei, diese wenigen Blätter in seiner Hand oder die zahllosen in den Bäumen über ihren Häuptern. Natürlich war die Antwort klar. „Ebenso, Mönche, sind es viel mehr Dinge, die ich erkannt, aber nicht offenbart habe", sagte er vieldeutig, „nur wenige Dinge sind es, die ich offenbart habe. Und warum habe ich jene nicht offenbart? Weil sie nichts mit dem Nutzen zu tun haben, nicht dem heiligen Leben dienen, nicht zur Abkehr, Leidenschaftslosigkeit, Beruhigung, zum Verständnis, zur Weisheit, zum Verlöschen dienen." Aus solchen Worten sprach der große Denker, der den Weg zu weisen verstand und der intellektuellen Auseinandersetzung gewachsen war, nicht aber jemand, der als angerufenes höheres Wesen auf die Erfüllung seiner Unterweisungen achtet oder gar bei Nichtbefolgung zu Strafen greift. Ein Mann, der Einsicht verlangt, nicht Unterwerfung. Das Gezeter im Umkreis sanitärer Anlagen war unter seinem Niveau. Nach Kosambi kehrte Buddha in den folgenden Jahren nicht mehr zurück.

Ich wandere über die Hügel, durchquere ein Dorf mit ausgetrockneten Wegen, Lehmhütten und einer Schule, aus der Kindergeschrei tönt; und dann komme ich nur wenige hundert Meter von der einstigen Stadtanlage entfernt an die Lebenslinie, die das antike Kosambi mit den Nachbarn verband und seinen Wohlstand versorgte. Gerade lief ich noch unter den neugierigen Blicken der Dorfleute durch deren enge Gassen und fühlte mich wieder einmal bedrängt von Kindern, Armut und Schmutz;

und plötzlich, übergangslos stehe ich am südlichen Hochufer des Yamuna-Flusses. Der Blickwechsel ist überraschend und atemberaubend schön. Als würde ein gigantischer Vorhang zur Seite gezogen, liegt mir mit einem Male diese Flusslandschaft zu Füßen. Unwirklich und verzaubert scheint das Panorama zu sein. In weiter Schleife durchzieht der Yamuna die Ebene und strömt in majestätischer Würde dem Ganges zu, mit dem sich der Fluss bei Allahabad vereint.

Dort herrscht an den sandigen Ufern geschäftiger Pilgerbetrieb der Hindus, in deren Vorstellung nicht nur diese beiden Gewässer zusammenkommen, sondern sich ein Dritter, unsichtbarer, mystischer Fluss in dieser Hochzeit ergießt, genannt Sarasvati. Das ganze Jahr über pilgern die Familien zum Strand von Allahabad; doch alle zwölf Jahre findet die Kumbha Mela statt; eine der größten Wallfahrten, die der Hinduismus auf die Beine bringt. Millionen von Menschen lockt diese Massenveranstaltung der Superlative an. Indien feiert sich in lautstarkem, farbenfreudigem Selbstverständnis und lärmt im Walde der Ängste und hilfreichen Sadhus.

Hier hoch über dem Yamuna im historisch verblassten Schatten von Kosambi ist solch gigantischer Rummel weit weg und gar nicht vorzustellen. Warm und sanft streift der Wind durch die aufrecht und üppig gewachsenen Bäume auf den hohen Bänken des Yamuna. In dessen träge dahinflutenden Wassern badet sich das Himmelsblau, schillert grün und seidig wie ein Smaragd. Weit unter mir, über steile, von Regengüssen ausgeschwemmte Pfade zu erreichen, waschen die Frauen die meterlangen bunten Bahnen ihrer Saris. Angelandeten Schlangen aus der Unterwelt des Yamuna gleich liegen die Baumwolltücher zum Trocknen auf den Uferwiesen. Ich schaue in eine Märchenlandschaft, die von einem feinen Hauch durchzogen ist als hätten sorgsam schützende Geister ein gazezartes Nichts darüber gelegt.

Ein hölzernes Boot wird von kräftiger Männerhand über den Fluss geführt. Langsam, sehr langsam gleitet das Schiff, kaum eine Welle nach sich ziehend. Der Fährmann steht aufrecht am Heck und taucht sein Ruder ins Wasser. Ohne Hast tut er das, wieder und immer wieder. Auf den Bootsplanken kauern Männer und Frauen neben Kartons und Säcken. Ein archaisches Bild. Es erinnert an Hesses Siddhartha, den Suchenden, Umtriebigen, dem nicht einmal Buddhas Lehre genügte, inneren Frieden zu finden. Erst am Fluss kam er zur erfüllten Ruhe. An einem Fluss wie diesem. Das Übersetzen ist Symbol des Lebens. Wer einmal den Strom überquert hat, muss die Herausforderung am anderen Ufer bestehen. Ich denke an Neubeginn und unwiderrufliche Rückkehr. Auch mir ist, als sei ich an einem solchen Ufer angekommen. Es ist wundervoll, sich da oben mit dem weiten Blick der Phantasie hingeben zu können, Gast nur, ein Durchreisender in diesem Himmelsstrich am Yamuna. Natürlich ist die Wirklichkeit banal. Dorfleute wechseln bloß die Flussseiten, nicht schicksalsträchtige Lebensstadien. Da sind Menschen unterwegs, Geschäfte zu machen, Verwandte zu besuchen, Verabredungen einzulösen. Alltägliches also. Und doch verströmt das Yamuna-Aquarell zumindest mir, der ich hier solchen Pflichten nicht zu folgen habe,

VAISHALI

Schwarze Katze von rechts

Ich komme von Hajipur, wo ich vor dem Bahnhof den Fahrer der Motor-Rikscha anheuerte. Vaishali? Der stämmige junge Mann hatte erfreut genickt. Eine Tour von 35 Kilometern wird ihm selten abverlangt. Die Strecke bringt mehr als einen Tagesverdienst ein. Wir rattern dreirädrig durch dicht besiedeltes Land. Ich sitze auf der Bank hinter dem Fahrer, der mit einer Motorrad-Lenkung das Gefährt steuert und mit gewagten Schlenkern den Schlaglöchern ausweicht. Das überaus wendige Volkstaxi der Marke Bajaj gehört zu Indien wie Kühe, Maharajas und das Taj Mahal; der Zweitakter rollt in Millionenfacher Anzahl durch den Subkontinent, wird bis nach Indonesien exportiert und sieht schwarz und rund und dick aus wie ein modern gestylter Ganesha, der elefantenrüsselige Gott. Der ist übrigens auch zuständig für den Schutz der Reisenden. Wohlan! Frohgemut lasse ich mich nordwärts schaukeln. Spielende Kinder springen zur Seite. Ein Hahn flattert protestierend auf. Gemächlich wandernde Kühe drehen ab und wirken unerhört beleidigt.

Plötzlich ein Ruck. Der Fahrer reißt die Rikscha nach links. Ich fliege zur Seite und umklammere den neben mir stehenden Rollsack. Quietschende Bremsen. Fast hätten wir uns überschlagen. Das Bajaj kommt abrupt zum Stehen. Gerade sehe ich noch eine kleine schwarze Katze, die im Gebüsch am Straßenrand verschwindet. Der Motor wird abgewürgt. Sekunden der Stille. Dann dreht sich der Fahrer um. Seine Miene ist erschrocken.

In einer Mischung von Verlegenheit und Entsetzen blickt er mich an. Die Rechte deutet zu dem Platz, wo eben noch die Katze streunte. Von rechts nach links war sie über die Straße gelaufen, geradewegs vor das Bajaj. Der Fahrer macht eine beschwörende Geste als müsse er etwas Übles wegwischen. Mir wird klar, dass er nicht so tollkühn stoppte, um das Tier zu schonen, sondern weil er darin ein böses Zeichen sah. Nicht das Katzenvieh war in Gefahr. *Wir* sind hart an einem Unfall vorbeigeschlittert. Wie unterschiedlich man doch die Welt und ihre Bedrohungen wahrnehmen kann. Für meinen Fahrer kommt in Gestalt der Katze ein Menetekel daher, das den kräftigen jungen Mann erzittern und die mögliche Karambolage seines Bajaj ignorieren lässt. Ich sehe bereits das Vehikel ramponiert und mich mit Knochenbrüchen im Graben liegen, während ich in der Katze nichts Böses zu erkennen vermag. Minutenlang verharrt der Mann in Schweigen, beunruhigt und verwirrt; dann murmelt er etwas vor sich hin. Ich kann nur ahnen, welchen Schrecken ihm das schwarze Ungeheuer eingejagt hat. Mit einem Gesichtsausdruck von Schicksalsergebenheit drückt er schließlich wieder auf den Starter, gibt Gas und fährt weiter.

Vesali, wie der Ort zu Buddhas Zeiten hieß, war die Hauptstadt der Licchavi-Republik, die sich in der nördlichen Gangesebene mit der Republik Videha und einigen Stämmen zur Vajji-Föderation zusammengeschlossen hatte und ähnlich organisiert war wie Buddhas Heimat der Sakiya mit Kapilavastu. Hier hatte sich der junge Siddhartha, der fluchtartig der heimatlichen Geborgenheit davongelaufen war, im Ashram des Weisen Arada Kalam ersten Exercitien unterworfen, ehe er weiterzog. Auf seinen späteren Wanderungen kam der Meister mehrmals zurück, hielt Lehrreden und ward gerufen, bei der Überwindung einer Seuche zu helfen. Vesali lag an einem bedeutenden Handelsweg, war wohlhabend und ein urbanes Zentrum mit weltoffenen Menschen. Hier ist Mahavira geboren, der Begründer des Jainismus, Buddhas Zeitgenosse. Nahezu ein Jahrhundert nach Buddhas Tod fand hier das zweite buddhistische Konzil statt. Geschichtsträchtiger Boden also.

Und heute? Beinahe wären wir durchgefahren und hätten das Ziel verfehlt. Ein paar Holzhäuser am Rand der Hauptstraße, zwei, drei Teebuden. Der graue Regierungsbungalow mit drei Zimmern ist heruntergekommen und seit langem weder mit einem neuen Anstrich noch durch sonst welche Erhaltungsmaßnahmen vor der Verwahrlosung bewahrt. Solch ein Anblick versetzt der Reisefreude einen ziemlichen Dämpfer. Ich schwanke, ob ich mit dem Bajaj nicht wieder nach Hajipur und Patna zurückfahren sollte. Buddhas Reputation an diesem Ort veranlasst mich doch zum Bleiben. Die literarischen Vermerke zu Vaishali versprechen schließlich mehr als nur diese dürftigen Behausungen an der Durchfahrtsstraße. Ich bin dabei, mich im Bungalow einzulogieren und stelle resigniert fest, dass in das schmutzstarrende Waschbecken kein Tropfen Wasser fließt, da treibt es mich wieder ins Freie. Und was ist das? Links biegt eine Seitenstraße ab, beidseitig von kinderreichen Großfamilien mit Strohhütten in Beschlag genommen. Dahinter aber steht ein dreistöckiges Gebäude, das wie eine Fata Morgana über den Feldern schwebt, ein unwirklicher Anblick: weit und breit das einzige Haus dieser Größe. Hin! Ich sehe die vielfarbige Fahne des Buddhismus flattern. Mir wird wohler. Das Schild am Eingang kündet von der buddhistischen Sri-Lanka-Gesellschaft, die hier ein Gästehaus betreibt, zwei Jahre zuvor eröffnet. Ein junger Mönch begrüßt mich mit der Selbstverständlichkeit, die Pilgern zuteil wird. Er heißt Ven. Chandawimala. Ich kann bleiben. Buddha sei Dank.

Ich erzähle dem Mann aus Sri Lanka vom Katzen-Malheur auf der Herfahrt. Er lächelt verständnisvoll, meint aber, dass ihn solch tierisches Wegekreuzen selbstverständlich nicht berühren könnte. Aberglaube und Ängste vor Dämonen oder was sonst den armen Rikscha-Fahrer in Unruhe versetzte, seien ihm in Buddhas Geist und Nachfolge fremd. „Ich habe alle Tiere gern“, sagt er. Auch Moskitos? Er lächelt wie ein Junge, der beim Daumenlutschen erwischt wird. „Na gut, manchmal ist das eine Frage der Selbstverteidigung“, gibt er zu und schlägt sich vergnügt mit der rech-

ten Hand auf den linken Arm. Wir reden über die Jainas, denen in strikter Vorschrift, jegliches Leben zu schützen, nicht einmal diese Art der Abwehr erlaubt sei. Er zuckt mit den Schultern und hebt beschwichtigend die Hände. Buddhas Mittlerer Weg sei eben breit genug für jedermann und auslegungsfähig. Egal, ob da eine Katze von links nach rechts oder von rechts nach links daherkommt. Nur Moskitos können gelegentlich auf der Strecke bleiben. Buddha, der Pragmatiker, hat in Vaishali einen gelehrigen Schüler.

Den Sonnenuntergang beobachte ich von der Dachterrasse des Pilgerhauses und habe das beruhigende Gefühl, angekommen und geborgen zu sein. Flaches, fruchtbares Land um mich herum. In kleinen, stillen Seen und mäandrierenden Flüsschen spiegelt sich rötlich der Abendhimmel. An den wenigen Bäumen entlang der Straße hacken Kinder mit Beilen und Messern herum, um den geschundenen Stämmen noch etwas Brennholz abzuschlagen; von Armut bedrängt und von Umweltschutz keine Ahnung. Bauern kehren von den Feldern heim und treiben Wasserbüffel vor sich her. Zur Linken nahe der Hauptstraße erkenne ich in brauner kahler Erde die Grabungsstätte, die Zeugnis des antiken Vesali gibt, unspektakulär aber historisch; und wie ich in den folgenden Tagen sehen kann: Kein Mensch kümmert sich da mehr um Archäologie und tiefergehende Erkenntnisse zur antiken Geschichte Vaishalis. Zur Rechten schimmert in der Ferne der weiße Stupa der Friedenspagode herüber, die mit japanischen Geldern gebaut und 1996 eingeweiht worden war. 38 Meter ist sie hoch und ganz so wie die Pagoden in Lumbini und auf dem Geiergipfel in Rajgir gestaltet. Solch moderne Tempel erinnern in abgelegener Einsamkeit als Landmarken an Buddhas Lehre, wo die Menschen der unmittelbaren Umgebung zum Buddhismus welcher Schule auch immer gar keine Beziehung haben. Das ist Hindu-Land.

Am nächsten Morgen mache ich meinen Rundgang und verweile vor der Friedenspagode, die sich in einem quadratischen Teich spiegelt und eigenartig schwerelos zu sein scheint. Die Bilder vermischen sich. Gerade werden schwarze Büffel in dem Weiher gewaschen. Bis zum Bauch stehen die Fleichkolosse im Wasser. Ein Bauer kippt ihnen eimerweise das Nass übers Fell. In stoischer Ruhe und unbeweglich wie Monumente lassen sie diese freundliche Art der Reinigung geschehen. Ein friedliches Bild ländlicher Gemächlichkeit mit historischem Tiefgang. Das Gewässer gab es schon im antiken Vaishali, als an seinem Ufer eine Frühform demokratischer Selbstverwaltung praktiziert wurde. Von der einstigen Ratshalle und den Abstimmungen mit Mehrheitsvotum erzählt mir der junge schnauzbärtige Mann im Museum. Ich bin erstaunt, dass es ein solches Gebäude hier überhaupt gibt. Die ausgestellten Objekte sind bescheiden, mehr von gutem Willen beamteter Sammler bestimmt als von geschichtlichem Wert. Da ich seit Tagen der einzige Besucher bin, wird mir die volle Aufmerksamkeit der Wärter zuteil. Einer verkauft mir das Ticket, ein anderer reißt es ab, ein Dritter begleitet mich durch die schwach beleuchteten, ziemlich leeren Räume.

Eine braune Terrakotta-Scherbe, so groß wie ein Handteller, weckt mein Interesse. Darauf erkenne ich ein Frauengesicht, schön in den Umrissen, herb in den Zügen, wulstig die Lippen, die Augen geschlossen. Das Bruchstück scheint mir kein Kunstwerk zu sein, wirklich bedeutende Funde sind hier nicht zu entdecken, aber dennoch geht eine zauberhafte Wirkung davon aus. Die Dame wirkt selbstbewusst und kraftvoll, möglicherweise zweitausend Jahre alt. Natürlich hat sie keinen Namen, aber in Vaishali drängt sich angesichts einer solch musealen Frau aus solider gebrannter Erde ein Name auf. Ambapali sage ich mit fragendem Unterton zum Wärter gewandt. Der nickt, zieht die Augenbrauen hoch und seine Augen weiten sich ganz so, wie sich Männer benehmen, die einen anzüglichen Witz erzählen. Ambapali kennen alle in Vaishali. Durch Buddha wurde sie zur berühmtesten Frau der Region; und ihr Ruf überdauert die Generationen. Eine Legende und eine historische Figur.

Der Meister war schon in die Jahre gekommen, als er in Vaishali von Ambapali eine Einladung zum Essen erhielt. Auch die Dame war nicht mehr die jüngste und hatte ihre glanzvollen Jahre hinter sich, die ihren Ruhm und Reichtum begründeten. Ambapali war die begehrteste Kurtisane der Stadt, nicht irgendein Freudenmädchen. Auf deren Gewerbe mochte die Männerwelt abschätzig herabblicken; zu Ambapali blickte man(n) auf. Sie war gebildet, führte ein stilvolles Haus, wusste sich in gewählten Worten auszudrücken, war in Musik bewandert, konnte tanzen, hielt Hof. Prinzen und Fürstensöhne gaben sich und ihr die Ehre und bezahlten teuer ihre Huld. Sogar König Bimbisara von Rajagaha ließ sich von ihrem Charme umschmeicheln – was nicht ohne Folgen blieb. Es wurde ein Sohn. Der König ließ ihm eine angemessene Bildung angedeihen.

Ein gemeinsames Essen mit Buddha und seinen Jüngern hob offenbar das eigene Ansehen. In Kreisen der Oberschicht buhlten die Wohlhabenden um den Gast, dessen Wertschätzung zu jener Zeit bereits ins Übermenschliche reichte. Auch die Adligen von Vaishali wollten Buddha an ihren Tisch bitten und mussten enttäuscht feststellen, dass ihnen Ambapali zuvorgekommen war. Die hohen Herren lockten die Konkurrentin in der Werbung um Buddha mit einem Vermögen, wenn sie ihnen den Meister abzutreten bereit wäre. Die ansonsten käufliche Dame blieb standhaft. Nach all den Jahren der Sinneslust war ihr Verlangen nach geistigem Zuspruch. Buddha dankte nach solchem Liebesmahl mit einer Lehrrede. Ambapali bewies weiter Generosität und schenkte dem bewunderten Gast ihren Mango-Hain. Abermals wurde dem Mann, der die Hauslosigkeit zum Inbegriff der inneren Freiheit gemacht hatte, Grund und Boden zuteil, auf dem ein Kloster errichtet wurde. Die Buddha-Legenden, die um seine Person und seine Wanderjahre blühten und wucherten, wurden um eine wunderschöne Geschichte reicher. Sex and Crime vom Feinsten. Nicht nur ein Schwerverbrecher wie Angulimala in Shravasti, sondern auch eine Dame der Halbwelt fanden in Buddhas Geiste die innere Ruhe und Zufriedenheit, die ihnen in der Ausübung ihres früheren Gewerbes gefehlt hatten.

Für Frauen bekam Vaishali eine besondere Bedeutung. Hier nämlich ließ sich Buddha von seinem getreuen Jünger Ananda letztlich doch gegen langanhaltenden Widerstand und Widerwillen überreden, der Gründung des Nonnen-Ordens zuzustimmen. Ganz ein Mann seiner Zeit und in dieser Grundeinstellung bis auf den heutigen Tag in Indien zeitlos, hielt Buddha so gar nichts von der gesellschaftlichen Aufwertung der Frauen.

Es ist ein heikles Thema in der Beschäftigung mit ihm und seiner Person. Einerseits sprach er den Frauen durchaus den gleichen Wert wie den Männern zu, bekannte auf ausdrückliche Nachfrage Anandas, dass auch Frauen die Vollkommenheit erreichen können, und würdigte das gute Tun der zahlreichen Laien-Anhängerinnen seiner Lehre. Hätte er sich sonst von Ambapali einladen lassen? Aber den Orden wollte er den Männern vorbehalten. Frauen als Störfaktor, Ablenkung, Inbegriff von Verführung. In vielen solcher Bemerkungen hat sich Buddha so geäußert. Sich selbst sah er weiblicher Verlockung enthoben, schon in den Nachtwachen von Uruvela war er Maras Töchtern gegenüber unbeeindruckt geblieben; seinen Mönchen jedoch traute er derartige Entsagung nicht vorbehaltlos zu.

Frauen im Orden? Die Frage wurde drängend, weil sie im engsten Familienkreis gestellt wurde. Ausgerechnet Mahaprajapati wollte Nonne werden. Die zweite Frau des Vaters Suddhodana, Stief- und Pflegemutter des als Baby zum Halbwaisen gewordenen Siddhartha, folgte der Lehre des Erwachten. Er blieb reserviert und verschlossen. Verwandtschaftliche Bande bedeuteten ihm nichts mehr. Den eigenen Sohn Rahula nahm er in den Orden auf, blieb jedoch in freundlicher Distanz und leitete aus seiner Vaterschaft keine weitere Verantwortung ab, die über seine Position als Oberhaupt des Ordens hinausging. Keine Sonderrechte oder Extras für Familienmitglieder. Deshalb verhielt sich Buddha auch beim Begehren der Frau abweisend, die ihn in Kinderjahren betreut hatte. Doch sie war hartnäckig und reiste ihm schließlich von Kapilavastu bis Vaishali nach. Der Vater war bereits gestorben. Die Witwe kam mit kahl geschorenem Kopf und in gelbem Gewand. Es dürfte eine missliche Situation für den Erwachten gewesen sein, eine ihm so nahe stehende alte Frau mit dem Anspruch wieder zu sehen, nicht bloß als Laienanhängerin seinem Wege zu folgen, sondern einen Nonnen-Orden gründen zu wollen. Nur dank der Vermittlung durch Ananda ließ sich der Ehrwürdige die Zustimmung dazu abringen.

Unumstößliche Bedingung: Nonnen hatten sich Mönchen unterzuordnen. Der jüngste Mönch galt mehr als die älteste Nonne. Der Meister war trotzdem nicht überzeugt, eine richtige Entscheidung getroffen zu haben. Buddha sagte wie jemand, der sein Lebenswerk abgewertet sieht, bedauernd zu Ananda: Tausend Jahre hätte der reine Männer-Orden bestehen können – „nun aber, Ananda, da auch Frauen das Recht auf das Hinausziehen in die Hauslosigkeit erlangt haben, wird der Tugendwandel nicht von langer Dauer sein, nur fünfhundert Jahre wird die Wahre Lehre existieren. … Wie ein Reisfeld von der Fruchtfäule und ein Zuckerrohrfeld vom Roten Rost befallen werden und dadurch zugrunde gehen, so ein Orden, in dem es auch Nonnen gibt…"

In diesem Falle sollte der weitsichtige Buddha nicht Recht behalten. Aber das Verhältnis zwischen Mönchen und Frauen ist delikat bis auf den heutigen Tag. Ananda fragte den Meister, wie sie sich denn Frauen gegenüber verhalten sollten. „Sie nicht ansehen, Ananda", antwortete der. „Aber wenn wir sie sehen, was sollen wir tun?", – „Nicht mit ihnen sprechen, Ananda." – „Wenn sie uns aber ansprechen, Herr, was sollen wir tun?" – „Auf der Hut bleiben, Ananda."

Ambapali, die Verkörperung jener sinnlichen Gefährdung mönchisch-männlicher Tugend, entsagte schließlich den leiblichen Freuden und trat in den Nonnen-Orden ein. Ihr Sohn aus königlicher Umarmung wurde Mönch. In der Pali-Literatur lebt Ambapali in menschlich anrührenden Gedichtzeilen fort. Ganz im buddhistischen Sinne der Vergänglichkeit und des andauernden Verfalls besingt die literarische Ambapali ihre einstige Schönheit und den beklagenswerten Zustand der fortgeschrittenen Jahre. „Mein Haar war schwarz, von der Farbe der Bienen./ Jedes Haar endete in einer Locke./ Wegen meines hohen Alters/ Sieht es nun wie Hanffasern aus:/ Nicht anders ist das Wort dessen/ Der die Wahrheit spricht." Ihr einst mit Blumen bedecktes Haupt riecht wie das Fell eines Hundes. Die ehedem wie Halbmonde von der Hand eines Künstlers gemalten Augenbrauen hängen nun herab, von Falten verunstaltet. Aus den wie Juwelen glänzenden, dunkelblauen, mandelförmigen Augen ist jeglicher Reiz verflogen. Die Zähne von der Farbe der Bananenknospen sind zerbrochen und gelb. „Früher waren meine Brüste prächtig anzusehen/ Üppig, rund, fest und hoch./ Nun hängen sie nur herab/ Wie ein Paar leere Wasserbeutel./ Nicht anders ist das Wort dessen,/ Der die Wahrheit spricht." Der Körper, einmal wie poliertes Goldblech glänzend, ist überall von Falten durchzogen. Der Gesang der Greisin lässt an Deutlichkeit nichts zu wünschen übrig: „Dies ist mein Körper, heute hinfällig geworden,/ Die Heimstatt vieler Arten des Leidens./ Er ist nur noch ein baufälliges Haus,/ Von dem der Gips abfällt./ Nicht anders ist das Wort dessen,/ Der die Wahrheit spricht."

Dergestalt dürfte Ambapali aus Vaishali keinen Mönch mehr vom rechten Wege abgebracht haben.

Löwe in luftiger Höhe

In der Dorfschule treffe ich Buddha wieder. Der Singsang der Mädchen und Jungen lockt mich an. Im Hof hocken sie auf dem Boden, nach Geschlechtern getrennt, und leiern die Worte nach, die einer der Lehrer stehend vorspricht. Mit farbigem Sand sind die Umrisse Indiens auf die Erde gemalt. Das Gebäude ist aus Holz, hat vier Klassenräume, die zur umlaufenden Veranda hin offen sind. Kaum recke ich meinen

Kopf über das niedrige Tor, werde ich bereits von den Lehrern wahrgenommen und zum Besuch eingeladen. Freundliches Willkommen des noch jungen Schulleiters. Er trägt ein schäbiges Jackett, ein offenes Hemd, schwarze Schuhe. Ich bin in ein privates Lehrinstitut geraten. Der Mann weist ausdrücklich selbstlobend darauf hin und versäumt nicht, die minderen Qualitäten der staatlichen Schule zu bemängeln. Wer von den Eltern es sich leisten könne, schicke seine Kinder in eine private Schule. Die vier Dutzend Kinder hier gehören also zu den etwas wohlhabenderen Familien der im weiten Umkreis verstreut zwischen den Feldern liegenden Siedlungen und einzelnen Gehöfte. Unwissenheit, die es für Buddha zu überwinden galt, ist ein Fluch Indiens geblieben. Was nützt Schulpflicht, wenn Millionen von Kindern davon mangels Geld und Antrieb gar nicht einbezogen sind?

Im Zimmer des Schulleiters mit einfach zusammengenagelten Holztischen und Stühlen, einigen Büchern und der ganzen Ärmlichkeit, die die Region kennzeichnet, sehe ich die offiziell dargestellten Ideale und Vorbilder, die den Kindern auf Plakaten in leuchtenden Farben vor Augen geführt werden. Nebeneinander hängen die Poster in langer Reihe unter dem Dach. Es sind ausschließlich Männer. Tulsidas, den Dichter des Ramayana, kann ich erkennen; den blauhäutigen Krishna als eine der Inkarnationen Vishnus; Subhas Chandra Bose ist abgebildet, ein umstrittener Kämpfer für Indiens Unabhängigkeit; Mahatma Gandhi ist zu sehen, der Held der Gewaltlosigkeit. Und der da mittendrin in der indischen Ahnengalerie zur Erbauung der Dorfjugend? Er war mir sofort aufgefallen. Ich deute mit dem Finger auf den meditierenden Mann im Lotossitz unter grünendem Baum. „Lord Buddha", erklärt der Schulleiter, „die Leute mögen ihn. Er gehört dazu." Ob es denn hier einen einzigen Buddhisten gebe, frage ich weiter. Kopfschütteln, nein, natürlich nicht. Muslimische Familien leben als Minderheit in der Nachbarschaft. Die Mehrheit der Bevölkerung folge selbstverständlich den Hindu-Göttern.

Daran wird sich kaum etwas ändern. „Die Leute haben keine Beziehung zu Buddha", erklärt mir später Ven. Chandawimala. Der jugendliche Haus-Mönch im Gästehaus der Sri-Lanka-Gesellschaft lässt es bei einer solchen Feststellung; er versteht sich nicht in missionarischer Absicht und will niemanden von Buddhas Vorzügen überzeugen, stiftet keine Schule, zieht nicht von Haus zu Haus. Das unterscheidet einen solchen Mann in orangegelber Robe von den Kollegen der christlichen Kirchen. Niemand wird von ihm gedrängt, die Lehre zu übernehmen. Doch wer zu ihm kommt, findet offene Türen. Allein ist er hier Buddhas Statthalter und hilfsbereit, wenn Pilger um ein Nachtlager bitten. Egal zu welcher Tageszeit. In einer Nacht heulten Motoren auf, Stimmengewirr in der Dunkelheit, vielfüßiges Getrappel vor dem Haus. Im aufgeschreckten Halbschlaf dachte ich an einen Überfall. Die Sorge war unbegründet. Zwei vollbesetzte Busse waren gekommen mit nepalesischen Pilgern, die von Bodhgaya zurück in ihre Heimat fuhren und nächtens in Vaishali eine Rast einlegten. Umsichtig und unaufgeregt sorgte der Mönch für das Nachtlager. Mit

neun Jahren war er ordiniert worden, erzählt er mir. „Meine Eltern dachten, dass dies gut für ihr Karma sei, wie es viele Eltern von jungen Söhnen in Sri Lanka erwarten. Mein Vater glaubte, ich werde die Robe nach einigen Jahren wieder an den Nagel hängen“, so berichtet Ven. Chandawimala und fügt sanftmütig an, „er sollte sich täuschen.“ Neben der einfachen kleinen Buddha-Statue im Eingangsbereich sind auf einem Regal einige Flaschen mit Tinkturen und Säften aufgereiht. Naturheilkunde der Ayurweda-Medizin. Der Mönch hilft kranken Leuten, die aus der Nachbarschaft seine Unterstützung erbitten. Unaufdringlich tut er das und ohne viele Worte. Die Bauersleute kommen am frühen Abend, wenn es bereits stockfinster ist und der lärmende Generator des Gästehauses die wenigen Glühbirnen aufleuchten lässt.

Da draußen in den Hütten aus Lehm und Stroh brennen nur Ölfunzeln und Petroleumlampen. Keine elektrische Leitung verbindet die Siedlungen mit dem Fortschritt der restlichen Welt. Bei meinen Streifzügen fällt mir auf, dass die Menschen in unmittelbarer Nachbarschaft mit ihren Büffeln, Kühen, Ziegen, Hühnern und auf deren Niveau leben. In Augenhöhe mit der Kreatur, sehr erdverbunden. Alles wird auf dem Boden getan, sitzend, gehend, hockend. Das malmende Wiederkäuen der Rinder, bei dem die liegenden Tiere nachdenklich wirken und so philosophisch klug, sich aus allem Händel der Welt herauszuhalten, bestimmt den Lebensrhythmus in unendlicher Gleichförmigkeit. Frauenhände formen aus Kuhscheiße, die mit Stroh vermischt wird, flache runde Fladen, Pfannkuchen gleich, die zu Haufen geschichtet oder an die Hauswände geklebt trocknen und später wertvolles Brennmaterial sind. Was hat sich im Alltag der Bauern seit Buddhas Zeiten verändert? Abhängigkeiten und Obrigkeiten wechselten und die da unten sind die Ärmsten der Armen geblieben.

Ich sehe einen kleinen Jungen, der nur ein löchriges Hemdchen anhat, ansonsten nackt und abgemagert ist und von Hautgeschwüren geplagt wird. Groß sind seine Augen, erstaunlich groß und schwarz in seinem winzigen Gesicht. Er wedelt mit einer zerfetzten indischen Nationalfahne aus bedrucktem Papier. Rot und weiß und grün leuchtet sie im Dreck. Auch das symbolische Rad im Mittelpunkt des nationalen Neubeginns wird von dem Jungen hin und her bewegt. Das Fähnchen ist übrig geblieben von einem nationalen Feiertag, verteilt bei der patriotischen Rede eines lokalen Politikers. Der rotznäsige Junge, der nun damit spielt, straft all die markigen Worte Lügen, die bei solchen Anlässen gesprochen werden. In der „Times of India" beklagt sich ein Leserbriefschreiber: „Noch 56 Jahre nach unserer Unabhängigkeit haben unsere Dörfer keine ausreichenden Schulen, keinen Gesundheitsdienst, kein sauberes Trinkwasser, keine Elektrizität. Die Träume, die wir zurzeit der Unabhängigkeit hatten, sind zerbrochen." Der indische Staat mit Atombomben, dem militanten Geschrei nach dem chauvinistischen Hindu-Staat Hindutva und dem Parteiengezänk scheint auf einem anderen Planeten zu sein. Im indischen Hinterland wirken seine Parolen leer und inhaltslos. Sie machen jedenfalls nicht satt.

Eine der Karikaturen von Laxman zeigt einen Wahlkämpfer im Dorf. „Ja ja", sagt er entrüstet und gibt sich aufrichtig, „ich mache von Wahl zu Wahl dieselben Versprechungen, und zwar: weil ich ein Mann von Prinzipien bin. Ich würde nie meine Versprechungen ändern." Kein anderer Cartoonist trifft die indische Befindlichkeit so haarscharf, komisch entlarvend und mit liebevoll-ätzender Ironie wie der Altmeister Laxman. „You Said It" ist seine tägliche Zeichnung auf Seite 1 der „Times of

India“ überschrieben. Ich bin geradezu süchtig danach und halte schon deshalb jeden Morgen nach einem Zeitungsverkäufer Ausschau.

An einem der Teestände löst meine Anwesenheit eine historische Tour d'Horizon der besonderen Art aus. Ob ich aus Korea oder aus England stamme, werde ich in gebrochenem Englisch gefragt und bin amüsiert, dass die bärtigen Männer mit den kräftigen Händen beides für möglich halten. Mein Hinweis auf Deutschland wird mit der Frage quittiert, ob dort Nagasaki und Hiroshima lägen. Meine Herkunft verhilft zu einem unterhaltsamen Hätten-Sie's-Gewußt? Ich kann zwar mehrere versäumte Dorfschuljahre der neugierigen Fragesteller nicht zwischen zwei süßheißen Schälchen Chai nachholen, versuche aber gutwillig meine Erfahrungen in der Erwachsenenbildung an den Mann zu bringen und staune, welche weltpolitischen Assoziationen im ländlichen Abseits Indiens mein Besuch bewirkt. Ehe noch einer der Bauern den Namen Hitler erwähnt, was unweigerlich folgt, kommt ihm ein anderer mit Mussolini zuvor. Zu welchen Gesprächen wohl ein wandernder Inder in deutschen Provinzen gebeten wird? Ob überhaupt jemand von ihm etwas wissen will?

Am Rande der Dörfer, von einem Wassergraben getrennt, ragt Ashokas Buddha-Bewunderung über 18 Meter in den Himmel. Auch hier setzte der Herrscher ein Zeichen seiner Pilgerreisen. Ob die Säule tatsächlich direkt etwas mit ihm zu tun hat oder aus seinem Umfeld stammt, ist unter den Gelehrten umstritten. Der Löwe da oben auf dem Lotoskapitell ist jedenfalls ein die Jahrtausende überdauernder Zeitzeuge für Ashokas Machtdemonstration auf Buddhas Spuren. Majestätisch thront der Leu auf seinen Hinterläufen, die Vorderpranken aufgerichtet, kraftvoll und gut erhalten in seiner Pracht des im Sonnenlicht glänzenden Steins. Das sitzende königliche Tier ist verwandt mit der Vierergruppe von Sarnath. Zu seinen Füßen breiten sich die rotziegeligen Ruinen von einstigen Klöstern und Stupas aus, kleine und größere abgerundete Hügel. Die Säule spiegelt sich im leicht bewegten Wasser des rechteckigen Teiches, der ehedem sakrale Bedeutung hatte. Auch auf diesem Feld ist zu erahnen, was Buddhas Lehre in Bewegung brachte, von Vaishali ausging und nie mehr hierher zurückkehrte.

In Vaishali beschäftigten sich die Bhikkhus ein Jahrhundert nach Buddhas Tod beim zweiten Konzil 383 v.u.Z. abermals mit dem Pali-Kanon, um verbindliche Klarheit über die Worte des Meisters und die Ordensregeln zu erlangen. Acht Monate lang stritten 700 Mönche unter dem Vorsitz des Bhikkhu Revata um eine gemeinsame Grundlage. Längst war die brüchig geworden. Als Kahlköpfe konnten sich die Mönche zwar nicht in die Haare geraten, doch die Unstimmigkeiten in der Auslegung der Lehre und des Verhaltens im Orden wurden offensichtlich. Vordergründig ging es um banale Gepflogenheiten wie das Salzen von Speisen, Essenszeiten und mehr oder weniger Bequemlichkeit in den Klöstern, also um den Vorwurf der Verweichlichung und des Aufweichens der strengen Vorschriften, die der Meister selbst verfügt hatte. Im modernen Sprachgebrauch nennt man das Richtungskämpfe. Theravadins nannten sich die Konservativen, nämlich Anhänger der Lehre der Alten. Als Mahasanghikas, Angehörige der großen Gemeinde, bezeichneten sich die Herausforderer. Die Spaltung bahnte sich an. Traditionalisten gegen Neuerer. Ein Jahrhundert nach dem Konzil in Vaishali bildete sich das Mahayana heraus, das Große Fahrzeug. Es verbreitete sich in den nördlichen Regionen, erreichte Tibet, China, Korea, Japan, nahm viele neue Schulen auf und spaltete sich weiter. Das Kleine Fahrzeug des Theravada ging von Sri Lanka aus in die südlichen Regionen und durchdrang die Kulturen in Burma, Siam, Laos, Kambodscha, Indonesien.

Über Vaishalis Ruinen neben dem dörflichen Leben liegt die Ruhe einer großen Geschichte, die hier schon lange keine Rolle mehr spielt. „Buddha, Buddha“, rufen mir Kinder zu und zeigen auf die Grundmauern eines Stupas, der nur noch ein Trümmerhaufen ist. Ich blicke in die gähnende schwarze Leere eines Lochs. Von den Mönchen und Pilgern der Jahrhunderte nach Buddhas Tod künden in Vaishali keine Namen mehr. Die ersten Europäer aber, die im 19. Jahrhundert hier eindrangen, hatten das Bedürfnis der „Verewigung“. Von einem gewissen J. Finch 1817 ist auf halber Höhe der Ashoka-Säule zu lesen, daneben konnte H. Hastings es 1853 nicht lassen, seine Schriftzüge der Nachwelt zu vermachen. Ich entziffere kopfschüttelnd, was dümmlich-überhebliche Eitelkeit mit dem Meißel in die Steine bannte. Touristen unserer Tage schmieren mit weniger dauerhaften Filzstiften ihr unwichtiges Gekritzel auf die buddhistische Hinterlassenschaft. Der nächste Regen tilgt die Spuren.

Der Löwe in luftiger Höhe hat seinen Blick nordwestwärts gerichtet wo Kushinagar liegt. Dorthin lenkte der Budda, 80-jährig bereits, krank und müde geworden, von Vaishali kommend seine letzten Schritte.

KUSHINAGAR

Die letzte Reise

Mit tapsend-tastenden Bewegungen kommt er die Markt- und Tempelstraße von Kushinagar herauf. Sein Blick verschwimmt im Unbestimmbaren. Die Pupillen schweifen umher, ohne einen Punkt zu fixieren. Die Augen schimmern trübe. Ein Mann, der die Richtung seines Lebens verloren hat, so scheint es. Ich schätze sein Alter auf Mitte 20, aber längst ist er in jene Gefilde eingegangen, wo die Jahre nicht mehr zählen, gestern, heute, morgen zusammenfließen, die Orte des Unterwegs-Seins unwichtig geworden sind. Ich beobachte die schwankende Gestalt von meiner Holzbank vor einer der Essensbuden. Er ist keiner der Sadhus mit Shivas Dreizack, die in rituell bemalter Nacktheit seltsam uniform sind und selbstbewusst das nördliche Indien durchwandern; dergleichen Heilige verlaufen sich selten in Buddhas Sterbewinkel Kushinagar; auch zu den hellwachen und aufdringlichen Berufs-Bettlern gehört dieser entrückte Geselle nicht; keine Absicht drängt ihn voran, kein Ziel lockt ihn mehr. Unschlüssig verharrt er, geht langsam weiter.

Er bleibt vor mir stehen und schaut mich an, doch ich habe nicht das Gefühl, wahrgenommen zu werden. Der Blick seiner wässrigen Augen ist eher in sich gekehrt als nach außen gerichtet, ohne freilich die ruhende Gelassenheit eines Buddha auszustrahlen. Den hageren Körper hüllen schmuddelige Tücher ein, dreifarbig, wie ich erstaunt feststelle. Nämlich grün und weiß und orange. Der Zufall mildtätiger Spenden oder auch nur der willkürliche Griff in den Müll brachten diese Kombination zustande. Das grüne Stück Stoff könnte eine Tischdecke gewesen sein, das weiße ein Laken, das orangefarbene ein Sari. Nun vereinen sich die Fetzen an diesem umherirrenden Außenseiter zur Trikolore, ungewollt und ohne tieferen Sinn, allein dem Zwecke notdürftiger Bekleidung dienend. Gleichwohl: der arme Teufel trägt Indiens Farben, deren nationales Symbol von Größe und Unabhängigkeit an dieser schlotternden Kreatur besonders fadenscheinig wirkt.

Aus seiner Plastiktüte kramt er einen verbeulten Pappbecher hervor und hält ihn stumm dem Koch hin, der hinter den Töpfen und Tellern steht, über dem Herd mit Holzfeuer in einer Eisenpfanne rührt und in brodelndem Öl kleine goldgelbe Teigtaschen mit Gemüsefüllung siedet, Samosas. Der geschäftige Essenszubereiter blickt auf, sieht den Bittsteller an, verzieht keine Miene und sagt kein Wort. Zwei Männer vis à vis auf den niedersten Stufen der indischen Gesellschaftsleiter; der eine ganz unten ohne eine Chance, jemals noch eine Sprosse höher zu steigen; der andere sorgsam

und fleißig bedacht, seine bescheidene Stellung zu bewahren. Sogar in dieser Szene wird Hierarchie spürbar. Mit einer Geste der Großzügigkeit greift der Essensmann zum Henkel der Aluminiumkanne und gießt in hohem Bogen heißen Tee in den Becher. Der Empfänger behält ihn in den Fingern der linken Hand und deutet vage mit gekrümmtem Zeigefinger der Rechten auf die Samosas. Wie von Geistern geführt tut er das, leicht nach vorn gebeugt, abermals stimmlos, aber in müder Beharrlichkeit, als stünde ihm eine solche Gabe zu. Der Mann am Ofen fischt aus dem Berg der frisch gefertigten Teigtaschen zwei heraus und legt sie dem grün-weiß-orangenen Gegenüber in die nun nach oben geöffnete Hand. Kein Dank. Kein erfreuter Augenaufschlag. Überhaupt keine Regung. Auf schmutzigen nackten Füßen schlurft der Unbehauste weiter. Kein Blick folgt ihm – außer dem meinen.

Ein paar Meter weiter hockt sich der solcherart Beschenkte in den Straßendreck, den Rücken an eine Bretterwand gelehnt, die Beine von sich gestreckt. Ein schwarzer Köter trottet daher und legt sich neben ihn als kennten sich die beiden seit langem. Das Fell des Hundes ist verfilzt und büschelweise ausgerissen, unbestimmbar Rasse und Alter, ausgemergelt der Bauch. In kleinen Schlucken nippt der Mann ohne Hast und Gier; zwischen jedem Zug lässt er lange Pausen als müsste er in seinen Gedankengängen nachforschen, warum er dies tue. Am Samosa knabbert er in auffälliger Langsamkeit wie jemand, der aller Leidenschaft ledig ist und nur noch eines im Übermaß hat: nämlich Zeit. Er wirft dem Hund ein Stück vom Samosa hin, nein eigentlich wirft er gar nicht, sondern legt es dem Tier vor die Schnauze, einem Verwandten im Elend. Mit den Vorderpfoten hält der Hund den Bissen fest. Er schnüffelt, dann beginnt zu kauen, auch er ohne zuschnappende Gefräßigkeit oder gar Eile. Das Paar ist ausgehungert, unterernährt, geschwächt, ausgestoßen und längst Teil des Unrats, aus und auf dem die beiden dahinvegetieren. In existentieller Übereinstimmung verzehren sie ein kümmerliches Mahl, das ihnen in stiller Duldung gegeben wurde. Von der Hand in den Mund, von der Pfote in die Schnauze. Der Unterschied schrumpft zur Bedeutungslosigkeit. Aufstiegsträchtiges Karma können sie in früheren Daseinsformen nicht angehäuft haben. Nein, es lohnt nicht, das irdische Jammertal ein zweites, nächstes Mal zu durchleiden. Wer von den beiden ist in welchem Stadium seiner Wiedergeburten?

Der Mann, dessentwegen ich nach Kushinagar komme, hätte vielleicht die Antwort gewusst. Er beendete nur wenige Schritte von dieser Essensbude und den beiden armseligen Kostgängern entfernt seinen Kreislauf des Kommens und Vergehens und verwehte im Nirvana der Todlosigkeit. Kushinagar sollte Buddhas letzte Station der lebenslangen Wanderschaft werden. In Rajagaha war der Meister mit seinen Getreuen zur Reise ohne Wiederkehr aufgebrochen, Bhikkhu Ananda, der vertraute, umsichtige, gefühlvolle Intimus stets hilfreich an seiner Seite. Die Pilgergruppe passierte Nalanda, kehrte in Pataliputta ein, der neuen aufstrebenden Hauptstadt des Magadha-Reiches (heute Patna), verweilte in Vaishali. Der Erwachte war müde geworden, hinfällig nach den Jahrzehnten des Umherschweifens, geplagt von den Gebresten des Alters. „Wie ein abgenutzter Karren nur noch mit Hilfe von Riemen funktionsfähig gehalten wird, so ist auch mein Körper nur noch mit Bandagen funktionsfähig…" So soll er sich beklagt haben. 80 Jahre drückten auf seine Schultern. Eine außergewöhnliche Lebensspanne in jener Zeit.

Es war einsam um ihn geworden. Buddha hatte seine Hauptjünger Sariputta und Moggallana überdauert, die Träger und Organisatoren des Ordens. Die befreundeten Könige waren unter unwürdigen Umständen gestorben; Bimbisara verhungert, vom eigenen Sohn hinter Gitter gesteckt; Pasenadi verraten und von seinen Rivalen um Amt und Würden gebracht, an Erschöpfung zusammengebrochen. Die Welt des nördlichen Indiens wurde machtpolitisch neu geordnet. Die Zeit der Republiken wie die der eigenen Sippe, der Sakiya von Kapilavastu, und der Licchavi von Vaishali und der Malla von Kushinagar ging zu Ende. Den Großreichen unter alleinregierenden Königen gehörte die Zukunft. Buddha als Mensch spielte darin keine Rolle mehr; er sah sein Lebenswerk vollendet. Der Greis, der auf ein wechselvolles Dasein zurückblicken konnte, einbezogen in umwälzende Ereignisse, Begründer einer Mönchs-Organisation von weitreichendem Einfluss, längst zur Legende geworden, die ihn als Person überhöhte, weltlichem Kleinkram entrückt – dieser Greis bereitete sich auf den Übergang ins endgültige Verlöschen vor.

Die Frage seiner Nachfolge beantwortete er auf Anandas Drängen abermals mit keinem Namen aus dem engeren Zirkel der Mönche, sondern blieb dabei: Die Lehre solle einzige Richtschnur künftiger Generationen von Mönchen und Laienanhängern sein: Dhamma in Pali, Dharma in Sanskrit. „Darum, Ananda, seid von nun ab euch selbst eine Insel, euch selbst eine Zuflucht, sucht keine andere Zuflucht; nehmt die Lehre als Insel, die Lehre als Zuflucht, nehmt keine andere Zuflucht!" Es war noch einmal der Aufruf, sich keiner übergeordneten Autorität zu unterwerfen, sich auf keinen Opfer-Handel des Geben-um-etwas-zu-bekommen einzulassen, das Heil nicht in der Gefolgschaft eines Gottes oder einer außerirdischen Macht zu suchen, sondern in den selbstgesteuerten Kräften in sich selbst.

In Pava, das zur Malla-Republik gehörte, waren Buddha und sein Mönchskreis zu Gast beim Schmied Cunda. Was immer der gute Mann vorsetzen ließ – das ominöse Gericht „Eberweich" wird in den Berichten erwähnt –, es bekam dem alten Meister nicht mehr. Nur er aß davon und ahnte wohl, dass diese Spezialität sein Ende rasant beschleunigte. Die Speise sollte zum Begriff der Buddha-Geschichten werden und zum kulinarischen Forschungsgegenstand, bei dem sich die Gelehrten bis heute uneins über die Zusammensetzung sind. Ausdrücklich vermerkte Buddha, dem Schmied möge ob des ungenießbaren Mahles, das den Meister aufs Sterbelager warf, kein Vorwurf gemacht werden. Es wird vermutet, dass Buddha bis Savatthi gehen wollte, um dort in einem der Klöster den Tod zu erwarten. Doch die Pilgergruppe kam nur noch bis Kushinagar, wo dem verendenden Buddha im Upavartana-Park unter Bäumen ein Lager bereitet wurde. Es war im März oder April 483 v.u.Z.; dies ist zumindest eine Zeitangabe, auf die sich namhafte Historiker geeinigt haben.

Die Getreuen nahmen Abschied von dem darniederliegenden Sterbenden. Buddhas Aufforderung, letztmalig aus seinem Munde die Klarheit in Fragen des Zweifels zu vernehmen, ließ sie stumm verharren. Kein Dialog mehr in den letzten Stunden, um den sich der Erwachte in den zurückliegenden vier Jahrzehnten verdient gemacht, den er gesucht und zur hohen Kunst der intellektuellen Auseinandersetzung entwickelt hatte. Mit brechender Stimme sprach er seine letzte Mahnung, deren Worte in den verschiedenen Überlieferungen und Übersetzungen variieren: „Nun denn, Mönche, ich beschwöre euch: Die Persönlichkeitsbestandteile (sakhara) unterliegen dem Gesetz der Vergänglichkeit. Bemüht euch angestrengt!“ Oder: „Allem, was entsteht, ist gegeben, dass es zugrunde geht. Seid wachsam!“ Oder: „Die Seinserwartungen sind nach ihrem Wesen vergänglich. Rüstet euch aus mit Wachsamkeit!“ Oder: „Alles Gewordene muss vergehen. Unermüdlich sollt ihr kämpfen!“ Oder: „Vergeblich sind die Gebilde, strebt ohne Unterlass!“ Oder: „Dem Verfall unterworfen sind alle Dinge. Strebt nach Erlösung.“ Oder eine englische Version: „All composite things decay. Strive diligently!“ Darauf ging er ein in das endgültige Verlöschen: Mahaparinirvana. Einer der einflussreichsten Denker der Menschheitsgeschichte hatte sein irdisches Ende erreicht.

Kushinagar ist heute kein eigentlicher Wohnort, kein Dorf, kein Markt, sondern Wallfahrtsstätte in flacher Landschaft. Nach Jahrhunderten der Vergessenheit war der Flecken, den keine Landkarte markierte, von Sir Alexander Cunningham 1861 in buddhistischem Zusammenhang ausfindig gemacht worden. Einige Jahre später begann sein Mitarbeiter Carlleyle mit ersten Grabungen, die allmählich Gewissheit über die historische Bedeutung des von keinem Buddhisten mehr besuchten oder erkannten Winkels erbrachten. Von der Hauptstraße zwischen der Großstadt Gorakhpur und dem Großdorf Kasia zweigt der Weg zu den historischen Plätzen rechts ab, durch ein hohes hölzernes Tor zu erreichen. Der Doppelbogen ist im Repräsentationsstil heutiger Selbstdarstellung der Uttar-Pradesh-Landesregierung von Lucknow errichtet. Das Brettergebilde ist mit Buddha-Motiven ausgestattet und, obschon nur wenige Jahre alt, schäbig, weil nach pompöser Einweihung sich offenbar kein höheres Polit-Wesen mehr dafür interessiert und für frische Farbe das Geld fehlt. Heldenverehrung à la India.

Der Pilgerweg wird von den üblichen Geschäften und Essensständen in einfachen Häusern und Bretterverschlägen gesäumt. Buddhistische Tempel und Gästehäuser, zurückversetzt zu beiden Seiten, künden von chinesischem, burmesischem, japanischem, thailändischem, tibetischem Bedürfnis, an Buddhas Sterbeort eigene Orte der Versenkung und Verehrung zu haben. Die farbenfreudigen Anlagen, einige mehrgeschossig und von beachtlicher Größe, bilden die Nachbarschaft zum Mahaparinirvana Chaitya, der Buddhas Sterbeort überwölbt. Der eigenwillige Tempel nebst

Stupa hinter blätterreichen Bäumen ist umgeben vom Ruinenfeld einstiger Klöster. In den 1950er-Jahren wurde diese Stätte in ihrer gegenwärtigen Gestalt gebaut. Die vier Säulen davor und das halbrunde Tonnendach mit den hufeisenförmigen Fensteröffnungen zu drei Seiten ist eine verfremdete aber gut wieder zu erkennende Nachbildung der Felsentempel von Karla und Bedsa und Bhaja und anderer buddhistischer Höhlen im südwestlichen Indien; und diese in das Gestein getriebenen Einsiedler-Klöster waren in der Ausformung bereits den ersten Mönchshütten aus Bambus und Holz nachempfunden worden. Das Zitat im Zitat. Grau und halbrund steht wie ein kompakter Wächter hinter dem Tempel der Nirvana-Stupa, dessen immer wieder erneuerter Kern aus dem 3. Jahrhundert u.Z. stammen könnte und einmal über 40 Meter aufragte. 1927 und dann wieder 1987 wurde der Stupa mit Geldern burmesischer Buddhisten restauriert, heute nahezu 20 Meter hoch.

Später Nachmittag. Wie ein Leichentuch breitet sich Dunst über die Mauerreste der einstigen Stupas und Mönchsbehausungen aus. Durch den verhangenen grauen Himmel schimmert blässlich gelb und schwach die Sonnenscheibe, nicht mehr wärmend, sondern Friedhofsstimmung verbreitend. In den Bäumen hängen Nebelfetzen. Es ist der meteorologische Zufall dieser Tage, aber wie inszeniert und atmosphärisch passend zum Ereignis des Ortes. Vor dem Tor des Tempels reibt sich ein alter Mönch am Holzfeuer die Hände. Im dämmrigen Innern des höhlenartigen Tempel-Gewölbes liegt der Erhabene in der Pose des Verlöschens, das Haupt nach rechts gerichtet. Die sechs Meter lange Gestalt ist aus Sandstein geformt und im 5. Jahrhundert geschaffen worden; golden bemalt, möglicherweise in Mathura gefertigt und von einem Mönch namens Haribhadra hierhergebracht. Der Raum mit dem liegenden Buddha hat etwas Feierliches. Die Besucher flüstern. Ich schaue in das Gesicht eines Schlafenden mit den entspannten Zügen dessen, der alles hinter sich hat, was Menschen widerfahren kann. Wülstig sind die Lippen, die Nase kantig, das Kinn fleischig halbrund. Wohlgenährt wirkt dieser Buddha, vollwangig, kein Asket, keiner, der sich zu Tode hungerte, sondern einer, der die Extreme menschlicher Möglichkeiten durchlebt hat und hochbetagt eines natürlichen Todes verschied.

Welch ein Gegensatz zu dem anderen Sterbenden, der mir in den Sinn kommt, Religionsstifter auch er. Schmerzverzerrt hängt der Mann am Kreuz, gemartert, gepeinigt, das personifizierte menschliche Elend mit offenen Wunden. Gedemütigt und verspottet wurde er in seinen letzten Stunden. Mit diesem Bild der geschundenen Kreatur bin ich aufgewachsen und habe nie begriffen, warum der zu Tode gequälte Mann zum Symbol des Christentums gemacht wurde, in jeder Kirche, in jeder Stube der Gläubigen zu sehen: ein Mensch in höchster Not und Verzweiflung. Warum ist nicht der Todesüberwinder zu solchem Sinnbild erkoren worden, sondern das Opfer von Folter und Denunziation? Warum der blutende Kadaver und nicht der strahlende Auferstandene? Die Hinrichtung am Freitag wurde Vor-Bild für christliche Selbstdarstellung, nicht die Überwindung des Grabes am Sonntag; und die Künstler wurden nicht müde, den Akt der Grausamkeit in allen Schattierungen fortdauern zu lassen. Da wird einer qualvoll am Kreuze umgebracht, in unendlicher Wiederholung bis auf den heutigen Tag. Ein Fall für Amnesty International.

Die Botschaft dieses dahingegangenen Buddhas ist ganz anders. Von Frieden ist das Gesicht gezeichnet, stilisiert und maskenhaft, auch dies ein Markenzeichen. Da liegt kein Opfer juristischer Willkür, niemand, der in die Mahlsteine der Mächtigen geraten war; keiner, der der Menschen Schuld auf sich nahm, sich nicht als Werkzeug eines Gottes verstand. Kein Prophet, der im Namen eines höheren Wesens die Stimme erhob und sich auf keinen Erzengel als Wortführer berief, kein Gottgesandter, sondern der, der sich selbst verwirklicht und anderen dabei den Weg des eigenen Handelns weist. Wenn wir den alten Geschichten glauben können, dann hat dieser Mann das gelebt, was er predigte, das getan, was er in Worte fasste: Leben und Lehre sind eins geworden. Welcher Prophet, Priester, Philosoph oder Politiker kann das wohl von seinen Verlautbarungen und seinem Tun behaupten? Viele, viele Meilen durchwanderte er die Welt seiner irdischen Jahre. Die Füße liegen übereinander, golden auch sie. Kompakt und massig und ohne Verzierung, ganz die verlässlichen Fortbewegungsmittel, von denen das Rad der Lehre begleitet wurde. Rührend wirkt der Anblick der beiden nackten Füße und trotz des glänzenden verfremdenden Anstriches menschlich. Die Pilger legen Geld davor nieder. Bärtige Aufpasser greifen danach und teilen die Spenden, sobald sie wieder unter sich sind: krämerhaft die Münzen und Scheine abzählend. Auch dies ist so menschlich.

Tod in bunten Tüchern

Eineinhalb Kilometer sind es von der Stätte des geistigen Verlöschens bis zum Ort der leiblichen Verbrennung. Rikschafahrer bieten ihre Dienste an, einen für ihre Begriffe wohlhabenden Wanderer wie mich mit schnöder Verachtung und Unverständnis verfolgend. Es ist auch hier nicht Geiz, der mich laufen lässt, sondern das Bedürfnis, zu Fuß dem Land und seiner Ausdünstung verbunden zu bleiben und das Tempo der Annäherung selbst zu bestimmen. Mehrmals lege ich in diesen Tagen den Weg zwischen Todestempel und Scheiterhaufen zurück, gehe hinaus in die Dörfer, schaue den Bauern bei der Zuckerrohrernte zu und verfolge, wie in Erdfeuern die grünbraune Melasse gekocht wird. Es riecht süßlich und bitter zugleich. Die Kinder kauen auf Zuckerrohrstücken herum und spucken die holzigen Fasern aus. Schwarzer beizender Rauch lässt einem die Augen tränen.

Unvermittelt in der Nachbarschaft bäuerlicher Hütten taucht ein gigantischer Ziegelhügel wie ein Zauberberg auf; unförmig breitgezogen sieht er einer Schutthalde nachlässig aufgehäufter roter Quader ähnlicher als einem sakralen Heiligtum. Ramabhar Stupa, nach einem flachen See in einiger Entfernung benannt. Hier waren Buddha verbrannt und später der gigantische Stupa zur Erinnerung gebaut worden. In der Tat war diese Gedenkstätte längst zum Steinbruch verkommen, Rohstofflieferant für die Behausungen ringsum; von den Landleuten in Unkenntnis der Flammen ausgeplündert, die Hunderte vor Jahren an dieser Stelle die sterbliche Hülle des Buddha verzehrten.

Der Tod des Ordensgründers löste unter den Mönchen Trauer und Verwirrung aus. Wie sollte das Verbrennungsritual vollzogen werden? Einem Ksatriya gemäß, einem Manne von hohem Adel, Sohn eines Rajas? Doch den Kasten hatte er sich ja entzogen, unter den Mönchen bedeutete die Rangordnung nichts mehr. Als Sramana und Gegner der brahmanischen Riten hatte sich Buddha ausdrücklich und vielerorts außerhalb gängiger Regeln gestellt. Sein eigener Wunsch, ihn als „raddrehenden Herrscher" einzuäschern, blieb zu vage, um die ihm angemessene Art und Weise zu bestimmen. Erst als der Mönch Mahakassapa eintraf und mit der Beherrschtheit eines Mannes, der sich als Buddhas Vertrauter des Ereignisses annahm, konnte der Scheiterhaufen entzündet werden.

Ich nähere mich dem Trümmer-Stupa auf Umwegen und begegne den Figuren, die einst dem jungen Siddhartha die Augen für das Leiden öffneten. Der alte Mann kommt mir entgegen, auf einen Stock gestützt, dem dritten Bein. Er entfernt sich humpelnd dem Leben, den Blick zu Boden gesenkt, auf dem bald auch sein Scheiterhaufen erglühen wird. Der Alte sieht mich nicht. Vor einer der Lehmhütten liegt eine Gestalt auf dem Flechtbett, unter Decken vergraben ein dahinsiechender Greis in seiner Hoffnungslosigkeit. Er hat die Augen geschlossen, aus dem offenen zahnlosen Mund rinnt ein Speichelfaden. Die ausgetrocknete Haut ist pergamenten braun

und stumpf. Das Alter. Die Krankheit. Siddharthas Schlüsselerlebnisse. Auch dem Tod schaue ich zu, wo sich das stille Flüsschen Roha durch die morastig-flache Landschaft schlängelt und einen weiten Bogen um die antike Stätte der Verbrennung zieht und verschwiegenen Platz bietet für die Zeremonie unserer Tage.

An seinem verschilften Ufer kreisen weiße Vögel wie Boten einer anderen Welt. Dünner fädiger Rauch steigt auf. Ich sehe einen lodernden Scheiterhaufen und habe doch zuerst den Eindruck, die Männer mit hölzernen Stangen, die das Feuer in Gang halten und die Glut auflockern, verbrennen Gartenabfälle oder die Reste einer zusammengebrochenen Hütte. So handwerksmäßig und sachlich verrichten sie ihr Werk. Die umstehenden Männer und Frauen nehmen von meiner Ankunft keine Notiz. Ich frage nach dem Leichnam. Einer der Männer sagt mir, eine Frau ist's gewesen. Ich vermag nichts mehr von ihr zu erkennen. So viele gefräßige Feuerzungen und schwarzverkohlte Stämme, so wenig Körper, der einmal Mensch gewesen war. Den männlichen Verwandten wird der Kopf geschoren, nur ein Haarbüschel am Hinterkopf bleibt ungeschnitten und steht als Zeichen der Trauer ab. Die Handlungen sind routiniert. Das festgetrampelte Erdreich am Ufer ist mit den Abfällen früherer Verbrennungen bedeckt. Bunte Stofffetzen liegen im dürren Gras, die Bambusstangen der Bahren, Kissen und Stroh, das letzte Lager der Toten. Nun ist es nur noch bedeutungsloses Gerümpel. Tod. Wiedergeburt. Tod.

Während der eine Holzstoß niederglimmt, wird ein zweiter aufgeschichtet, Holz gehackt. Die Axt spaltet krachende Scheite. Mehrere Bäume mussten gefällt werden, um solch gieriges Feuer zu nähren. Eine alte Frau wirft sich laut weinend über die am Boden liegende Bahre, die ich erst jetzt wahrnehme, so achtlos war die Totentrage neben einem Gebüsch abgesetzt worden. Die Frau schreit auf, reißt das Tuch zur Seite, das das Gesicht der Verstorbenen bedeckte, und nimmt es in beide Hände. Ein winziges runzliges Gesicht. Es verschwindet fast in diesen Händen, die gewöhnt sind, schwere Lasten zu tragen. Hier verrichten Bauern ihre Familienpflichten. Die Tote ist in grellbunte Tücher gebettet. Sogar beim letzten Dienst, den Verwandte zu erfüllen haben, gibt sich Indien farbenfreudig.

Zwei Männer nehmen die Leiche auf und tragen sie zum nun aufgestellten Holzhaufen der armdicken Äste. Ein leichtes Gliederbündel halten sie in den Händen und betten es auf das finale Lager. Der Kopf rutscht zur Seite als wollte die kleine, armselig alte Frau schlafen. Die gellende Klage der Tochter verebbt in einem Schluchzen und verstummt. Die Zubereitung des Scheiterhaufens nimmt die Gesellschaft in Beschlag und lenkt ab von Trauer und Traurigkeit. Man hat zu tun. Der Körper wird unter Holz begraben. Bald ragen nur noch die braunen Füße aus dem Geäst hervor, letztes sichtbares Zeichen menschlichen Seins. Derweil frisst eine Kuh das Stroh aus der Bahre, zupft die Halme heraus, mampft ungestört und unbeobachtet. So freundlich nahe sind sich Tod und Leben.

Ich halte mich abseits und beobachte aus der Distanz, verlegen darauf bedacht, nicht zu stören. Was haben sich Menschen alles einfallen lassen, den Tod zu überwinden. Alle Religionen kreisen in ihrem Ursprung um das Wissen von der existenziellen Endlichkeit irdischen Daseins und der Spekulation, was wo danach kommen könnte. Die Wurzeln aller Kulturen, mit denen das Leben in voller Blüte zu gestalten ist, reichen hinab zu den Gräbern. Aus ihrer Erkenntnis vom Sterben, dem einzig grundlegenden und wesentlichen Unterschied der Menschen zu den Tieren, richteten sie Steinmonumente auf, bauten Pyramiden, ersannen die Kunst der Einbalsamierung und erfanden Himmel und Hölle und das Nirvana, um dem Tod etwas entgegenzuhalten und um ihn ertragen zu können.

An den beiden Scheiterhaufen am Ufer des Roha-Flüßchens wird in indischem Drang nach Kommunikation viel geredet. Fast meine ich, Erbstreitigkeiten herauszuhören. Aber was wohl wird ein altes Frauchen aus einem Dorf hinterlassen? Am Stroh der Bahre tut sich nun eine zweite Kuh gütlich, bald eine dritte. Der erste Holzstoß ist zu glimmender rauchender Kohle zusammengefallen. Hände voll Wasser, das aus dem Fluss geschöpft wird, löschen die Glut. Ein Halbwüchsiger stochert mit einem Stöckchen aus der Asche einen Knochen heraus, den er in ein rotes Tuch wickelt und ins Wasser wirft. Diese Trauernden verlassen den Platz, ohne einen weiteren Blick auf das niedergebrannte Feuer zu werfen. Es ist nur noch ein schwarzgrauer Fleck. Eine der Kühe pinkelt.

Dann wird der neue Scheiterhaufen der zweiten Familie in Brand gesteckt. Der Sohn spricht rituelle Worte in rhythmischer Wiederholung. Die Verwandten schreiten im Uhrzeigersinn um die nun vom Wind angefachten Flammen. Die Zahl der angelockten Kühe hat sich auf sechs vermehrt. Keiner vertreibt die Wiederkäuer. Um den ersten Verbrennungsplatz kümmert sich niemand mehr. Es bleiben nichts als ein paar wenige schwarze Knochenkrümel und die Vorstellung der Lebenden von der Wiedergeburt. Hoffnung oder Alptraum? Die verbliebene Familie schart sich für ein Gruppenfoto um das aufflackernde Feuer, frische Blätter darauf werfend. Ich reise zu Beginn des 21. Jahrhunderts, und da wird auch von Dorfleuten dem papiernen Bild als Andenken mehr vertraut als der gedanklichen Erinnerung. Dies ist neu bei solchem Ritual, aber viel wird es nicht sein, was diese Verbrennung sonst noch von der vor zweieinhalbtausend Jahren unterscheidet.

Ein paar Steinwürfe weiter entdecke ich unter einem Vordach die schreckliche dunkelblaue Kali. Vierarmig reitet die Göttin der Verderbnis auf einem schwarzen Elefanten, die Augen aufgerissen, die rote Zunge drohend herausgestreckt, Angst verbreitend, die mit Opfergaben zu besänftigen ist. Unter einem Baum steht da ein hinduistischer Tempel von dörflicher Schlichtheit. Nebenan reckt sich Hanuman, der Affengott, in muskelprotzender Positur, bläht die Backen und hat die Tod bringende Keule über die rechte Schulter geworfen. Räucherstäbchen kringeln zarten Rauch in die Höhe. Auf Metallschälchen liegen Bananen, Blumen, Kekse. Auch Hanuman soll in seiner Art leben als einer, der dazugehört wie Kali und die anderen Götter, denen Ehrerbietung und Demut gebührt, damit sie wohlgesonnen sind.

Aus der Ferne trägt der Wind den Ruf eines islamischen Vorbeters herbei, mal lauter, mal leiser. Allah kann ich heraushören aus dem Lautsprechergesang irgendwo an einer Moschee, die ich nicht sehe, deren islamische Gemeinde aber akustisch präsent ist in der Nachbarschaft der großen Stupa-Ruine, die Buddhas Verbrennung markiert. Seltsame Eindrücke umfangen mich in packender Dichte. Das hinduistische Totenritual eben, die verwehte Stimme im Namen Allahs und der Stupa in räumlicher und zeitlicher Unmittelbarkeit. Ich muss an die Ringparabel denken. In ihrer indischen Version sind Hinduismus, Buddhismus und Islam verschlungen. Einträchtig nebeneinander, sich nicht die Überlegenheit streitig machend, erfüllt von gegenseitiger Wertschätzung. Welch schönes Bild, das keine Grenzen kennt. Leider zu schön, um wahr zu sein. Es stimmt nicht. Die Wirklichkeit ist voller Spannung und Zerrissenheit. Das Gleichnis von der Gleichheit, der Gleichwertigkeit und dem Gebot der praktizierten Humanität ist hier wie in der Lessing'schen Parabel ein unerreichtes und wohl unerreichbares Ideal geblieben.

Der da verbrannt wurde und verlöschte und ausbrach aus dem Kreis der Wiedergeburten hatte vier Jahrzehnte lang Toleranz gepredigt. Sogar hier noch in Kushinagar in den Sterbestunden. Pilger, die sich diesem Geiste verbunden und verpflichtet fühlen, kommen nun mit dem Verlangen, den spirituellen Erfahrungen einen räumlichen Bezug zu geben. Tibetische Mönche umschreiten den Stupa von rechts nach links. Einige halten weiße zarte Gebetsschals in den Händen, knüpfen Steine und Münzen hinein und werfen sie in hohem Bogen auf die roten Rundungen des Hü-

gels aus Ziegeln. Wie hoch der einmal gewesen war, lässt sich nur erahnen. Nach all den Plünderungen steigt er auf einem Basisdurchmesser von nahezu 50 Metern noch immer über 30 Meter an. Graugewandete Mönche aus Korea machen die Runde um Buddhas Berg. Nepalesische Frauen, Besucher aus Bhutan, Gruppen aus Thailand, Burma, Vietnam reihen sich ein. Ein farbiges Gewimmel dreht sich in Buddhas Namen im Kreise.

Am nördlichen Sockel werden Kerzen entzündet. Man bückt sich in ehrfurchtsvoller Gutwilligkeit. Mit den Händen werden die flackernden Flämmchen vor den Windstößen geschützt, um das Zeichen der Vergänglichkeit wenigstens in den Minuten des Hierseins zu erhalten. An Buddhas Gleichnis ist zu denken: Wie eine Kerze niederbrennt und kurz vor dem Verlöschen eine neue Kerze erstrahlen lässt, so sei Wiedergeburt zu verstehen. Materiell löst sich die eine in Nichts auf, existiert nicht mehr, ist bloße Erinnerung denen, die sie gesehen haben; aber das Lebenslicht wird weitergegeben und leuchtet auf in der nächsten Kerze, die für alle, die nur diese sehen, die Einzige ist. Auch sie wird verschwinden, aber zuvor ihr Licht übertragen und fortbestehen in neuer Gestalt. Die naiv-bildhafte Annäherung an Vergehen und Wiedergeburt ist einprägsam am Fuße des Stupas. Hier verbrannte Buddhas Körper. Der Funke seines Geistes aber sprang über und entzündete viele Geister seither. Freilich nicht immer in friedfertiger und ausgleichender Weise! Schon an der erkalteten Stätte des verlöschten Meisters gab es Streit von katholischer Qualität. Wem durften die Reliquien gehören? Die Lehre sollte Buddhas Leben überdauern, so sein Wunsch und Vermächtnis. Doch da war ja auch noch das Bedürfnis der Hinterbliebenen nach materieller Hinterlassenschaft. Zum Begreifbaren sollte auch das Greifbare kommen, zum Spirituellen das Sichtbare. Die letzten verkohlten Knöchelchen. Die Ascherește. Die Mallas, die Herren in Kushinagar waren, meldeten alleinige Ansprüche an. Nichts wollten sie teilen. Auf ihrem Territorium sei der Ordensgründer gestorben und verbrannt worden, keine Reliquie würden sie weitergeben. Schluss und keine weitere Debatte. Die Boten der Könige und Stämme, deren Gebiete der Erhabene auf seiner Lebens- und Pilgerreise durchwandert hatte, stimmten dem keineswegs zu. Aus allen Himmelsrichtungen waren die Abgesandten der Höfe und Ratshallen herbeigeeilt, dem Buddha die letzte Ehre zu erweisen und forderten nun ihren Anteil an Souvenirs. Die Diskussion dürfte kaum sehr erhebend und erbaulich gewesen sein. Das war eher Basar-Gefeilsche als Pietät. Erst die Worte des Brahmanen Dona, der den Handel pragmatisch anging, führten zum Einlenken der zänkischen Parteien. Es könne doch wohl nicht im Sinne des Verstorbenen sein, wenn eine solche Angelegenheit in Unfrieden ende, gab der kluge Mann zu bedenken. Man teilte schließlich brüderlich. Die Beauftragten kehrten mit Päckchen voll Asche und körperlichen Resten des Meisters in ihre Heimat zurück. So kam es, dass an verschiedenen Orten des alten Indien über Reliquien des Buddha die Halbkugeln der Stupas errichtet wurden, umgedrehten Almosenschalen nachgebildet.

Das Erhabene und das Lächerliche sind nur einen Schritt auseinander. Das wissen wir. Auch das Praktische für den Alltag ist da nicht fern. Mit jeder Pilgergruppe schwellt am Verbrennungs-Stupa das Gebetsgemurmel an und bei ihrem Weiterziehen wieder ab. Der Flackerschein ihrer Opferkerzen bleibt zurück. Alleingelassen. Wenn einige Zeit keine neuen Besucher erscheinen und die Wärter, die die Kerzen im Dutzendpack feilbieten, im Grase dösen, dann stürzt sich eine lauernde Meute von Dorfkindern auf die Lichter, macht sie aus und nimmt die wächserne Beute an sich mit Geschrei. Gegenseitig reißen sie sich die Kerzen aus den Händen. Die Stummel sind begehrt, können sie doch allemal zu abendlicher Stunde in den Hütten ringsum die Dunkelheit aufhellen, wenn wieder einmal der Strom ausfällt oder – was für die meisten ohnehin zutrifft – gar keine elektrische Leitung verfügbar ist. So erhalten die Kerzen eine doppelte Funktion, erstrahlen zum Lobe Buddhas und vertreiben den Ärmsten ein wenig die Finsternis. Die Kinder balgen sich darum, bis sie von den mit Bambusstangen bewaffneten Aufpassern vertrieben werden. Die ganz mutigen Jungen springen auf den Stupa mit gemsenhafter Geschicklichkeit, hangeln sich an den Vorsprüngen entlang und holen sich die Gebetsschals mit den eingeknüpften Münzen. Da wird gebrüllt und geschrieen und gelacht. Der Stupa wird zeitweise zum Abenteuerspielplatz. Geistigkeit und Lebenskampf liegen in unauflöslicher Verbindung dicht nebeneinander. So sorgt Buddha noch heute an diesem Ort für die Seinen - und die anderen auch.

Auf dem Rückweg zum Nirvana-Tempel komme ich rechterhand am Museum vorbei. Der hochaufragende Kastenbau mit repräsentativer Treppe und einem gepflegten Steingarten davor wurde mit japanischen Mitteln gebaut und 1993 eröffnet. Das Gebäude mit den weiten, dürftig oder gar nicht beleuchteten Sälen ist für die wenigen Objekte einige Nummern zu groß geraten und ist wieder einmal – wie andernorts im heutigen Indien auch – mehr Verpackung als Inhalt. Doch einige Stücke lohnen den Besuch. Vor dem fast lebensgroßen Buddha aus Mathura bleibe ich lange stehen, gehe weiter und kehre zurück. Ein eleganter Faltenwurf bedeckt den Körper aus anthrazitfarbenem Stein. Wellenartig und harmonisch verlaufen die Linien. Das ferne Griechenland wirkt nach. Die Skulptur stammt aus der Schule von Mathura und erinnert an die klassischen Formen, die in der Gandhara-Periode geschaffen und immer wieder variiert und kopiert worden sind. Die Arme ruhen in vollendetem Bogen im Schoß. Die Hände liegen in der Pose der Meditation übereinander, die Rechte über der Linken, die Daumen berühren sich. In der nach oben weisenden Handfläche liegt Chakra, das Rad der Lehre, zu bewundern wie ein Juwel. Mein Blick ist einzig darauf gerichtet. Der Buddha ist kopflos. Brutal abgeschlagen das Haupt, gestohlen, irgendwo auf der Welt in die Vitrine eines Museums verbannt oder in der Privatsammlung eines eigensinnigen Liebhabers versteckt. Wer weiß es. So wird der geköpfte Buddha zum Sinnbild der Abstraktion, wie sie ehrfurchtsvoll von den Jüngern in Symbole umgesetzt wurde, lange Zeit ehe der Erhabene in menschlicher Gestalt auf den Lotosthron kam. Nicht in das Antlitz des Buddha vermag ich zu schauen, sondern in seine Hände, die in bezaubernder Anmut diese runde Kostbarkeit bergen. Mehr noch: darbieten. Nimm das Rad auf, folge seinem Rat. Auf dieses Kleinod konzentriert sich die Achtsamkeit des Betrachters. Mir scheint, das Rad ist in guten Händen.

Relief an den Toren der großen Stupa von Sanchi.

FUNDAMENTE

PATNA

Asche im Museum

Der mürrische junge Mann an der Hotelrezeption in Patna erklärt mir umständlich, wie ich zum staatlichen Museum gehen könnte. Er ist der Tagportier und schaut mit einem Schlafzimmerblick herunterhängender Lider an mir vorbei als sei er der Nachtportier, der mir zu später Stunde die Tür öffnen soll. Schließlich sagt er näselnd Buddha Marg. Ich werde hellhörig. Na endlich. Das kann ich mir merken. Marg steht für breite, lange Straße. Als ich dann herausfinde, dass Buddha Marg nahe des Ganges auf den Ashok Raj Path stößt, sind die historischen Marken gesetzt. Ich bin auf dem richtigen Wege. Von alten Bäumen gesäumt führt die Straße in Patnas Zentrum. Einstmals war es eine noble Allee britischen Zuschnitts, heute ist sie so voll gestopft mit Autos, Fahrrädern, Motorrikschas, Kühen, Menschen, Verkaufsständen wie alle anderen Straßen der Hauptstadt von Bihar auch. Aber die heruntergekommenen Häuser lassen sogar mit ihren schäbigen Fassaden einen Hauch einstiger Vornehmheit erahnen.

Eine Klasse für sich ist das Museum. Schon von der Buddha Marg aus ist es hinter hohem Eisenzaun im gepflegten Park zu erkennen, rot und ocker und weiß gestrichen. Ein kompakter Farbklecks im dunklen Grün. Der palastartige Bau stammt vom Ende des 19. Jahrhunderts und beherbergt seit den 1930er-Jahren das Museum. In verspielt-protziger Weise ist es mit dem orientalisierenden Zuckerguss aus Türmchen und Balustraden ausgestattet, mit dem die Briten und ihre Architekten den Osten mit dem Westen versöhnen wollten. Letztlich machte solches Repräsentativ-Gemäuer jedem doch nur klar, wer tatsächlich das Sagen hatte.

Das Ticket gibt's schon am Kiosk auf der Straße neben dem Tor. „Wollen Sie wirklich Buddhas Asche sehen, nicht bloß das sonstige Museum?“, erkundigt sich der Wärter hinter der Bretterwand, „der einfache Eintrittspreis macht nur 5 Rupien“, sagt er als wolle er mich vor leichtsinnigen Ausgaben bewahren. Und Buddhas Asche?, frage ich. „Dafür müssen Sie 100 Rupien bezahlen.“ Das verdienen arme Schlucker in Patna nicht an einem Tag und ist allemal der Preis für ein üppiges Mittagessen. Ich nicke ergeben. Buddhas Asche ist mir den überhöhten Standardpreis für archäologische Besonderheiten in Indien wert. Der „Sunday Times of India“ dieser Tage konnte ich entnehmen, dass ich mit solchem Bildungstrieb zu einer unbedeutenden Minderheit gehöre. „Buddha's holy ashes fail to attract devotees“ lautete die Überschrift. Ein paar Monate zuvor war nämlich die Extra-Abteilung eingerichtet worden, ohne dass dies sonderlich aufgefallen war und weder nennenswert viele inländische oder ausländische „devotees“, also Bewunderer, Liebhaber, Verehrer des Meisters, angelockt hätte.

Mein Begehr mit der vorgezeigten Eintrittskarte im Eingangsbereich des düsteren Museums, dessen Innenräume das dunkelbraun gebeizte Gegenteil der farbenfreudigen Außenansicht bieten, löst denn erst mal eine gelinde Verwirrung aus. Der Wärter ist für Buddha nicht zuständig. Gelangweilt weist der Hüter der verstaubten und versteckten Altertümer auf die breite Treppe nach oben. Ich laufe lange Gänge entlang, sehe verschlossene Türen und habe das Gefühl, von einem gewissen Kafka begleitet zu werden. Indien amtlich. Im Direktorenzimmer mustert mich eine streng dreinblickende Dame, in Sari und Tradition gehüllt, als wollte ich intime Fragen stellen. An einem mit Papieren und Büchern überladenen Schreibtisch sitzen drei Männer, die sich arbeitend nicht ins Gehege kommen können, weil sie Zeitung lesen, jeder eine. Ich erwähne Buddhas Asche. Keiner blickt auf. Mich wundert in solch offizieller Umgebung immer wieder dieses personifizierte Desinteresse. Auf der Straße und in Restaurants bedrängt mich häufig hautnah-aufdringliches Woher-Wohin, mit dem kleine Leute en passant ihre Neugier und Geselligkeit befriedigen. In offizieller Räumlichkeit ist unsereiner Störfaktor, kein Gegenstand der Anteilnahme. Ich vermeide es, gekränkt zu sein. Also: Buddhas Asche. Wie gelange ich dahin? Ich wedele mit dem teuren Billett. Die Sari-Dame, die ja vielleicht die Direktorin ist, fixiert mich durch ihre Brillengläser, missbilligt offenbar meine Ungeduld und erwähnt beiläufig, erst müssten der Schlüssel nebst Begleiter gesucht werden, der mich führen wird.

Aus den weitläufigen Tiefen des Museumslabyrinths kommt schließlich ein Mann mit nachlässig gebundenem Schlips und einem Doktortitel. Er tut geheimnisvoll. Ein paar Gänge und Ecken weiter schließt er einen Raum auf, der sich von allen anderen unterscheidet, weil er mit einem Eisengitter gesichert und hell erleuchtet ist. Hinter einer hohen Glaswand ist das Modell eines Stupas zu sehen, darin ein zierliches elfenbeinfarbenes Gefäß, rund und in der Hälfte als Halbkugel geöffnet; etwa fünf Zentimeter im Durchmesser. Daneben ein Schälchen mit einem winzigen Häufchen, das wie milchigweißer Schaumstoff wirkt. Auf den ersten Blick bedeutungslos und unspektakulär. In dem ansonsten leeren Raum erscheint die kleine Urne, die mühelos von einer Kinderhand umfasst werden könnte, wie ein Gegenstand aus einer Puppenstube. Auch ein Eierbecher könnte als Vergleich herhalten. Der akademische Museums-Aufseher nickt mir aufmunternd zu. Ja, das ist es. Das Heiligtum. Buddhas Asche.

An den Wänden dokumentieren Fotos die Grabungen, und Landschaftsbilder von Vaishali zeigen die Herkunft der Kostbarkeit. 1958 waren indische Archäologen in der einstigen Hauptstadt der Licchavi-Republik auf die Suche gegangen. Wenn nach Buddhas Verbrennung in Kushinagar und dem Streit der Würdenträger um die Reliquien brüderlich geteilt worden war, um in acht verschiedenen urbanen Zentren der damaligen Reiche über den Asche- und Knochenresten Stupas zu errichten, dann müsste doch auch in Vaishali davon noch etwas zu finden sein. So die These. Sie sollte sich bewahrheiten.

Ich erkenne auf den Fotos die Fundamente des Stupas wieder. In Vaishali stand ich davor. Von Wellblech überdacht liegt da das ausgegrabene Rund der einstigen Grundmauern in heutiger Nachbarschaft des Wasserturmes und bäuerlicher Behausungen. Die Forscher fanden heraus, dass dies der Stupa war, den die Licchavis zu Ehren der ihnen zugestandenen Reliquien in der unmittelbaren Folge nach der Verbrennung erbauten. Demnach in der ersten Hälfte des 5. Jahrhunderts v.u.Z. Später wurde an- und überbaut. Auch Kaiser Ashoka soll daran mitgewirkt haben. Seinem frommen Eifer wird zugeschrieben, dass die kleine Kugelurne, die schließlich aus dem Boden von Vaishali geborgen wurde, nur noch zu einem Viertel mit einem Gemisch aus Erde und Asche gefüllt war. Den Rest soll der zum Buddhist bekehrte Monarch ebenso wie Teile der Reliquien aus den anderen Stupas verwendet haben, um sie in seinem großen Reich zu verteilen und sie in Tausende neuer Stupas zu betten. 84.000 sollen es gewesen sein. Das freilich ist nicht mehr zu überprüfen. Nur wenige der Stätten sind entdeckt worden; über die meisten wächst das Gras des Vergessens. Neben der nun im Museum von Patna aufbewahrten Urne ist eine zweite aus jenen acht Stupas der Reichs-Zentren aus Buddhas Zeit geborgen worden; sie stammt aus den Grabungen von Piprahwa, dem indischen Kapilavastu, und wird heute im Indian National Museum in Kalkutta aufbewahrt. Das dortige Gefäß, das dem von Patna ähnelt, enthält keine Asche mehr; die wurde vor Jahrzehnten dem König von Thailand geschenkt. Die Aufschrift des Deckels in Brahmi-Lettern gilt als eine der ältesten Inschriften Indiens.

Seit 1972 befindet sich die Urne von Vaishali, die keine Schriftzeichen aufweist, im Museum von Patna; im Januar 2003 wurde ihr der Sonderraum gewidmet, in dem ich mich nun umblicke. Ich recke den Hals, um dicht an die Glasscheibe zu gelangen, vor der eine Kordel allzu intensive Neugier abhält. Dr. A.S. Altekar, der die Grabungen 1958 leitete, ist nach seiner Erkenntnis überzeugt, dass die Urne die authentische Asche von Buddhas Verbrennung enthält, fügt aber in wissenschaftlicher Redlichkeit ein einschränkendes „most probably“ an, wie es die Dokumentation im Museum wiedergibt: höchst wahrscheinlich.

Dieses seltsame Gekräusel, griesartig und auch an schmutzigen Schnee erinnernd, ist möglicherweise etwas, was über zweieinhalbtausend Jahre nach seinem Hinscheiden von dem Menschen Siddhartha Gautama erhalten geblieben ist. Für die historische Bedeutung des Mannes ist das völlig unerheblich. Seine irdische Existenz ist längst so in Legenden verpackt; und die vielen buddhistischen Sekten, Strömungen, Schulen, die sich auf den Meister berufen, haben das individuelle Leben jenes Menschen vereinnahmt und ins Abstrakt-Religiöse erhoben, bei dem nicht mehr die tatsächliche Biographie eine Rolle spielt, sondern nur noch das, was daraus als Symbol, Sinngebung, Gleichnis abgeleitet werden kann. Dennoch haben sich einmal Könige,

Rajas, Bewunderer des Buddha um solche Hinterlassenschaft gestritten, haben die eindrucksvollen Halbkugeln der Stupas darüber gewölbt und damit auch die eigenen Interessen von Machtdarstellung zu Stein werden lassen. Deshalb erstaunt es mich, dass diesem Aschehäufchen von den Pilgertouristen nicht mehr Aufmerksamkeit geschenkt wird, dass es fast vergessen in den Innenräumen des Patna-Museums ist, endgültig in klinisch-steriler Präsentation der frommen Verehrung entzogen.

Tod und Verbrennung lösen beim Betrachter von makabren Ritualen ohnehin stets wechselnde Gefühle aus, zwischen Ehrfurcht und distanziert-kühler Beobachtung schwankend. Andernorts werden vermeintliche Zähne und zweifelhafte Haare und Knöchelchen des weltbewegenden Mannes aus Kapilavastu an populären buddhistischen Pilgerstätten verehrt. Angebliche Splitter vom Kreuz Christi und dessen Grabtuch und Knöchelchen von Heiligen wird ähnliche Aufmerksamkeit in der katholischen Welt zuteil. Frommes Erschauern macht den Reiz solcher kleinen Stücke von den Großen der Geschichte aus. Fetische gehören in allen Kulten zur Grundausstattung der Vermittler, der Priester, Brahmanen, Schamanen, Medizinmänner. So ist das nun mal seit alters her. Der Gläubigen kindlich-naives Bedürfnis nach Reliquien verbindet sie weltweit über die Schranken der Religionen hinweg. Buddhas Asche in der vergitterten Museums-Gruft wirkt da sehr profan. Kein bisschen Rankenwerk. Ein Objekt der Wissenschaft.

Ausgerechnet in dem Museumspalast, der so ganz von britischem Geist imperialer Weltherrschaft durchdrungen ist, auf Buddhas letzte Spuren zu treffen, wirkt befremdlich. Die unscheinbare Urne hat eine andere Qualität als Skulpturen, Bilder, Mandalas späterer Epochen. Der Gedanke fasziniert, mit diesem Gefäß in eine direkte materielle Verbindung zu jener Verbrennungs-Zeremonie in Kushinagar zu geraten. Zumindest die Phantasie wird angeregt bei der Vorstellung, dass sich vor zweieinhalbtausend Jahren die Würdenträger der Königreiche und Stammesrepubliken dieser Asche wegen fast in einen kriegerischen Konflikt eingelassen hatten, weil sie sich um die Reliquien stritten. Wie wichtig müssen sie ihnen gewesen sein. Erst Dona, der Brahmane, der der Verbrennung lenkend und weisend beiwohnte, konnte die Parteien besänftigen und überreden, redlich zu teilen. So berichten es die später aufgeschriebenen Überlieferungen. Ob es wirklich so gewesen ist, weiß niemand mit Bestimmtheit zu sagen. Aber um wie viel ärmer wäre die geistige Welt der Menschen ohne solche Legenden. Losgelöst und aus dem Zusammenhang genommen steht nun ein materielles Etwas dieser Geschichte vor mir in dem hölzernen Stupa-Modell, nur noch ein Stück Archäologie.

Wäre es dem Gegenstand nicht angemessener, die Urne dort wieder zu bestatten, wo sie gefunden wurde? Der Grundriss des einstigen Stupas von Vaishali, entsprechend gesichert und geschützt, wäre der würdige Ort. Mein Begleiter, der mich in dem sachlichen Raum keine Sekunde aus den Augen lässt, sich mit informativen Hinweisen zurückhält aber strikt darauf achtet, dass ich nicht fotografiere, schaut mich entgeistert an, als ich ihm diesen Vorschlag mitteile. „Wo denken Sie hin", widerspricht er heftig, „nur hier ist der Fund vor Schaden bewahrt." Da spricht der Museums-Mann, der das historische Erbe am liebsten hinter Glas sieht.

Nun, Sichtbares ist gerade in Patna von der Geschichte wenig übrig geblieben. Es gibt kaum eine andere indische Metropole mit einer so langen Vergangenheit und so dürftigem greifbaren Zeugnis grauer Vorzeit. Das heutige Patna hieß Pattaliputta (Pali) und Pattaliputra (Sanskrit), als an den Ufern des Ganges die neue Hauptstadt des Magadha-Reiches entstand. Ajatasattu, der gnadenlose Sohn König Bimbisaras, hatte das Machtzentrum von Rajagaha noch zu Buddhas Lebzeiten aus strategischen und wirtschaftlichen Gründen hierher verlegt. Er wurde damit zum Wegbereiter der späteren Maurya-Dynastie, deren dritter und mächtigster Regent Ashoka das erste indische Großreich schuf und von dieser Stadt aus beherrschte. Ashoka ist bei der Reise auf Buddhas Spuren imaginärer Begleiter, weil ohne seine Säulen und Felsdekrete als Markierungspunkte eine genaue Lokalisierung vermutlich gar nicht mehr möglich gewesen wäre. Schon deshalb lohnt es, gerade in Patna seiner Person und seiner Bedeutung für die Verbreitung des Buddhismus nachzugehen. Hier wurde er geboren. Eine verbürgte Jahreszahl dafür gibt es nicht; nur Schätzungen und Rückdatierungen aus den historischen Zusammenhängen heraus. Es könnte um 299 v.u.Z. gewesen sein. Als eine der herausragenden Saulus-Paulus-Gestalten der Weltgeschichte machte er eine einzigartige Karriere.

Der junge Mann wuchs als Nachfahre von Alleinherrschern auf, die ihre Völker von oben nach unten und mit eiserner Hand regierten und stets selbst in Gefahr schwebten, von Rivalen umgebracht zu werden. Eine ziemlich ungemütliche Lebensweise, bei der Vertrauen wenig, Kontrolle alles bedeutete. Das Gerangel um den Thron endete für einige der Beteiligten stets tödlich. Auch Ashoka wird nachgesagt, erst einmal seine Brüder und Halbbrüder unsanft aus dem Wege geschafft zu haben, um sich zu behaupten. Um 269 v.u.Z. hatte er es geschafft und konnte seine Krönung inszenieren. Bereits in jungen Jahren beschäftigte er sich mit der Lehre des Buddha. Doch dessen Appell zur Friedfertigkeit hielt Ashoka nicht davon ab, sein großes ererbtes Land, das den Norden Indiens umfasste und im Westen ins heutige Pakistan und Afghanistan reichte, nach Osten auszudehnen. Bei seinen Eroberungszügen gegen die Kalinga trat er so gewalttätig und Menschen verachtend auf wie es Könige seiner Zeit und in späteren Epochen auch taten. Er verleibte seinem Machtgebiet ein Filetstück ein.

Volk und Staat der Kalinga breiteten sich dort aus, wo heute Orissa ist und die lange Küstenlinie am Golf von Bengalen schon damals Seefahrt und Handel begünstigte. Von den Häfen der Kalinga segelten Geschäftsleute und Brahmanen bis nach Sumatra, Java, Bali. Da war nach Osten und Südosten hin über Wasser der Austausch von Gütern und Ideen in Gang gekommen, der von Ashokas Reich aus gen Westen über Land schon seit langem florierte. Kein Wunder also, dass die Begehrlichkeit des

Kaisers geweckt war. Zimperlich gingen seine Soldaten nicht vor. Die Bilanz des Feldzuges ließ Kaiser Ashoka in Felsen meißeln. Seine berühmten Edikte teilten den Untertanen mit: „Im achten Jahr seiner Regentschaft eroberte der Liebling der Götter (so der selbst gewählte Titel) Kalinga. 150.000 Menschen wurden in die Sklaverei verschleppt, 100.000 wurden getötet. Eine noch größere Anzahl starb aus anderen Gründen." Ob die Zahlen der Wirklichkeit entsprachen, wird man beim Umgang mit Statistiken, die damals wie heute von offiziellen Stellen schöpferisch und phantasievoll gestaltet werden, bezweifeln dürfen. Aber fest steht: Mit so viel Blut an den Händen hätte sich Ashoka anerkanntermaßen einreihen können in die bis in die Gegenwart reichende Clique machtgeiler Despoten, Tyrannen, Kriegstreiber, Präsidenten und anderer Gröfaze, die selbstgerecht über das Schicksal ganzer Völker entscheiden.

Dann aber passiert etwas im Lebenslauf des Kaisers, was ihn grundsätzlich von den Amtskollegen unterscheidet und den Historikern wie Psychologen und sonstigen Interpreten menschlichen Verhaltens einige Rätsel aufgibt. Irgendwie muss der Mann erkannt haben: bis hierhin und nicht weiter. Ob er schlaflose Nächte durchwachte, von rachsüchtigen Geistern der Toten heimgesucht wurde oder als klug kalkulierender Politiker die Einsicht erlangte, sein neues Riesenreich vernünftiger als alle seine Vorgänger zu regieren und – wie wir nun einschätzen können – auch als die meisten seiner Nachfolger, all das wissen wir nicht. Im Geiste Buddhas machte der Kaiser eine totale Kehrtwendung, was Gewalt und was Religion betraf.

Die Felsinschrift wird nämlich fortgesetzt: „Der Liebling der Götter strebt nun Gerechtigkeit und das Dharma an. So erwachte in seiner Heiligen Majestät die Reue darüber, dass er die Kalingas erobert hatte, denn die Eroberung eines bisher unbesetzten Landes bringt Mord und Tod und das Fortschleppen der Menschen in Gefangenschaft mit sich… Seine Majestät wünscht, dass alle Lebenden in Sicherheit, Selbstbeherrschung, Friedfertigkeit und Freudigkeit leben sollen… Und zu diesem Zwecke wurde dieses fromme Edikt geschrieben, damit meine Söhne und Enkel es nicht etwa für ihre Pflicht halten, neue Eroberungen zu machen. Sollten sie aber doch in eine Eroberung mit Waffen hineingezogen werden, dann sollen sie Gefallen haben an Nachsicht und Milde, und sie sollen als die einzige echte Eroberung die durch Frömmigkeit gewonnene erachten. Dies gilt für diese und auch die nächste Welt."

Dieses Bekenntnis veranlasste den Kaiser nun keineswegs, die unterworfenen Kalingas wieder aus seinem Machtbereich zu entlassen, aber er änderte grundlegend die Art seiner Herrschaft. Ein Kaiser, der ob seiner Gräueltaten und Kriegsgelüste öffentlich Reue bekundet und dies für alle Zeiten nachlesbar in Felsen schlagen lässt, ist in der Weltgeschichte eine Ausnahme. Persönliches Empfinden, staatspolitische Ambitionen und Einsicht in Buddhas Lehre werden zur Triebfeder eines Potentaten, der sein Amt als Übervater versteht und von sich sagt: „Alle Menschen sind meine Kinder."

An mehr als 30 Orten sind seine Felsbotschaften und Säulen gefunden worden, verteilt über das heutige Indien, Nepal, Pakistan, Afghanistan. Die Inschriften sind in einem sehr persönlichen Stil gehalten, der nicht nur den mächtigsten Kaiser seiner Zeit zu Wort kommen lässt, sondern auch den Menschen, der das Amt ausfüllt. Es sind die frühesten geschriebenen Zeugnisse dieser Art. Ashoka, der stets in der dritten Person von sich spricht, wird darin zum genialen Propagandisten, zum PR-Mann in eigener Sache. Die Nachwelt kann nur bedingt und widersprüchlich herausfinden, was moralische Absicht und was die Wirklichkeit seines Herrschens war. Es ist kein Bildnis von ihm überliefert, wie es ja auch keine authentische Darstellung des historischen Buddha gibt.

Ashoka verkörperte den Anspruch, einen Wohlfahrtsstaat zu begründen. Der soziale Aspekt seiner Regierung hat eine historisch völlig neue Qualität. Er lässt Krankenhäuser bauen, Raststätten, Straßen, Kanäle; er kümmert sich um den Naturschutz, ordnet die Anpflanzung von Heilkräutern und Bäumen an und verbietet das Abbrennen von Wäldern; er schränkt zumindest die rituellen Tieropfer ein, völlig verbietet er sie nicht; er schafft die Todesstrafe nicht ab, räumt aber den Delinquenten eine Schonfrist ein; er wird gemäßigter Vegetarier, der in seiner privaten Lebensführung bescheiden auftritt. Er bekennt sich als Laienanhänger zum Buddhismus und verbringt wahrscheinlich einige Zeit als Mönch in einem Kloster. Dann geht er einen entscheidenden Schritt weiter und macht den Buddhismus zur Staatsreligion. Das ist von größerer politischer Bedeutung als das Wohlwollen, das einst die Könige Bimbisara und Pasenadi dem Zeitgenossen Buddha entgegengebracht hatten. Erstmals wird der Buddhismus als eine den Staat verbindende Ideologie verstanden; eine Moralvorstellung, die über den Orden und seine Laienanhänger hinausreicht: ein Instrument, um einen Vielvölkerstaat zu regieren. Der Kaiser in Personalunion verkörpert weltliche und spirituelle Macht, Politik und Religion; er postuliert Gewaltlosigkeit, Freigiebigkeit, Mitleid aber auch Gehorsam. Was Ashoka in seinen Felserlassen zur Doktrin erhebt, ist vom buddhistischen Geist geprägt und damit für jedermann verbindlich: „...denn ich habe für das Heil der Welt zu handeln...ich will die Wesen zum Glück im Diesseits und zum Himmel bringen." Er will nicht gefürchtet, sondern geliebt werden von seinen Untertanen. Nicht Macht soll herrschen, sondern Recht. Er wirbt in seinen Edikten um Vertrauen.

Ashoka erfindet nicht nur einen neuen Stil der Selbstdarstellung in der Politik, er ist ein Praktiker, der seine Vorhaben auch organisatorisch und verwaltungstechnisch umsetzen lässt. Er führt so etwas wie Moralbeamte ein, die durch die Lande ziehen und auf die Einhaltung seiner Erlasse achten. Ganz mit dem Informationsbedürfnis eines modernen Staatenlenkers geht er selbst auf Inspektionsreisen und verlangt, ständig und überall auf dem Laufenden gehalten zu werden: „Ich habe gemacht, dass man mich auch beim Essen, im Frauengemach, im Park und sonst ständig unterrichtet und ich überall für das Volk arbeite..." Lange bevor es ein rotes Telefon und Handys gab, bestand er mit den Medien seiner Möglichkeiten auf präzise und aktuelle Meldungen zu den Geschehnissen in seinem Reich.

Die dem Buddhismus innewohnende Toleranz nimmt er ernst, soweit es seinen politischen Zielen nützt. Bezeichnenderweise nennt er sich den „Göttergeliebten", nicht den „Buddhageliebten". Die Sekten und Schulen, die Jaina-Anhänger und andere Religionen seiner Zeit werden nicht verfolgt oder zur Übernahme des Buddhismus gezwungen. Aber zweifellos hegt Ashoka missionarische Ambitionen. Kein Politiker hat für die Verbreitung des Buddhismus nach dem Tod des Begründers mehr und nachhaltiger gewirkt als er. In seiner Regentschaft werden die Wege geöffnet, die Buddhas Lehre zu einer Weltreligion aufblühen lassen. Er schickt buddhistische Prediger in alle Himmelsrichtungen. Sein eigener Sohn Mahinda geht als Mönch nach Sri Lanka. Die Insel sollte zum Brückenkopf werden, von dem aus Buddhas Weisheit in die Länder Südostasiens getragen wurde.

Unter Ashokas Vorsitz und damit in staatlich-politischem Patronat fand um 253 v.u.Z. in Pattaliputta das dritte buddhistische Konzil statt. Tausend Mönche waren eingeladen und hielten in neunmonatiger Klausur abermals fest, was Buddhas Lehre und die Regeln klösterlichen Zusammenlebens bedeuten sollten und was es an neuen Erkenntnissen und neu zu ordnenden, mündlich übertragenen Texten gab. Noch war Buddhas leibliche Existenz auf Erden in gewisser vager Erinnerung, aber längst hatten sich die Mönche und Laienanhänger im 2. Jahrhundert nach dessen Tod mehr mit den Folgen seiner Lehre auseinandergesetzt und seine Biografie in Parabeln überhöht. Von 17 Schulen, die sich auf Buddha berufen und eigene, getrennte Wege gehen, ist bereits die Rede. Das Schisma war längst eingeleitet. Ashoka, der sich der ursprünglichen Lehre, dem Theravada verbunden fühlt, ist im Interesse seiner Politik an der Einheit des Ordens gelegen. Das macht er beim Konzil allen klar und warnt auf Felsen vor der Spaltung. Wer sich nicht fügte, wurde geschasst. Es ist die Rede von den weißen Kleidern, die den Häretikern verpasst wurden; sie mussten also die gelbe Robe ausziehen. Dass dies den Toleranzbegriff aus pragmatischen Gründen einengte, ist nicht zu übersehen.

Ashoka herrschte mehr als drei Jahrzehnte. Doch sein Reich war nicht von langer Dauer. Weniger als 50 Jahre nach seinem Tod um 232 v.u.Z. zerfiel sein epochales Lebenswerk. Die Thronerben zerstritten sich in alt gekannter Manier und Grausamkeit. Die in Felsen geschlagenen Mahnungen zu Frieden und Toleranz waren beständiger als deren Beherzigung und Verwirklichung. Buddhas Lehre taugte ohne Ashokas Persönlichkeit auf Dauer offenbar nicht als Regierungspolitik. Der Buddhismus blieb trotz des Kaisers Ashoka ausdrücklicher Bevorzugung eine Religion neben anderen.

Mit den Aufträgen für Stupas und Säulen und deren raffiniert gestalteten Verzierungen wurde Ashoka auch zum Förderer der Künste. Patilaputta war eine Stätte der Prachtbauten, wie der griechische Botschafter Megasthenes bezeugte. Die Kapitale zog sich lang gestreckt über mehr als zehn Kilometer am südlichen Ufer des Ganges entlang. Das Verteidigungs- und Abwassersystem wurde gerühmt. Heutzutage im einstigen Mittelpunkt des Ashoka-Reiches auf die Spurensuche zu gehen, ist freilich enttäuschend. Dass dies einmal eine Weltmetropole war, gibt das gegenwärtige Patna nicht mehr preis. Nahezu zwei Millionen Menschen leben in der Stadt, die weiter wuchert und alle Probleme indischer Urbanität exemplarisch vorführt und entgegen ihrer einstigen Bedeutung seltsam geschichtslos wirkt. Hier wurde in all den Jahrhunderten abgerissen und neu gebaut, überbaut; tief reichen die Schichten im morastigen Boden am Gangesufer nicht; und das Interesse an Vergangenheit ist bei Menschen, die vollauf mit dem Überleben in der Gegenwart beschäftigt sind, gleich Null.

Im Trubel vor dem Bahnhof und dem lautstarken Durcheinander von Kommen und Gehen versuche ich, zu historischen Dimensionen vorzudringen. Kumrahar nenne ich dem Rikscha-Fahrer das Ziel meiner Erkundung. Müdes Kopfschütteln. Ich muss einige Male fragen, erklären, nachhaken, ehe sich einer bereit findet zur Tour in die Vergangenheit. Durch die Gassen der Händler rattert das Bajaj, entkommt nur langsam dem Gedränge und steckt immer wieder im Stau. Indiens Menschenmilliarde ist hautnah allgegenwärtig. Sechs Kilometer weiter östlich sehe ich ein verrostetes Schild am Straßenrand. Kumrahar entziffere ich im Vorbeifahren und stoppe den Fahrer, der weder den Hinweis bemerkt noch eine Vorstellung von diesem Ort hatte. Ich erkenne schnell, dass ein Mann seines Schlages auch keinen Grund hat, hierher zu kommen. Die 5 Rupiah Eintritt kann er sich sparen; die 100 Rupiah, die mir als Ausländer abverlangt werden, sind durch keine Sehenswürdigkeit gerechtfertigt. Ich spaziere durch einen kleinen Park und suche vergebens nach der Vorstellung, dass dies das letzte authentische Fleckchen des Pataliputta aus Ashokas Ära ist. Für Stupas und sakarale Bauten wurden Steine aufgetürmt; für Wohnhäuser und Amtsstuben aber reichten Holz- und Lehmwände. Feuer und Verwesung begrenzten deren Lebensdauer. Sollte hier tatsächlich einmal eine dreistöckige Versammlungshalle gestanden haben, gar der Palast des Kaisers? Unvorstellbar heute. Ein paar Holzbalken, aus dem Morast geborgen, gelten als Beleg einstiger Bauten. Im kärglichen Museum, eher ein Schuppen als eine Stätte von Zeitzeugen historischen Tiefgangs, liegen ein paar Terrakottafiguren; und von Insekten angenagte Fotos lassen Ausgrabungen erahnen.

Groß ist Patna, von Größe aber hat die Stadt gar nichts mehr. Vielleicht idealisiert man und lässt sich zu sehr von antiken Bildern leiten, die schematisch und holzschnittartig gezeichnet sind. Die Enttäuschung ist vorgezeichnet, davon etwas zu erhaschen. Die Stadt der Maurya-Kaiser muss von einer Ordnung geprägt gewesen sein, von Stil, Autorität, von jenem Wunder, das Indien einmal war. Wenn man in das heutige Chaos kommt, das Patna heißt oder auch Kanpur oder Kalkutta, dann fehlt dieser innere Zusammenhang, der die Idee epochaler Staaten ausmachte und Bauten von Charakter hervorbrachte. Stundenlang, tagelang lasse ich mich durch Patna treiben. Zu Fuß. Auf dem Rücksitz eines Motorrikschas. Im Omnibus. Einige Überbleibsel aus kolonialer Zeit haben Profil und strahlen auch im Verfall den damit verbundenen Machtanspruch aus. Neuere Bauten wirken dagegen gesichtslos, austauschbar, sind nur Betonklötze und verrotten, noch ehe sie fertig sind; und sie scheinen nie fertig zu werden. Stets geht das Geld aus. Dieses Steckenbleiben ist kennzeichnend für das heutige Indien. Das wuchert aber es blüht nicht. Auch die Banken, Geschäftshäuser, Tempel und Moscheen unserer Zeit sind meist nur Mauern, aus denen Moniereisen ragen: die rostenden Krallen des Unvollendeten. Wenn das Bild von den versunkenen Reichen wörtlich zu verstehen ist, dann hier in Patna in Bihar. Im Namen des indischen Bundesstaates steckt übrigens das Sanskrit-Wort vihara, das Kloster bedeutet. Nicht das städtische Patna hat Bilder von historischem Belang zu bieten, sondern Sanchi im dörflichen Abseits.

SANCHI

Fenster in die Vergangenheit

Ich blicke weit, weit zurück in die Vergangenheit wie durch ein Fernrohr, das mehr als zweitausend Jahre durchschaut. Vor mir breitet sich eine urbane Hochkultur aus. Ich gehe auf einen imaginären Spaziergang und bin begeistert von dieser Augenweide. Die Stadt ist von hohen glatten Mauern mit Türmen und Toren umgeben, die Geschlossenheit demonstrieren und den Bewohnern ein Bollwerk der nach innen gerichteten Ordnung bieten, die nach außen wirkt. In den breiten Gräben vor den Mauern sind Gärten angelegt, ebenso in den Innenhöfen. Es grünt und blüht. Freistehende steinerne Portale mit dreifachen Architraven, elegant geschwungenen Querträgern, empfangen den Besucher. Die Haupttore ragen hoch auf, sind ebenso wie die Amtsgebäude und die mehrgeschossigen Bauten der Reichen von Tonnendächern bedeckt und haben umlaufende Balkone. Die Häuser sind aus Backsteinen, Holz, Bambus und mit Stroh vermischtem Lehm errichtet. Sie wirken überaus stabil und dauerhaft. Die Höhe der Gebäude beeindruckt und wirkt seltsam modern. Die Straßen sind breit und lassen Platz. Mehrere Pferdewagen können nebeneinander fahren. Zweirädrige Ochsenkarren transportieren die Lebensmittel aus dem ländlichen Umfeld in diese städtische Welt der Tempel, Amtsstuben, Gefängnisse, der kunstvoll angelegten Wasserbecken und freien Plätze. Ihre Erbauer und Bewohner haben Stil und einen aufrechten Gang. Selbstbewusste Menschen schauen von Veranden und Pavillons aus über diese geordnete Stadt der Wohlhabenheit. Alles atmet Größe und eine in sich ruhende Erhabenheit. So stellt sich ein goldenes Zeitalter dar. Ich lasse die Augen schweifen und entdecke immer neue Einzelheiten.

Ja, so könnte das Patilaputta des Kaisers Ashoka ausgesehen haben. Ich schwelge in Sanchi zumindest optisch in dieser Einsicht, 800 Kilometer südwestlich der einstigen Metropole jenes frühen Weltreiches gelegen. Die steinernen Bilder von Sanchi öffnen ein Fenster in die Vorzeit und vermitteln ein Panorama, das das heutige Patna nicht zu bieten hat. Die Reliefs auf den Toren, den Toranas, strafen die Vergänglichkeit Lügen. Als hätten die Steinmetze gestern erst ihre Meißel beiseite gelegt, so frisch und unverdorben wirken ihre Meisterwerke. Wieder ein Wunder Indiens.

Sanchi ist die weltberühmte Anlage mit Stupas und Klosterruinen, deren Anfänge ins 3. Jahrhundert v.u.Z. zurückreichen. Es liegt im Bundesstaat Madhya Pradesh. Die Industriestadt Bhopal ist 50 Kilometer entfernt. Bhopal? Natürlich: 1984 machte sie Schlagzeilen und erlangte traurige Berühmtheit durch das Giftgasunglück der

Firma Union Carbide. Mehr als tausend Menschen kamen dabei ums Leben, Tausende erlitten gesundheitliche Schäden. Das Desaster um menschliches Versagen, mangelhafte Sicherheit und Arroganz der Bosse als tragische Verquickung im Namen fragwürdigen Fortschritts hat sich ins Bewusstsein eingraben. Bhopal wurde zum Inbegriff unverantwortlicher Profitgier auf Kosten namenloser Opfer. Der juristische Streit um Kompensation und Schadensersatz dauert an. Auch bei Reisen in Indiens Frühgeschichte holt einen die Gegenwart immer wieder ein.

Schon von der Eisenbahn aus ist der Hügel von Sanchi zu sehen, hundert Meter hoch, eine harmonisch gewölbte Landmarke in der weiten Ebene. Ich bin einer der wenigen Fahrgäste, die hier aussteigen. Tief durchatmen. Endlich mal kein Gewimmel, kein aufgeregtes Durcheinander. Wohltuende ländliche Gemächlichkeit empfängt mich. Der kleine Bahnhof wirkt idyllisch verschlafen. Niemand will mir etwas verkaufen. Keine aufdringlichen Kinder. Ich werde überhaupt nicht beachtet. Bin ich noch in Indien? Ein buddhistisches Gästehaus der einfachsten Art, ein überschaubarer Markt, das etwas komfortablere staatliche Bungalow-Hotel hinter Bäumen, für das ich mich entscheide, ein paar Straßen weiter das Dorf mit lehmverputzten Häusern. Alles unauffällig und ohne Hektik. Indien im Winkel.

Da oben auf dem historischen Hügel ist tatsächlich die Flucht aus der indischen Gegenwart in vermeintlich bessere Vorzeiten möglich. Wenigstens vorübergehend. Wie durch eine Hintertür schlüpfe ich hinein in das weitläufige Grabungsfeld der Vergangenheit. Ich hatte zuvor Fotografien von Sanchi gesehen, doch kein Bildausschnitt kann etwas von den Ausdehnungen des Komplexes und seine wunderbare

Lage unter weitem Himmel wiedergeben. Über ein unregelmäßiges Rechteck von fast 400 mal 200 Metern erstrecken sich die Anlagen. Hier wurde vom 3. Jahrhundert v.u.Z. bis zum 13. Jahrhundert gebaut, erweitert, aufgestockt. Ashoka war in diesem Teil Indiens als junger Mann stationiert und gewann als Statthalter des von Patilaputta regierten Maurya-Reiches gründliche Erfahrungen im Umgang mit der Macht, ehe er sie selbst übernahm. Seine erste Frau stammte von hier. Kann sein, dass dies für den späteren Kaiser ein Anlass war, auf diesem Hügel einen Stupa mit Reliquien des Buddha errichten zu lassen. Fest steht: Sanchi umfasst das Aufblühen des Buddhismus bis zu dessen Verkümmern und Absterben in Indien, eine Spanne von mehr als einem Jahrtausend. Übergänge sind erhalten geblieben. Hinduistische Tempelruinen, mit massiven Steinen gebaut, stammen aus dem 5. und dem 9. Jahrhundert und künden von tolerantem Nebeneinander in unmittelbarer Nachbarschaft der buddhistischen Klöster.

Der historische Buddha ist – soweit wir es wissen – nie in dieser Region gewesen; keine authentische Fußspur gilt es also ausfindig zu machen, sondern die Auswirkung der Lehre. Hier fiel sie auf fruchtbaren Boden, der zum Fundament wurde. Die Vielzahl der kleineren Stupas, der Tempelruinen, der einstigen Klöster ist beeindruckend. Die Phantasie lässt sie wieder auferstehen auf den Grundmauern: mehrstöckige Gebäude mit Mönchszellen, Gästezimmern, Speisesälen, Schulen, in gebührendem Abstand über die Hochfläche des Hügels verteilt. Trotz des Verfalls ist noch immer etwas von der Ernsthaftigkeit zu spüren, mit der hier Ordensleute und Pilger und Stifter um die Seinsfragen bemüht waren. Auch Sanchi war bis zum Beginn des 19. Jahrhunderts ins Abseits der Bedeutungslosigkeit geraten und verfiel und verkam; der Dschungel holte sich zurück, was ihm die Zivilisation genommen hatte. Zufällig wurde die Stätte 1818 durch den britischen General Taylor wieder entdeckt, der von deren historischen Dimensionen keine Ahnung hatte, aber dafür sorgte, dass sich Europäer dafür interessierten. Die Ausgrabungen der folgenden Jahre waren stümperhaft und zerstörerisch. Souvenirjäger hackten auf den Steinen herum. 1851 erkannte Sir Alexander Cunningham das wahre Gewicht dieser Stätte. Erst 1881 wurde unter dem Kommando Major Coles ernsthaft mit der Bestandsaufnahme und Sicherung der Anlage begonnen. Was ich heute bewundere, geht mit Restaurierung und systematischer Kennzeichnung auf die Arbeiten von 1912 bis 1919 zurück.

Kein anderes Bauwerk, das in Ashokas Ära wurzelt, ist so gut erhalten und einfühlsam wieder hergestellt worden wie der große Stupa mit den vier Toren, die im Abstand einiger Meter in den vier Himmelsrichtungen davor aufragen. Tore ohne Türen. Mein Déjà-vu-Erlebnis. Ich stand schon einmal davor – und doch wieder nicht. Eine getreue Kopie des Osttores hatte ich vor Jahren im Berliner Völkerkundemuseum in Dahlem bewundert, wo das Museum für Indische Kunst die umfangreichste Sammlung dieser Art in Deutschland präsentiert. In Kunststein ist das Portal dem Original täuschend ähnlich nachgebildet. 1865 hatte Napoleon III. den Abguss

eines der damals wiedererrichteten vier Stupatore von Sanchi in Auftrag gegeben. London und Berlin erwarben zwei Jahre später aus Paris je einen Satz der Formen. Im Garten des Dahlemer Museums steht nun das Tor wie eine Verheißung Indiens mit seinen Kostbarkeiten. Mit den beiden steinernen Pfosten und den drei übereinander liegenden Querbalken hat es eine charakteristische Gestalt, die man, einmal gesehen, nie mehr vergessen wird. Es gibt Wünsche, die kindlichen Vorstellungen folgen und sich festsetzen im Unterbewussten; der Wunsch, Sanchi zu besuchen, ist so einer gewesen über viele Jahre. Irgendwie schien mir dieser Ort unerreichbar zu sein, eher in den Träumen angesiedelt als auf einer Landkarte. Nun stehe ich da oben und trete durch das originale Tor. Ich bin bewegt. Das große Staunen umfängt mich in diesen frühen Morgenstunden, da ich fast alleine den Hügel mit den zahlreichen Ruinen durchwandere und immer wieder aufs Neue diese hohe Pforte und die drei anderen betrachte. Ein schwärmerisches Glücksgefühl kommt auf.

Tote Steine um mich herum, viele stumme Zeugen einer großen Zeit; in den Reliefs der Tore mit den Architraven wird sie eindringliche Gegenwart. In ihrer Bilderfülle, die zur ständig neuen Entdeckung von Details verführt, stehen die Portale ganz im Kontrast zu den strengen Linien des Stupas. Nahezu 17 Meter wölbt sich die oben leicht abgeflachte Halbkugel über einem Durchmesser von fast 40 Metern. In dieser majestätischen Größe wird der Bau im 2. Jahrhundert v.u.Z. datiert; die kleineren Ursprünge werden ins 3. Jahrhundert v.u.Z. und damit in der Zeit Ashokas vermutet. Er ist ein Musterbeispiel für dieses charakteristische Bauwerk des Buddhismus. Was später andernorts aufwendig vergoldet wurde – wie die Shwedagon-Pagode in Rangoon, Burma –, was in eine Glockenform gegossen wird – wie in Sri Lanka –, was mit neun Pagodendächer in den Himmel wächst – wie in Japan –, was zum Tempelberg erhöht wurde – wie der Borobudur im zentralen Java –: hier ist die klassische Rundung ursprünglicher Bauweise zu sehen. Schlicht, monumental, vollkommen. Eine übermannshohe Mauer umrundet ebenerdig das Bauwerk, die steinernen Pfosten wirken wie Palisaden aus Holz geformt, was in die Ursprünge buddhistischer Kunst zurückreicht als auch solche Umzäunung mit hölzernen Materialien errichtet wurde. Eine sanft geschwungene Treppe führt an der Basis zu einem Wandelgang rund um den Stupa. Von dieser Höhe aus lassen sich die rückseitigen Reliefs der Tore am besten betrachten. Sie stammen aus dem 1. Jahrhundert v.u.Z. Ich bin in Augenhöhe mit der auf den ersten Blick verwirrenden Vielfalt der Motive. Das Fernglas verhilft zu intimen Beobachtungen. Ich verliere mich im steinernen Bilderbuch, das die Wege des Buddha illustriert und Alltagsszenen wie Momentaufnahmen festhält.

Welch ein Reichtum an Bildnissen. Bei der Überschlagrechnung anhand des Begleitheftes zähle ich mehr als 170 in sich geschlossene Szenen. Immer wieder sind die Stadtansichten einbezogen als Schauplatz des Geschehens. So wird deutlich, in welchen Mauern sich das abgespielt hat, was die frommen Legenden überliefern. Die urbane Kulisse gibt eine solide Vorstellung des einstigen Lebensumfeldes, in dem ja nicht die stilisierten Figuren agierten, die spätere Geschichtsschreibung überhöht und abstrahiert, sondern Menschen aus Fleisch und Blut. Davon erzählen die Reliefs in erstaunlicher Genauigkeit. Ein hilfreicher Gedanke zum Verständnis, den Hans Wolfgang Schumann für die Beschäftigung mit Buddha und seiner Zeit empfahl, kommt mir in den Sinn: „Man tut gut daran, sie als eine Epoche anzusehen, deren Menschen sich von uns Heutigen weder im Intelligenzgrad noch im moralischen Standard, sondern lediglich durch ein anderes Weltbild und geringere technische Naturbeherrschung unterscheiden, im Übrigen aber von denselben Sehnsüchten und Hoffnungen bewegt werden wie wir." Und von denselben Intrigen, Bosheiten, Streitigkeiten und Betrügerein, so wäre realistischerweise anzufügen.

Ich schaue in vollwangige Gesichter mit individuellen Zügen, fleischigen Lippen, mit kunstvollen Turbanen und phantasievollen Frisuren ausgestattet. Die Schatten geben dem Treiben der Menschen eine plastische Tiefe. Sie sind unerhört lebendig dargestellt, mal von vorn, mal im Profil und scheinbar herausgelöst aus der steinernen Starre. Sinnlich wirken die Damen mit entblößtem Oberkörper. Wenn es schon Büstenhalter gegeben hätte, wären Übergrößen erforderlich gewesen. Nein, ein Ausdruck von Leibfeindlichkeit und Prüderie geht von diesen Figuren nicht aus. Ich stelle mir vor, mich unter die Leute zu mischen. Überall ist etwas los. Männer sind ins Gespräch vertieft, man meint Rede und Gegenrede zu vernehmen. Bei Prozessionen werden Fahnen, Girlanden, Blumen getragen. Allerorten Lebenslust. Ich meine, die Menschen sind mehr mit dem Diesseits beschäftigt als mit den Dingen des Jenseits. Die kugelbäuchigen Yakschas, die zu viert die Kapitelle tragen, sind wohlgenährt und verkörpern zusammen mit den deftig gerundeten Frauen einiger Konsolen die Fruchtbarkeitsgottheiten aus vor-buddhistischer Zeit. Die Baumgeister und Nymphen, die zu den wenigen frei stehenden, vollplastischen Figuren gehören, strahlen eine leibliche Natürlichkeit aus, die so gar nicht zu Askese und Überwindung der Gier passen will. Hunger, Durst, Geschlechtlichkeit, Fröhlichkeit, Übermut – nichts bleibt ausgespart. Schauend tauche ich ein in einen überbordenden Kosmos der Sinne. Die Landschaften mit Bäumen, üppigem Blattwerk, mit Flüssen, Vögeln, Elefanten, Affen, Pferden, Löwen und Monstern bilden nicht bloß Dekoration, sondern illustrieren eine Welt der Fruchtbarkeit und Überfülle. Allerdings: Dies sind nicht einfach nur Bilder aus dem alten Indien oder gar Ansichten von Künstlern, die Spaß an der Wiedergabe ihrer Umgebung hatten; von solch profanem Spiegel der antiken Welt sind die Reliefs weit entfernt: es sind vielmehr Geschichten, die alle etwas mit Buddha zu tun haben. Die Legenden sind einbezogen, die Jatakas aus den früheren Leben und der Wiedergeburten des Erwachten; ebenso die Episoden aus seinem letzten irdischen Dasein, das ins Nirvana des Erlöschens führte. Jedes Motiv eine Story, ein Gleichnis, ein Sinn-Bild in des Wortes tieferer Bedeutung.

Ich sehe all die Stationen meiner eigenen Erkundung auf Buddhas Spuren wieder, auf jeweilige Ausschnitte an den Portalen zusammengeschrumpft; die so verstanden auch ein steinerner Reiseprospekt für Pilger sein können. Vertraute Themen und Orte. Die Geburt in Lumbini, die Jugend in Kapilavastu, die vier Ausfahrten, die Flucht in die Hauslosigkeit, das Fasten bis zur Erschöpfung, das Erwachen in Bodhgaya, die erste Predigt in Sarnath, die Begegnung mit König Bimbisara in Rajagaha, die Klostergründung in Shravasti, die Verbrennung in Kushinagar. All diese Orte liegen hinter mir und markieren meine Pilgerreise, die mich und Indien und beides zusammen in Frage stellte und doch – gerade hier wird es mir augenfällig – bereicherte: auf befreiende Weise. Mit der Ausschmückung und Fabulierfreude altindischer Erzähler sind diese versteinerten Geschichten eingebettet in dörfliches und städtisches Drumherum. Nur einer ist auf diesen Bildern nirgends als Person, als Mensch, als Individuum zu sehen: Siddhartha Gautama. Noch war kein populäres Verlangen nach seinem Antlitz; noch bleibt es bei der Andeutung. Als Baum, als Fußabdruck, als Rad, als Stupa wird der Erhabene symbolisiert, von Verehrern und Dämonen umgeben.

Bei schwindender Sonne leuchten die Sandstein-Ornamente violett auf, wechseln ins Orange, werden allmählich grau. Noch einmal gewinnen die Figuren der Tore und die Rundungen der Stupas im Farbenspiel der Natur eine weitere Veränderung. Nach den Tagesausflüglern und einer Schulklasse, die in den Mittagsstunden lärmend Picknick gemacht hatte, bin ich nun allein. Die Steine leben; Leben ist in den Steinen. Schwarz gestreifte Eichhörnchen flitzen mit hochgestreckten buschigen Schwänzen über das alte Gemäuer. Die flinken Tiere schauen mich aus Knopfaugen an und können sich nicht entscheiden zwischen Scheu und Neugier. Braune Riesenameisen gehen spazieren. In den Bäumen krächzen Raben, die sich um ihr Nachtlager balgen. Ein kleiner weißbrauner Hund gesellt sich mir zu, folgt meinen weiteren Wegen in immer neuen Schleifen und Windungen um den großen Stupa und die kleineren herum, Annäherung und Abstand suchend wie ich es auch tue. Freundlich wedelt der Hund mit dem Schwanz und sagt keinen Mucks, der den Abendfrieden stören könnte. Von der Ebene hallt gelegentlich das Horn eines Lastwagens herauf. Zuweilen rauscht da unten ein Zug durch die dünn besiedelte Landschaft, ab und zu einen gespensterhaften Klageton ausstoßend, der mich ans 21. Jahrhundert erinnert. Es ist in diesen Stunden weit weg, sehr weit.

Die Stifter von Vidisha

Ich radle nach Vidisha. Die selbst bewegte Fortbewegungsart ist der flachen dörflichen Landschaft und ihrem verhaltenen Lebensrhythmus angemessen. Alles scheint leicht und beschwingt zu sein. Ich koste das Hochgefühl unendlicher Freiheit. Das Frühstück im Bungalow-Hotel sorgte für die erforderliche Grundlage. Ein Masala-Omelett hatte der Kellner serviert und neben den Teller wunschgemäß einen ordentlichen Pott heißen Tees platziert. Ein schwarzer Kannenwärmer aus derbem Baumwollstoff mit aufgesticktem Pfau und einer familiären Aura hatte das Getränk vor Auskühlung bewahrt. Just diese kleinen Freuden sind es, die das Reisen zum Vergnügen machen. Anspruchslosigkeit ja, aber bitte nicht gleich Askese. Entspannt und ohne Anstrengung trete ich in die Pedalen des altertümlichen robusten Rades, das ich auf dem Markt von Sanchi gemietet habe. Bei Kurven und Einbiegungen muss ich mir die Regeln des Linksverkehrs als dem britischen Erbe Indiens gemäß immer wieder bewusst machen. Auf den zehn asphaltierten Kilometern zwischen Sanchi und Vidisha rollen nur wenige Busse, Lastwagen und private Autos fast gar keine. Aber andere Radler kommen mir entgegen. Ein junges Mädchen lächelt mich an als sei ich hier erwartet worden. Mit wehendem Sari fährt dieses Wesen, nicht mehr Kind und noch nicht Frau, durch den frühen Tag der Feldarbeit entgegen oder zur Schule oder zu einem Markt. Für Sekunden treffen sich unsere Blicke. Ich schaue in dunkle Augen mit dieser einfachen, unverdorbenen Neugier, die einem in ländlichen Regionen zuteil wird. Bauern winken mir zu. Der nach oben gerichtete Lenker zwingt mich zur aufrechten Haltung. Ich klingele übermütig und winke huldvoll zurück wie ein durchreisender König, der unerkannt sein Reich inspiziert. Ich fühle mich frei und niemandem Rechenschaft schuldig, ungebunden und ohne Termine, heute nur diesem Lande und seiner Geschichte verpflichtet.

Nicht ins Blaue radele ich hinein, sondern zu diesem Vidisha, ohne dessen einstigen Spender und großzügigen Stifter da oben auf dem Hügel gar kein Sanchi gebaut worden wäre. Kaiser können Befehle erteilen, Anregungen geben, Wünsche aussprechen und vielleicht mit dem leichten Anheben der Augenbrauen ihren Unmut ausdrücken; bezahlen müssen stets die anderen. So war das auch mit Sanchi und der benachbarten Stadt Vidisha. Sie lag an lukrativem Handelswege. Karawanen kreuzten hier, beförderten Webwaren, Geschmeide, Gewürze, hinterließen Abgaben und trugen zum Reichtum der ortsansässigen Kaufmänner bei. Die städtischen Geschäftsleute, die sich schon zu Lebzeiten des Buddha seiner Lehre zuwandten und mit finanziellen Zuwendungen ihr Bedürfnis nach guten Taten in klingender Münze bekundeten, waren auch in späteren Jahrhunderten wichtige Förderer beim Bau von Stupas und Klöstern und der Unterstützung des Ordens. Vidishas Finanzwelt stand dabei offenbar in besonders löblichem Ruf. Geben und Nehmen bestimmte der Buddha gefällige Griff in die Kassen. Die Handelsleute fühlten sich dank ihrer pekuniären Unabhängigkeit und der Förderung buddhistischer Orden der Kastenbindung weniger verpflichtet. Sie agierten weltoffen und ohne die Bodenhaftung, die Brahmanen eigen war. Der Bezug zum Buddhismus verschaffte ihnen Freiräume, geistig wie geografisch. Sie kannten keine Berührungsängste mit Fremden – alles nützliche Voraussetzungen für florierende Import-Export-Beziehungen, über Meere und Kontinente hinweg, lange bevor die Globalisierung erfunden wurde.

Ich radele hinein in eine für heutige indische Verhältnisse kleine Stadt, die noch immer vom Handel lebt. Die engen Gassen sind gesäumt von Geschäften aller Art. Vom Rad aus habe ich den Überblick, schlängele mich durch, weiche Kühen aus, klingele mich an diskutierenden Männergruppen vorbei und bin besorgt, nicht von hupenden Motorrikschas angekratzt oder von Motorrädern gegen eine Hauswand gedrängt zu werden. Basar-Atmosphäre. Menschengewimmel. Alles ist in Bewegung vor den zur Straße offenen Boutiquen, in denen von Stoffen, Kisten, Krimskrams umgeben die Besitzer thronen, und ganz im Gegensatz zum Verkehr von unendlicher Ruhe geprägt sind als säßen sie so schon seit den Zeiten, da Sanchis Mönche großzügige Spenden für die Bezahlung der Materialien, Maurer, Bildhauer und Steinmetze erwarteten.

Heutzutage unterstützen die Händler die Hindu-Tempel und Moscheen, von denen es in Vidisha reichlich gibt. Deren weißgestrichenen Fassaden und Minarette bestimmen das Bild der verschlungenen Gassen, die hinunter führen zum Zusammenfluss von Betwa und Bes. Lang gestreckt ziehen sich an den Ufern die steinernen Kaskaden der Badetreppen hin. Das ist der Pilgerort frommer Hindus. Von Buddha und seinen Klöstern oder einer sonstigen Hinterlassenschaft ist keine Spur mehr. Auch die Felsenhöhlen von Udaygiri, im 4. und 5. Jahrhundert u.Z. geschaffen, vier Kilometer weiter nördlich, haben keinen buddhistischen Bezug. In einer der herausgebrochenen Nischen am Fuße der Berge ist übermannsgroß ein dunkelrot gefärbtes Monster aus dem Fels geschlagen. Spitzmäulig hält das seltsame Wesen eine nackte Frau zwischen den Zähnen. Es ist Vishnu in seiner Inkarnation als Varaha; der Eber, der auf den Grund des Ozeans steigt, um die Erdgöttin zu retten. Derart schreckliche Gestalten bevölkern Alpträume. Es gibt bedeutendere Höhlen, wie ich auf meinen weiteren Erkundungen noch sehen werde. Aber in dieser stillen Abgelegenheit auf solche Zeugnisse ausgeklügelter Kulte zu stoßen, lohnt den Ausflug.

Und noch eine Merkwürdigkeit bietet die geruhsame Annäherung per Fahrrad. Drei Kilometer, nachdem ich den Betwa-Fluß auf uralter Steinbrücke überquert hatte, weist rechterhand ein unbefestigter Weg ins dörfliche Hinterland. Nach „Khambha Baba“ hatte ich die Leute gefragt, und alle wiesen in dieselbe Richtung, ein untrügliches Zeichen für den Bekanntheitsgrad dieser Säule. Fünf Meter ragt sie auf, ein Monolith und ausnahmsweise hat dieser Rundpfeiler nichts mit Ashoka zu tun. Es ist kein Hinweis auf eine Stätte Buddhas, sondern eine Markierung für die frühen Beziehungen zwischen Ost und West, zwischen der mediterranen und der indischen Welt als Folge der Eroberungszüge Alexander des Großen. Im Jahre 327 v.u.Z. war er mit seinen Truppen über den Hindukusch vorgedrungen und erreichte das geheimnisvolle Indien, das ihn so gar nicht gastfreundlich aufnahm und ziemlich schnell zur Rückkehr zwang, nachdem die eigenen Soldaten dem Makedonier die Gefolgschaft verweigert hatten. Geschlagen und verwirrt von Indien kehrten die Griechen 325 v.u.Z. zurück. Die Herrschaft war ihnen verwehrt worden, doch die Beziehungen zwischen Ost und West waren für die folgenden Jahrhunderte in Gang gekommen und sollten für Indiens Kultur befruchtend wirken. Die Säule dokumentiert wie ein Ausrufezeichen solche interkontinentale Begegnung.

1921 war sie restauriert und wieder aufgerichtet worden. Eine Tafel mit englischer Inschrift erzählt etwas von der merkwürdigen Geschichte, die so viele Fragen offen lässt. Ein gewisser Heliodorus wird als Stifter der Säule genannt. Griechischer Abstammung ist er gewesen. Als Verehrer des Gottes Vishnu ließ Heliodorus dieses Mal erbauen und auf seine Spitze einen Garuda stellen. Der mythische Göttervogel ist längst davon geflogen oder in tausend Stücke zersprungen. Schlank und mit ornamentaler Lotosglockenform ganz oben erhebt sich die Säule und erinnert an den Mann, der um 150 v.u.Z. sich zu solchem Opfer bemüßigt sah. Er war Botschafter des indo-griechischen Königs Antialkidas, hatte in Taxila gelebt und war dann an den Hof des zentralindischen Königs Bhagabhadra gekommen.

Was mochte den Abgesandten an Vishnu begeistert haben? War der Grieche selbst Hindu geworden. Hatte er eine Frau dieser Religionszugehörigkeit geheiratet? Als Botschafter wird er ein gebildeter Mann gewesen sein, in der griechischen Welt zuhause, in die indische Welt eingetaucht und von ihr offenbar fasziniert. Ost und West treffen sich nicht? Offenbar doch. Hier weit von der städtischen Turbulenz Vidishas entfernt in ländlichem Winkel wird die Begegnung hoch aufragend markiert. Der Platz um die Säule herum ist gefegt. Prächtige Bäume beschirmen das Zeugnis des Fremden, der möglicherweise ein Einheimischer geworden war. Aus den Lehmhütten nahebei tönt Kindergeschrei. Kühe muhen gequält, als würde ihnen Leid zugefügt. Eine Glocke bimmelt. Hühnergegacker. Als „Khambha Baba" haben die Leute das ostwestliche Zeichen in ihren Lebenskreis einbezogen und den Bezug zum Stifter Heliodorus längst verdrängt. Fischer von den Flüssen kommen hierher und bringen Opfer dar. Kleine Leute richten den Blick nach oben, wo einstmals der Garuda schwebte. Es ist die Säule ihrer Hoffnungen, Wünsche und Bedrängnis geworden. Die indische Bereitschaft zur Einvernahme des Fremden ist grenzenlos.

AJANTA, ELLORA

Vorstoß ins Innere

Mehr als zweitausend Jahre ist es her, dass der erste Meißelschlag durch die Schlucht des Waghora-Flusses hallte. Welch ein Signal muss das gewesen sein im damaligen Dschungel Indiens, als Menschen den steil abfallenden Felsen der Indhyari-Berge ihren gestalterischen Willen aufzuzwingen begannen. Wo der Fluss sich heute tief eingeschnitten in hufeisenförmiger Kehre durch die kaum mit Sträuchern und Bäumen bewachsene Gebirgslandschaft windet, ist zu bewundern, was jene ersten Steinmetzarbeiten und der Generationenfleiß der folgenden Jahrhunderte zustande gebracht haben: die Höhlen-Heiligtümer von Ajanta; benannt nach dem gleichnamigen Städtchen, das zehn Kilometer entfernt liegt und außer der Namenspatronage nichts mit dieser in die Felsen getriebenen Religiosität buddhistischen Ursprungs zu tun hat.

Nach einem Jahrzehnt kehre ich zurück und bin überrascht, weil ich die Erinnerung an einen ziemlich abgelegenen und wenig besuchten Ort mit der überlaufenen und straff geregelten Gegenwart in Einklang bringen muss. Der Bus, mit dem ich aus Aurangabad gekommen war, fährt nicht mehr bis zum Eingang des Tales wie es damals möglich war, sondern stoppt an einer neuen Anlage von Marktbuden und Verkaufsständen, alle in Reih und Glied ausgerichtet. Der Überlandbus rattert davon. Grüne Shuttle-Busse transportieren die eintreffenden Touristen, Schulklassen, Pilger die weiteren zwei Kilometer bis zu den Höhlen. Man kann zwischen klimatisierten und einfachen Bussen wählen. Alles organisiert und auf Massenbetrieb eingerichtet. Postkartenhändlern und Popcornverkäufern, den unvermeidlichen und hartnäckigen Wegelagerern des Tourismus, versuche ich zu entkommen. Die moderne Zeit der kommerzialisierten Vermarktung des kulturellen Erbes hat auch in Ajanta begonnen.

Über steil ansteigende Treppen und Pfade gelange ich auf den galerieartigen Weg, der sich der halbkreisförmigen Felswand entlang zieht und den Zugang zu den 29 Höhlen erlaubt. Im Rundblick ragen die von mächtigen Säulen getragenen quadratischen Öffnungen der einzelnen Tempel- und Klosteranlagen auf, dunklen Schlünden gleich, die in geheimnisvolle Abgründe zu führen scheinen. Der Blick auf die unbehauenen Bergwände ringsum vermittelt eine Ahnung von der Glaubensenergie jener der buddhistischen Lehre folgenden Menschen, die mit einfachsten Werkzeugen begannen, solches Gestein auszuhöhlen. Die Phantasie reicht nicht aus, um zu ermessen, welcher Mut, welches Vertrauen in die Kraft der Nachkommenden erforderlich waren, um dieses Werk zu wagen. Das in vielen Märchen der Welt gebrauchte Bild für die Ewigkeit kommt mir in den Sinn: das Märchen vom Vogel, der alle paar tausend Jahre zu einem Berg fliegt und dort seinen Schnabel wetzt. Wenn der Berg davon abgetragen sei, heißt es, sei die erste Sekunde der Ewigkeit um.

Es gibt Orte, an denen man sich als Wanderer zwischen den Welten der Kulturen und den Wurzeln geistigen Werdens eines fremden Landes plötzlich ganz nahe fühlt. Das Waghora-Tal ist solch ein Winkel Indiens, an dem ich mich auf der Suche nach den Fundamenten des Subkontinents angekommen wähne und spüre: Hier war es, von solcher Stätte gingen epochale Impulse aus, die nach Jahrtausenden noch immer Wirkung zeigen.

Vom 2. Jahrhundert v.u.Z. bis zum 1. Jahrhundert danach war die erste Bauphase. Während im nördlichen Indien buddhistischer Geist die Stupas aufwölbte und Reliefs in von weit hergeholte Steine schlug, gruben sich im mittleren Westen die Jünger des Erwachten in die Felsen. Da wurden keine Quader übereinander geschichtet, keine Ziegel gebrannt und keine Wände, Türme, Kuppeln aufgebaut. Hier wurde ein ganzer Felskomplex ausgehöhlt; aus dem bereits vorhandenen Gestein wurden Skulpturen, Reliefs, Innenräume geschaffen, gewissermaßen in negativem Vorgehen dem natürlichen Material das an Gestalt entrissen, was darin bereits verborgen gewesen war. Die Baumeister waren zugleich Bildhauer. Im 5. Jahrhundert hatte Ajanta seine zweite Blütezeit. Während der Regentschaft des Königs Harisena fühlten sich seine Minister und reiche Kaufleute, von der Spendenfreudigkeit seiner Majestät angetan, zu großzügigen Stiftungen herausgefordert und gaben weitere Höhlen und deren Ausgestaltung mit Wandbildern in Auftrag, die weltberühmt werden sollten. Bis zum 7. Jahrhundert lebten hier buddhistische Mönche. Mit der Verdrängung des Buddhismus geriet auch die Klosteranlage schließlich ein Jahrtausend in Vergessenheit.

Erst zu Beginn des 19. Jahrhunderts wurden die Höhlen wieder entdeckt. 1819 verfolgte hier eine Gruppe britischer Offiziere aus Madras einen Tiger. Die Jäger stießen nicht nur auf Tatzenspuren, sondern zufällig auf die Spuren der einstigen Viharas, deren Eingänge der Dschungel längst wieder undurchdringlich umarmt hatte. Die Militärs konnten sich keinen Reim auf die seltsamen Felsformationen machen, aber ihre erstaunte Kunde davon brachte das grandiose Erbe einer frühen Kultur ins Bewusstsein der Menschen zurück. Ursprünglich war jede Höhle vom Fluss aus über hölzerne Treppen zu erreichen; der Galerieweg erlaubt nun auf gleicher Höhe die fortlaufende Besichtigung. Die Nummerierung von eins bis 29 erfolgte in nachbarlicher Reihenfolge, nicht in der Chronologie ihrer Entstehung. Mir ist eben daran gelegen. Ich gehe an den ersten Höhlen vorbei, denen aus dem 5. Jahrhundert, und steige ins Dämmerlicht des 1. Jahrhundert v.u.Z. von Nummer 9.

Da tut sich eine der großen Hallen auf, einer christlichen, romanischen Kirche entfernt vergleichbar. Das Innere im lang gestreckten, 14 Meter in den Felsen weisenden Oval ist von sechskantigen Säulen umstanden, die die dreischiffige Aufteilung bewirken, von einem Gewölbe überragt, dessen aus dem Gestein geformten Verstrebungen hölzernen Balken nachempfunden sind. Es ist eine Chaitya, eine klösterliche Versammlungshalle. Hier fanden sich die Mönche zur Rezitation der Sutras ein, ließen Buddhas Worte erklingen, lasen dessen Lehrreden und gaben sie weiter von Generation zu Generation. Noch ist der Meister nicht in persona dargestellt. In den Ursprüngen war hier Theravada, die Lehre der Alten die Richtschnur, Hinayana, das Kleine Fahrzeug der Auserwählten. Ich gehe auf den Stupa im tiefsten Innern zu. Auf einem Rundsockel ruht die Halbkugel, überragt von den stilisierten Schirmen, die die verschiedenen Stufen der Erleuchtung symbolisieren. Die Schlichtheit der Formen hält mich in Bann. Die Wandbemalung ist erst viel später hinzugefügt worden, als sich der Buddhismus in unterschiedliche Gemeinschaften aufspaltete und mit dem Mahayana das Große Fahrzeug den breiteren Gruppierungen öffnete. Ich lasse mich in dieser Chaitya ganz von der architektonischen Strenge berühren. 14 Säulen zur Rechten, 14 zur Linken, der Blick hin zum Stupa. Alles kompakt und von unerschütterlicher Solidität. Durch das Oberfenster in Hufeisenform zum Flusstal hin dringt mildes Tageslicht ein und versetzt die Halle in eine Stimmung schwebender Zeitlosigkeit. Es gibt noch einige ähnliche Höhlen von dieser Beschaffenheit. Hier in Nummer 9 ist die Empfindung am ausgeprägtesten, dem frühen Buddhismus nahe zu kommen. Innerlichkeit, Verinnerlichung. Der Blick sollte ins Innere gerichtet sein, räumlich wie geistig, und nicht abgelenkt werden von Äußerlichkeiten der Unterhaltung und der flüchtigen Freuden. Den meisten Menschen war diese Bescheidung schon zu Buddhas Lebzeiten zu wenig; zu abstrakt, zu intellektuell, zu blutleer. Das Verlangen nach Bildern setzte sich durch. Ich werde es ja auch in Ajanta gleich vor Augen haben. Aber hier will ich das Bunte und Gesellige noch aussparen und lasse mich ein auf diese dem Felsen abgerungene Nüchternheit und Klarheit der Formen. Sie haben klassische Dimensionen.

In der Chaitya daneben, Höhle Nummer 11, wird der Übergang sichtbar. Auch hier zieht der Stupa im Hintergrund alle Blicke auf sich. Aber die Phantasie wird nicht mehr bemüht. Der figürliche Buddha ist einbezogen in den Stupa; Mensch und Symbol in einem, das Körperliche und das Geistige vereint. Das Kleine und das Große Fahrzeug begegnen sich. Es ist wie eine letzte gemeinsame Ausfahrt bevor sich die Wege trennen. Dieser Eindruck wird in Höhle Nummer 19 noch verstärkt. Da steht Buddha vor dem Stupa. Die Wände sind von Ornamenten überzogen. Der Vergleich mit „barocken" Ausschmückungen drängt sich auf. Die Trennung ist vollzogen.

Jede Höhle von Ajanta hat ihren eigenen Charakter. Fast allen gemeinsam ist das Zwielicht, das von der Vormittagssonne verstärkt und durch die Spiegel der Wächter in die hintersten Ecken geleitet wird. In den meisten der saalartigen Gewölbe gehe ich auf eine Buddha-Statue im innersten Raume zu. Von Kerzen in flackerndes Licht getaucht, von einer immer neue Schatteneffekte erzeugenden elektrischen Birne be-

schienen, von der eigenen Taschenlampe aus dem Dunkel geholt, strahlt jede dieser Figuren einen Zauber aus, dem ich mich anvertraue. Und immer wieder muss ich es mir in Erinnerung rufen: da sind keine im Freien gefertigte Skulpturen in natürliche Felslöcher gestellt worden, sie sind aus und in eben diesem Gestein herausgearbeitet worden.

Wie das geschehen sein kann, lässt sich in den unvollendeten Höhlen erahnen, in Nummer 3 und 5 und 8. Grob behauen sind da die Wände; nichts von der Eleganz der vollendeten Kammern und Gewölbe, sondern die Einsicht, welch starker Widerstand des gewachsenen Felsens gebrochen werden musste, ehe er sich den Formvorstellungen der Bildhauer beugte. Von oben nach unten wurde eingedrungen, man brauchte deshalb keine Gerüste. Als Erstes wurden so die Decken geschaffen. Felsblöcke, die einmal Säulen werden sollten, blieben ausgespart. Zum Schluss wurde der Fußboden geglättet. Tonnenschweres Gestein musste nach draußen gebracht werden. Das war Teamarbeit. Weil es ähnliche Höhlen auch in anderen Teilen des mittleren und südlichen Indien gibt, ist die Annahme berechtigt, dass Wanderarbeiter unterwegs waren, den Dombauhütten des europäischen Mittelalters ähnlich, deren handwerkliche Erfahrung und die Verlässlichkeit im Umgang mit dem Material ihren Ruf begründeten. Es waren zumeist keine Mönche, die solche Arbeiten übernahmen, sondern Profis im Auftrag von vermögenden Stiftern. Ein Einzelner war nur Teil der Mannschaft, spezialisiert auf jeweilige Arbeitsabschnitte und Techniken, jeder ein Meister seines Faches. Fehler verzieh der Felsen nicht. Ein falscher Meißelschlag und das Werk konnte verdorben sein; ein abgespaltetes Stück blieb unersetzbar.

Manches lässt sich rational erklären; aber wie es gelang, widerspenstigen Felsen an weit auseinander liegenden Orten dieselben Grundstrukturen zu entnehmen, die Plastizität zu formen, die winkeltreue Genauigkeit von Säulen und Räumen einzuhalten – all dies bleibt im Bereich des Wundervollen. So etwas kommt nur in Sternstunden der Menschheit zustande, wenn Geist, Geld und Genius zusammentreffen: wenn die Stifter, die die Finanzen aufbringen, vom guten Tun überzeugt und sich damit einen Kredit in dieser und anderen Welten versprechen; wenn das handwerklich-künstlerische Vermögen solche Wünsche umzusetzen vermag; wenn die Zeitumstände friedlich genug sind, derartige Kräfte zum Zwecke des Religiösen zu bündeln und nicht für Kriegszüge zu vergeuden. Die Jahre, da in weiten Teilen Indiens als späte Nachfolger der Maurya-Dynastie des Ashoka die Gupta-Könige herrschten, war offenbar dieses Klima schöpferischer Gestaltung im Namen Buddhas möglich – aber auch zum Wohl der hinduistischen Götter. Toleranz war angesagt. Gern sprechen die indischen Historiker vom „goldenen Zeitalter".

Wie prachtvoll sich die Epoche in Bildern auszudrücken verstand, nun schon völlig losgelöst von der Strenge des frühen Buddhismus und erfüllt von farbiger Vielfalt, ist in den Höhlen Ajantas zu besichtigen, deren Gestaltung ins 5. Jahrhundert weisen. Nummer 1 und 2 und 17 als besonders eindrucksvolle Beispiele. Was hier die Wände und Decken offenbaren, ist von Kennern vergleichender Kunstgeschichte in Rang und Ruhm den Fresken von Assisi, Siena und Florenz zugeordnet worden. Tausend Jahre liegen dazwischen.

Aus dem Dämmerlicht leuchten mir von den Wänden höchst lebendige Szenen entgegen: legendäre Königshöfe, phantastische Liebesspiele, anmutige Landschaften, Tiere, Ornamente, verschlungenes Pflanzendekor. Die meisten Bilder illustrieren Buddhas Leben und Vor-Leben der Jataka-Legenden. Ein Panorama menschlicher Möglichkeiten tut sich auf. Das alles in einstmals kräftigen, erdverbundenen Farben: Ocker, Blau, Grün, Rot, Braun, Schwarz, Weiß. Vertraute Anblicke, freilich von der mäßigen Beleuchtung, den nachgedunkelten Farbtönen und dem unterschiedlichen Grad der Beschädigung eingeschränkt. Es ist ja leider so: den eigentlichen Eindruck von Inhalten und Gestalten bekommt man gar nicht vor Ort, sondern erst durch die Reproduktionen, die raffiniert ausgeleuchtet fotografiert wurden und bei späterer Betrachtung die Details offenbaren, die einem im Gedränge der Höhlen verborgen bleiben. Holzbarrieren und Seile halten die Besucher ohnehin vor allzu direkter Besichtigung ab.

So recke ich denn den Hals, beuge mich nach hinten, stelle mich auf die Zehenspitzen, schaue durchs mitgebrachte Fernglas, um dem Charme dieser Bilder nahe zu kommen. Sie lassen vergessen, dass sie auf raue Felsen und nicht etwa auf feines Leinen gemalt sind. Ein zwei bis drei Zentimeter dickes Mörtelgemisch glättete die

Unebenheiten; und für die Oberschicht wurden Lehm, Sand, Harz, Bienenwachs, pflanzliche Fasern, Öl aufgetragen. Darauf ließ sich mit einer Mischtechnik aus Seccomalerei und Fresko malen.

Buddha in allen Lebenslagen, natürlich; aber er ist mit seinen Geschichten einbezogen in eine wuchernde Prachtentfaltung, die weit entfernt von entsagender Askese ist, sondern genau das verlockende Bild Indiens illustriert, das seit Alexanders gescheitertem Eindringen aller Welt die Wunder vitaler Sinnlichkeit vorgaukelt. Ländliche Alltagszenen neben königlichem Luxus; Fürsten, die zu Bodhisattvas werden; meditierende Buddhas neben prallen Schönheiten; farbenfrohe Lendentücher und aufreizende Nacktheit; halbgeöffnete Augen voll der Verführungskünste. Mich erinnern die Bilder nicht mal so sehr an die Meister von Florenz, sondern in ihren kräftigen Farben und Konturen an die exotische Welt eines Paul Gauguin, und weil sich Ajantas imaginäre Bewohner wie in einer Traumsphäre zu bewegen scheinen, ist mir auch Marc Chagall einen Vergleich wert.

Indiens Beitrag zur universellen Kunst wurzelt in einem verschwundenen kosmopolitischen Netzwerk menschlicher Beziehungen. Dass Handel und Geschäfte mit weit entfernten Partnern betrieben wurden, ist an den unterschiedlichen Gesichtern und deren Hautfarben ablesbar. Der Reichtum, der die Höhlen zur Ehre Buddhas überhaupt erst ermöglichte, wurde im internationalen Handel erwirtschaftet und in buddhistischer Freigiebigkeit gespendet. Doch die Lehre der Enthaltsamkeit scheint in der Lebensfülle dieser Fresken weniger wichtig zu sein. Über und über sind die Wände mit der lärmenden Leidenschaft bedeckt, der die Mönche doch eigentlich entsagen wollten. Dieser Welt des Genießens, des Schmückens, des Gefühlvollen hatte Buddha seine Ablehnung erteilt. Und nun hier im Dämmerlicht eine solche Orgie an Pracht und Gier und Durst? Jahrhunderte waren vergangen, seit der historische Buddha durch das nördliche Indien gepilgert war. Im aufkommenden Mahayana verlangten die Spender etwas für's Auge und Gefühl. In den Fresken wollten sie sich wieder erkennen. Nicht für weltfremde Mönche war die Pracht auf die Felsen getragen worden, sondern zum Gefallen ihrer Stifter und Förderer. Fromm, frech und frivol.

Höhle Nummer 26 ganz am anderen Ende des Hufeisens über dem Waghora-Fluß wird zum großen Finale. In der Vorderfront des Stupas ist der sitzende Buddha auf einem Thron dargestellt. Rundsäulen zu beiden Seiten. Ein König, der Hof hält. Kaum ein Fleck, der nicht mit Reliefs ausgestattet ist. Auf der linken Seite wird höchst dramatisch Buddha von den Widersachern des Mara bedrängt, einschließlich der unzüchtigen Töchter des Bösen aus der Unterwelt. Der Erwachte bleibt bekanntermaßen unberührt. Die Szene ist auf verblüffend markante Art in den Felsen gebannt. Man meint, den geifernden Lärm der Dämonen zu hören und das laszife Stöhnen der jungen Frauen, so plastisch und überzeugend ist das Geschehen. Was die Geräusche betrifft, werden die freilich von den Besuchermassen erzeugt, die den

Raum mit ihrem Gebrüll und Echo zum Bahnhof oder einer ähnlichen Einrichtung des Durchgangsverkehrs machen. Gleich neben der Herausforderung des Mara hat sich der Meister in einer Länge von sieben Metern zum Sterben hingelegt, den Kopf auf ein Kissen gebettet, von der rechten Hand gestützt. Friedlich und unbeschadet von all den sinnlichen Herausforderungen Ajantas geht er ein ins Parinirvana. Ein grauer Mönch aus Korea streicht zärtlich über den Fuß des liegenden Buddha, verbeugt sich vor dessen Antlitz mit den geschlossenen Augen. Dann fotografiert er das Objekt seiner Verehrung wie jeder andere Tourist auch. Buddha überhört den Höhlen- und Höllenlärm.

Dass Steine nicht stumm sein müssen, offenbart mir die Höhle Nummer 6. Linker Hand vom Eingang sind zwei Säulen aus dem Fels geformt, die nacheinander mit der Faust angeschlagen einen dumpfen, hallenden Ton von sich geben und an den Klang von Tabla-Trommeln erinnern; ein Akkord, der die feierliche Stimmung der Halle bereichert. Vielleicht ist es das ferne Echo jenes ersten Meißelschlages vor mehr als zweitausend Jahren.

Geist und Liebe

Die Verblüffung lässt sich nicht verbergen. Das ist doch, richtig: das Taj Mahal. Aber ich bin in Aurangabad. Das berühmteste aller indischen Grabmale steigt in marmornem Weiß in Agra auf, tausend Kilometer weiter nördlich. Und dieses schneeweiße Kuppelgebilde mit den vier schlanken Minaretten, das am Stadtrand von Aurangabad erstrahlt und sich ebenso malerisch in künstlich angelegtem Gewässer spiegelt? Ist es nicht das Taj Mahal? Auf den ersten Blick ist die Täuschung gelungen. Der Mogulherrscher Aurangzeb, der 1678 dieses Mausoleum für seine Gemahlin Rabia Daurani hat errichten lassen, drei Jahrzehnte nach dem Baubeginn des großen Vorbildes in Agra, gab seinen Architekten freie Hand zur ungehemmten Imitation. Nur mit Reichtümern war Aurangzeb, anders als sein Vater, der Mogulkaiser Shah Jahan in Agra, offenbar nicht so üppig ausgestattet. Beim zweiten Blick wird die bescheidene Kopie erkennbar. Sie ist nur halb so groß wie das Original; und weiß gestrichener Putz ist eben kein Marmor, eiserner Wille noch lange keine große Kunst. Die Proportionen stimmen nicht, als sollte dieses Grabmal zeigen, dass es am Ende der Mogulherrschaft in Indien steht. Mit Aurangzeb, einem intoleranten islamischen Fundamentalisten, ging die zweihundertjährige Herrschaft zugrunde, die mit Akbar ihren Höhepunkt hatte. Wenn es seinen Interessen entsprach, praktizierte der Kaiser religiöse Toleranz, ließ als aufgeklärter Muslim die Hindus gewähren, förderte Kunst und Wissenschaft. Der Buddhismus war längst in die Nachbarländer ausgewandert und in Indien vergessen. Als Aurangzep regierte, war das Rad der Lehre kein geistiges Fortbewegungsmittel mehr.

Bibi-ka-Maqbara, das von der lokalen Tourismuswerbung hochgelobte Grabmal in Aurangabad lohnte allein die Reise dorthin kaum. Auch die verträumten Winkel in den Gartenanlagen der Wassermühle Panchakki nebst Moschee, das Mekka-Tor der einstigen Stadtbefestigung und die verwinkelten Marktgassen bieten nichts, was es nicht andernorts auch gäbe. Zersiedelt und zerrissen wirkt die Stadt, industrialisiert und von breiten verkehrslauten Straßen durchzogen. Aurangabad ist nicht Ziel, sondern Standquartier und Ausgangsort, um sich den Weltwundern zu nähern: gut hundert Kilometer nordöstlich Ajanta und dreißig Kilometer nordwestlich Ellora.

Ehe ich mich dessen Höhlenheiligtümern widme, kommt auf dem Wege dorthin zehn Kilometer hinter Aurangabad noch einmal martialische Größe des indischen Mittelalters ins Bild: Daulatabad. Aus der weiten, unter sengender Sonne liegenden Landschaft ragt unübersehbar der Festungsberg heraus, dessen uneinnehmbarer Kegel ehedem Macht und Herrlichkeit demonstrierte. Bereits im 12. Jahrhundert verschanzten sich hier die Könige der hinduistischen Yadava-Dynastie, die später den islamischen Konkurrenten das Feld räumen mussten. Ein Labyrinth von Toren, Mauern und Ruinen umgibt das rosafarbene Minarett und wird gekrönt von der Zitadelle auf 240 Meter hohem Felsen. Zu Beginn des 14. Jahrhunderts war von Delhi die Hauptstadt hierher verlegt und für einige Jahre der Versuch gewagt worden, den Norden und den Süden Indiens von Daulatabad aus zu beherrschen. Der Anspruch scheiterte, die Zwangsumsiedlung musste rückgängig gemacht werden; den Bewohnern war unter anderen Lebensbedürfnissen das Wasser ausgegangen. Delhi erhielt den alten Rang zurück. Was blieb, ist eine gigantische Festungsanlage, die in ihren ausgestorbenen Wehrgängen und schon lange nutzlos gewordenen einst so raffiniert angelegten Wassergräben wie ein in Stein erstarrter historischer Irrtum wirkt. Keuchend erreiche ich den obersten Aussichtsturm, blicke über das ausgedörrte Land, das von endlosen Mauern durchzogen wird und manches kuppelbedeckte Grabmal islamischen Glaubens erkennen lässt.

Und dann Ellora! Dessen Höhlentempel stellen dem weltlichen, vergänglichen Machtverlangen, wie es Aurangzeb verkörperte und es das Felsenfort von Daulatabad repräsentiert, die zeitlose Dimension religiöser Versenkung entgegen. Anders als Ajantas Kultstätten sind die von Ellora niemals in Vergessenheit geraten, sondern seit ihrer Gründung um 550 u.Z. bis in die Gegenwart hinein viel besuchte Wallfahrtsorte geblieben. In Erweiterung zu Ajanta haben sich hier nicht nur Buddhisten, sondern auch die Anhänger der beiden anderen heimischen Religionen nebeneinander in den Felsen ihre Klosteranlagen geschaffen: die zwölf buddhistischen Höhlen sind zwischen 550 und 750 aus dem Gestein geschlagen worden, die siebzehn hinduistischen zwischen 600 und 875, die fünf jainistischen Höhlen zwischen 800 und 1000. Über zwei Kilometer ziehen sich die Anlagen am Westhang der Felsen des Chamadari-Hügels entlang.

Die südlich gelegenen buddhistischen Höhlen der Nummern 1 bis 12 lassen sich mit denen in Ajanta vergleichen, dem Mahayana gewidmet, der volkstümlicheren Version der Lehre vom weltlichen Verzicht. Auch hier trete ich immer wieder in geheimnisvolles Dämmerlicht und gehe auf einen Buddha weit im Hintergrund der in den Felsen getriebenen Säle, Nischen und Hallen zu. Die Nummer 10 wird Vishvakarma-Höhle genannt; ein ausgedehnter Dom, dessen Deckengewölbe mit seinen aus Stein geformten Rippen die Holzbauweise früherer Tempel nachahmt. Darunter steht ein neun Meter hoher Stupa, vor dem ein sitzender Buddha mit geschlossenen Augen meditative Weltabgeschiedenheit ausstrahlt. Viereinhalb Meter ragt Buddha auf. Ein phantastisches Echo lässt Gebete und Gesang anhaltend dumpf und kräftig ausschwingen.

Höhle Nummer 2 wird gerade gereinigt. Bambusgerüste geben den Helfern unter den Decken gewissen Halt, um mit Wasser zu schrubben und zu fegen. Eine Hinweistafel warnt vor den chemischen Zusätzen. Besucher sind unerwünscht. Ein dröhnender Generator versorgt die Wasserpumpen mit Strom. Der Boden ist glitschig. Während der Frühstückspause komme ich mit dem Bauleiter ins Gespräch. Der Mann in den 40ern aus Uttar Pradesh stammend, ist mit gut geputzten schwarzen Schuhen, Hemd und Jackett amtliche Autorität und versteht es, seinem Range entsprechend, allem Schmutz aus dem Wege zu gehen. Ich lobe das reiche Kulturerbe Indiens. Freundliches Nicken.

Die Bemerkung wird sichtbar wohlwollend aufgenommen. „Ja, wir sind reich von unseren Vorfahren beschenkt worden“, bestätigt er, „das gilt es zu erhalten.“ Auch dieses offenbar einstmals tolerante Nebeneinander von Buddhisten, Hinduisten, Jainas, frage ich, gilt es auch das zu erhalten? Neuerliches Nicken. Aber ist nicht gerade diese Toleranz im heutigen Indien gefährdeter denn je zuvor, hake ich nach. Buddhisten gibt es hier kaum noch, doch das Verhältnis zwischen Hindus und Moslems ist gespannt. Das Thema scheint ihm lästig zu sein. „Die Zusammenstöße zwischen Hindus und Muslimen sind eine problematische Entwicklung“, stimmt er zu, „Starrköpfe auf beiden Seiten, Sie können sie auch Fundamentalisten nennen. Aber“, er zögert etwas, „es brauchte keine Spannungen zu geben. Wenn die Muslime sich als Inder betrachteten wie wir Hindus auch, wenn sie so leben würden wie wir, dann gäbe es keine Probleme.“ Dieses einfache Strickmuster der Entspannung höre ich aus Hindu-Munde immer wieder – Anpassung bis zur Selbstaufgabe wird von Muslimen verlangt.

Derweil gehen tibetische Mönche vorbei, die in jede Höhle mit ihren rotvioletten Roben kräftige Farben bringen. Einer könnte der jüngere Bruder des Dalai Lama sein. Sie tragen die üblichen Straßenschuhe, keine Sandalen, was den Eindruck der touristischen Reise verstärkt. Schwarz gekleidete Inder mit bunten Strichen in den Gesichtern, offensichtlich Angehörige einer Sekte, wollen unbedingt mit den Mönchen zusammen fotografiert werden. Sie sprechen keine gemeinsame Sprache. Lautes Hallo und gestenreiche Worte, die sie gegenseitig nicht verstehen. Lachen. Dann werde auch ich vor die Kamera gebeten. Eine unvermeidlich herumtobende Schulklasse lümmelt an den Höhlen vorbei. Werden die Jungen und Mädchen zur Toleranz erzogen? Welches Gewaltpotential lärmt da herum? Ich frage weiter. Beim Wort Toleranz macht der Aufseher ein mürrisches Gesicht und wiegt den Kopf in der unentschlossenen Achter-Schwingung. Alles kann das heißen. Ein Bekenntnis zur Toleranz ist es jedenfalls nicht. Der Generator beginnt wieder zu tuckern. Das Geräusch unserer Zeit. „Wir müssen unser Erbe für die nächsten Generationen bewahren", sagt der Aufseher, und es klingt so wie es in den Prospekten der Tourismuswerbung zu lesen ist: mehr eine Pflichtübung als eine Überzeugung. Die beiden übermannshohen Wächterfiguren vor der Höhle Nummer 2, dwara pala genannt, sind gesichtslos, die Beine abgeschlagen, stark beschädigt, so gar nicht mehr wehr- und wächterhaft.

Aus der meditativen Ruhe und ganz auf Innerlichkeit angelegten Ausgestaltung der buddhistischen Höhlen trete ich schließlich in die nichts an erotischen Anspielungen menschlicher Lust aussparenden hinduistischen Gewölbe. Der Unterschied könnte hier nicht krasser und augenfälliger sein. In den buddhistischen Gewölben herrscht eine statische Ruhe vor, zur Kontemplation einladend; in den hinduistischen Höhlen ist Kampf dargestellt, Aktion, Bewegung; vielarmige Gestalten, die zuzupacken verstehen, auch was die prallen Brüste der schönen Frauen betrifft. In ähnlichen Nischen, die in den buddhistischen Höhlen dem Meister vorbehalten sind, ragt hier der Lingam auf, machtvoll und männlich. Die Tempel sind Shiva geweiht, dem Gott der tanzend die Schöpfung hervorbringt und sie auch wieder zerstört: Inbegriff der Fruchtbarkeit und des immer wieder neu zu erkämpfenden Fortbestandes allen Seins. Das ist die Welt der Götter und Opfer, die Buddha herausgefordert hatte; letztlich in Indien vergebens.

Nirgends wird dies so sinnfällig und bombastisch und dreidimensional spürbar wie im Kailasha-Monolithtempel, der in der Nummerierung 16 im Mittelpunkt von Ellora steht und die gesamte Anlage beherrscht, als solle damit nach allen Seiten die Kunde gehen, wer das Sagen hat am Ende der Toleranz. Der Monumental-Tempel ist die Neuerschaffung des Berges Kailasha, dem Thron Shivas in den schneebedeckten Gipfeln des Himalayas. Der in Tibet liegende Berg wird als Zentrum des Universums gesehen. Der Tempel ist eines der großartigsten Monumente der Welt, das von Menschen geschaffen wurde, Höhepunkt hinduistischer Felsenarchitektur; danach wurde nichts dergleichen mehr vollbracht.

Seine Entstehungsgeschichte reicht in die Regierungszeit des Rashtrakuta-Königs Krishna I. (735 bis 757) zurück. Aus dem leicht westwärts geneigten Felsrücken wurde in einem Geviert von 60 mal 90 Metern bis zu einer Tiefe von 50 Metern das einzigartige Tempelwerk herausgemeißelt, das als in zwei Etagen begehbarer Monolith stehen blieb und von einem mit Säulen bestandenen Innenhof umgeben ist. Dort ragen 15 Meter hoch zwei mit Ornamenten geschmückte Pfeiler auf. Hunderttausende von Kubikmeter Gestein mussten herausgeschlagen werden, um diese Innenräume zu schaffen. Die Wände sind mit Skulpturen bedeckt. Brücken, Treppen, Terrassen, Wandelgänge – ein verwirrendes Auf und Ab.

Schließlich dringe ich ein ins Dunkel des Innenraumes, dessen Wände vom Ruß der Fackeln geschwärzt sind und nur bei genauerem Hinsehen und im Schein der Taschenlampe steinerne Paare in beglückender wie anstrengender Vereinigung zeigen. Dies könnte die Botschaft aus dem Dämmer dieses Felsenschoßes sein: Geist und Liebe gehören unauflöslich zusammen. Die von 16 mächtigen Vierkant-Säulen getragene Halle bildet den Durchgang zum Allerheiligsten in einer Kammer ganz am Ende. Feierlich beklommen schreite ich darauf zu. Im Schrein steht der Lingam. Auf diesen Pfahl ist der gesamte Tempel bezogen. Der Phallus repräsentiert die Kraft, die im Innern des Berges Kailasha steckt: die Quelle aller Existenz, die Achse der Welt. Doch was wäre der Lingam ohne Yoni, ohne den weiblichen Schoß, aus dem er erwächst? In steinerner Wucht sind beide vereint.

Tänzerin mit Damenkapelle

Im Innersten des Kailasha-Tempels ist Schweigen geboten. Leider bringen das die Besucher nicht mal an diesem Orte fertig. Ich habe sogar an solch erhabener Stelle den Eindruck, dass Inder nichts mehr fürchten als Stille, in der sie sich verloren und einsam fühlen. Der Krach als permanente Bestätigung, nicht allein zu sein: überhaupt da zu sein, zu existieren. Ich brülle, also bin ich. Deshalb werde ich hellhörig bei der Begegnung in den Höhlen, die drei Kilometer nördlich von Aurangabad in die Felsen getrieben wurden. Sie gelten als kunsthistorisch weniger bedeutend, stehen ganz im Schatten von Ellora und Ajanta und werden dementsprechend kaum besucht. Die meisten der zehn Höhlen wurden im 4. bis 8. Jahrhundert angelegt, sind buddhistischen Ursprungs und kennzeichnen Übergänge und die Annäherung von Buddhismus und Hinduismus. Die zwei Gruppen von Höhlen sind eineinhalb Kilometer voneinander getrennt. Dem Ruhebedürfnis eines Reisenden wie mir spenden die Höhlen himmlische Einkehr. Und nicht nur mir.

Ich werde in der Kühle des Höhle Nummer 7 von zwei jungen Männern angesprochen, die aus Kerala stammen und in Aurangabad arbeiten, der eine als Arzt, der andere als protestantischer Pfarrer. Neugier auf beiden Seiten. Was sie denn an einem Nachmittag hierher treibe, will ich wissen. „Oh, wir kommen in unserer Freizeit häufig zu diesen Höhlen", erklärt der Pfarrer mit leiser, sanfter Stimme. Das sind Höhlen buddhistischen Geistes, wende ich ein, was bedeuten sie Christen? Der Arzt erweist sich als Kenner der buddhistischen Lebenswege und zählt in Kurzfassung die Orte auf, die ich während dieser Reise besucht habe. Das interessiere beide, obwohl sie sich natürlich als praktizierende Christen nicht zum Buddhismus hingezogen fühlen. Was unterscheide denn beide Religionen? „Buddha berief sich auf seine eigenen

Erkenntnisse, die er als Mensch erworben hatte", gibt der Pfarrer seine professionelle Sicht preis, „wir aber berufen uns auf Gottes Wort. Das ist ein fundamentaler Unterschied." Und was zieht sie in die Höhlen von Aurangabad? Die Antwort ist verblüffend einfach. Der Pfarrer lacht. „Es ist so wundervoll ruhig hier", sagt er, „der rechte Ort, um ungestört beten und nachdenken zu können." Der Arzt nickt lächelnd. Ich traue meinen Ohren nicht und habe spontan das Bedürfnis, die beiden Männer zu umarmen. Leise, ganz leise. So freundliche Übereinstimmung vernehme ich selten in diesem lauten Lande. Gleichgesinnte in Sachen Ruhe sind mir sehr sympathisch. Es gibt so wenige. Wir trennen uns bei der weiteren Erkundung der dämmrigen Höhlen. Später vernehme ich aus dem Hintergrund gedämpftes Gemurmel. Es klingt nach Gebeten. Amen höre ich heraus. Und in Amen steckt auch Om. Die heilige Silbe, die die Essenz des gesamten Kosmos als Schwingung wiedergibt. Aaamen und Ooom...

Die Höhle Nummer 7 ist die merkwürdigste von allen. Ein versteinerter Garten der Lüste, will mir scheinen. Was ist das? Die Taschenlampe wird zum Scheinwerfer eines entzückenden Auftritts. Ich entdecke eine Schönheit, die in Bollywood und Hollywood Karriere gemacht hätte, wenn sie nicht hier seit eineinhalbtausend Jahren beschäftigt wäre, die Besucher zu frappieren. Die Tanzszene in kühlem Stein kann einen nicht kalt lassen. Indien hat ja diesbezüglich einiges im Angebot. An den die Voyeure begeisternden Tempeln von Khajuraho findet erotische Artistik statt, und die weiblichen Formen sind dort auch unter Gesichtspunkten der Statik zu betrachten. So viel Gewicht und Gewichtiges. Auch die vollplastischen Yakschi, die sich an den Toren von Sanchi als sehr feminine Baumgeister im Geäst räkeln, lassen den kleinen Unterschied als ziemlich groß erscheinen. Wie sich anmutige Paare mutig näher kommen, wurde mir ja gerade noch farben- und sinnenfroh in den Fresken von Ajanta vor Augen geführt. Das klassische Indien war wahrlich nicht prüde. Erstaunlich ist nur immer wieder, an welchen Orten einen unerwartet dafür der optische Beweis dargeboten wird.

Also: in Höhle Nummer 7 wird getanzt. Und wie! Hat die Dame etwas an oder nicht? Jedenfalls nur transparente luftigleichte Hüllen, auf der blanken Haut mehr Geschmeide als Textilien, auf dem Kopf eine Art Tiara; ob sie einen Büstenhalter, ob die Natur solche Fülle in eigener Kraft trägt, bleibt dem Betrachter in seiner Deutung überlassen. Ihm ist die Tänzerin frontal zugewandt, schaut ihn an, bezirzt ihn. Da schwebt sie vor ihm, die Beine leicht geknickt und weit geöffnet, Einblick erlaubend, die linke Hand leicht auf den Oberschenkel gelegt, die rechte einladend abgewinkelt, den Kopf kokett zur Seite gebeugt. Gleich wird sie sich drehen, wird ihre Schleier fliegen lassen, angefeuert von dem Damenorchester zu ihren Füßen. Da spielt die Musik. Die sechs Damen sind ähnlich duftig enthüllt wie die Tänzerin, sie flöten, zupfen Saiten und schlagen Trommeln und Zimbeln. Nur für den jeweiligen Betrachter schwingt die verführerische Dame ihre Beine, nur in den Minuten des Da-Seins lebt sie in den Blicken, die ihr gelten, die sie anzieht seit eineinhalbtausend Jahren. Was immer die unbekannten, namenlosen Künstler dereinst an Symbolik und Religiosität in dieses Ensemble hineingeheimnisten, die erotische Ausstrahlung ist für jedermann taufrisch geblieben, ohne dass es weiterer Erklärungen bedarf. Apropos Künstler: Was die Steinmetze wohl am Abend eines arbeitsreichen Tages ihrer Frau gesagt haben mögen, an welchen Rundungen sie gearbeitet hatten?

Der Buddhismus hatte sich längst von seinem Begründer entfernt und ist hier in seiner tantristischen Ausschweifung bildhaft festgehalten wie eine Momentaufnahme. Den leiblichen Lüsten war Siddhartha davon gelaufen, vom Nonnenorden hielt er nicht viel, die Kraft der Frauen ist ihm unheimlich gewesen – um sich von deren Einfluss zu befreien, regte er seine Mönche an, nicht die gegenwärtige Schönheit möglicher Gespielinnen zu sehen, sondern deren Verfall von morgen, den welken, faulenden Körper, die austretenden Flüssigkeiten, deren Gestank kein Parfüm mehr zu verbergen vermag; es gibt da drastisch deutliche Worte des Meisters. Und nun holen ihn die gemiedenen Frauen wieder ein. An seiner rechten Seite stellt sich die Tänzerin so unzüchtig zur Schau. Was da neben ihm passiert, nimmt er nicht wahr. Unbeeindruckt wie immer sitzt Buddha da in lehrender Pose. Er überwand das Verlangen. Aber nicht jeder ist Buddha. Respektlos und wohlig kommt die Frage auf, ob es denn wirklich so verdienstvoll sei, sich solcher Verführung zu versagen? Beim Anblick dieser Weiblichkeit ist zumindest eine Verzögerung auf dem Wege zum Nirvana verständlich. Man(n) müsste schon ziemlich versteinert sein, um von diesen Damen unberührt zu sein. Der Reiz ist dauerhaft und in jeder Generation neu auszukosten und auszuleben.

Derweil kreischt ein Schwarm grüner Papageien an den Felswänden vor der Höhle entlang und ihr Radau ist auch drinnen zu hören. Fortissimo und aufgeregt, als wollten die windigen Gesellen zu leichtsinnigen Spielen aufrufen. Frivole Gedanken fliegen einem zu in Höhle Nummer 7. Könnte es sein, dass die Damen aus Buddhas Nachbarschaft in diesen auffallend bunten Vögeln weiterleben? Hemmungslos rotschnäblig krakeelend, angetan mit grellem Federkostüm und mit gespreizten Schwänzen. Wiedergeboren in solch buntem Gewande? Nur so als Frage.

Wie sehr hier der Raum des Überganges ist, von Buddhismus in seinen schrilleren Ausformungen hin zur auslöschenden Umarmung durch die Götter- und Brahmanenwelt des Hinduismus, wird in der Nachbarnische sichtbar. Von Witterung und Verfall stark gezeichnet, aber erkennbar: Buddha und Ganesha sitzen sich da gegenüber. Es ist, als seien sie in ein Gespräch vertieft. Aber vielleicht reden der Erwachte und der Elefantenköpfige auch nur aneinander vorbei.

KARLA-HÖHLE UND ANDERE INNENRÄUME

Von Weltflucht zur Weltbeherrschung

Das Gebimmel ist ohrenbetäubend. Dutzende von golden blinkenden Messingglocken werden angeschlagen. Jeder Besucher des Ekvira-Tempels lässt vor dem Eintritt die Klöppel schwingen. Und die Pilger und Ausflügler kommen in Scharen. Ein eisernes Gitterwerk, so stabil, als müsste es Raubtiere bändigen, zwingt die Leute zum Anstehen in Hitze und Lärm. Großfamilien zwängen sich in andere Großfamilien, schieben, drängen, quetschen. Der Tempel mit seiner von Kerzenrauch und Räucherstäbchen geschwängerten Luft ist wie ein Durchlauferhitzer. Die Menschenschlange windet sich auf der einen Seite hinein, die vor dem Eingang hängenden Glocken in einem Drang unbändiger Lust zum Scheppern bringend, und auf der anderen Seite wieder heraus, geläutert nach dem Läuten. Das ist Hindu-Brauch und Wallfahrtsgetümmel. Nichts Besonderes eigentlich, wenn nicht der turbulente Wochenendpilgerbetrieb, wie er in Indien an hunderttausend anderen Stätten zu erleben ist, ausgerechnet vor der Chaitya der Karla-Höhle stattfände.

Der Felsendom buddhistischer Grandiosität gehört zum erhabendsten, was die Chaitya-Architekten zwischen dem 1. Jahrhundert v.u.Z. und dem danach zustandegebracht haben. Das ist Kulturerbe der Menschheit. Hoch steigt die Fassade mit dem hufeisenförmigen Fenster, der Säule mit den vier Löwen und den überlebensgroßen Stifter-Figuren auf. Doch der Blick ist verstellt. Just vor diese Felsenhalle vom Feinsten hat hinduistischer Anspruch nach eigener Opferstätte in jüngerer Zeit den kastenförmigen Ekvira-Tempel aufgebaut. Blau gestrichen und ohne äußerlichen Schmuck wirkt der Betonwürfel eher wie eine profane Wartehalle auf einem Busbahnhof. Doch der Vergleich ist absurd, weil man steile Treppen hinaufkeuchen muss, um auf die Terrassen in hundert Metern zu gelangen, vorbei an Souvenirbuden und Restaurants, aus denen der übliche Bollywood-Lärm in die Landschaft getrieben wird. Weithin reicht der Blick in die Hochebene zwischen den Niederungen von Bombay/Mumbai im Westen und den Höhen von Pune, die so genannten Westghats. 1.500 Kilometer ziehen sie sich von Nord nach Süd, tausend Meter hoch. Tischartig abgeflachte Felsen bestimmen das Bild. Hier und in der bergigen Nachbarschaft haben sich schon sehr früh buddhistische Mönche zurückgezogen. Unzugängliche Berge wurden höchst kunstvoll ausgehöhlt; sie zählen zu den ältesten Kultstätten Indiens; allesamt im Bundesstaat Maharashtra zu finden. Bedsa und Bhaja sind einige weitere Ortsnamen. Vor die eindrucksvollste Höhle von allen, die Karla heißt, haben fromme Hindus ihren Tempel gesetzt. Das ist nicht mehr das tolerante Nebeneinander, wie es einst in Ellora möglich gewesen war. Hier haben sich Machtverhältnisse geklärt. Zweitausend Jahre liegen zwischen der Entstehung der Karla-Höhle und diesem Hindu-Tempel; nur noch eine Sehenswürdigkeit ist das buddhistische Erbe, in vollem Betrieb die brahmanische Opferstätte. Wie eine Demonstration wirkt sie in ihrer kunsthistorischen Bedeutungslosigkeit und lärmenden Beflissenheit, die ins Innere der Halle dringt und als Echo indischer Gegenwart die buddhistische Vergangenheit aufschreckt.

Zweimal Indien – und beide gehören zusammen. Hinter der verräucherten Enge des Hindu-Tempels öffnen sich phantastische lichte Dimensionen. Der Vorraum ist zu beiden Seiten von sechs lebensgroßen Elefanten bewacht, deren Köpfe, Rüssel, Ohren aus dem anthrazitfarbenen Gestein zu kommen scheinen, gerade im Schritt trittstarker Säulenbeine verharrend; nur noch zwei der Dickhäuter sind unversehrt, aber es fällt nicht schwer, sich alle anderen vorzustellen. Über ihren Köpfen schweben als Reliefs sitzende Buddhas wie Mahuts, die die Elefanten zu forscher Gangart antreiben. Die Buddhas sind später im Wandel von buddhistischen Frühformen des Theravada zur bildlichen Darstellung des Mahayana angebracht worden: aufgesetzt im wahrsten Sinne des Wortes. An den vorderen Wänden des palastartigen Vestibüls stehen sehr plastisch modelliert vier Paare, die Damen mit sinnlichen Rundungen und kaum verhüllt, wahrscheinlich Stifterfiguren, mythologisch verfremdet, doch menschlich präsent.

Und dann der Innenraum, die Chaitya-Halle; sie gilt als die größte Indiens. Man stelle sich vor: 38 mal 14 Meter. Überwältigend! Der Berg tut sich auf; und weil durch das hohe Fenster mildes Tageslicht fällt, wird der Innenraum in eine Atmosphäre geisterhafter Entrücktheit getaucht, die nun wahrlich nichts Höhlenhaftes hat. In dieses Innere muss man nicht kriechen, sondern kann erhobenen Hauptes schreiten. Buddhas Lehre von der Befreiung des Geistes, von der Loslösung irdener Schwere schwingt hier noch immer mit, für den spürbar, der sich schweigend, staunend nähert.

Zwischen zwei schnatternden Besuchergruppen und gelegentlich abnehmendem Gebimmel von draußen, in einem akustischen Loch also, entfaltet die Chaitya-Halle ihren vollen Zauber, und das Wort Höhle im Sinne von Eingraben und Hineinzwängen weitet sich zu einem Dom zauberhafter Größe. Jeweils 15 Pfeiler gliedern das dreischiffige Gewölbe: jede der achteckigen massiven Säulen steigt aus einem vasenförmigen Sockel acht Meter an, wird von Lotosblüten bekrönt, auf denen kniende Elefanten und Pferde mit Reiterpaaren thronen: eine ehrerbietige Prozession auf dem Wege zum Stupa, der den hinteren Teil der Chaitya füllt, überdeckt von den Rippen des Tonnengewölbes. Hier ist es tatsächlich noch aus Holz und wirkt auf verblüffende Weise wie ein umgekehrter Schiffsrumpf, den ein Gigant über diese Halle gestülpt hat.

Tagelang bin ich unterwegs, in die den Felsen abgetrotzten Innenräume der Region vorzudringen. Der weiße Hindu-Tempel mit dem Gästehaus an der Straße nach Pune, wo der Weg abbiegt zu den Karla-Höhlen, wird zum Standquartier. Shree Durgapavameshwari ist der Tempel gewidmet. Freundliche alte Herren, asketisch schlank, betreiben zusammen mit jüngeren vollbäuchigen und rundgesichtigen Brahmanen-Priestern den Pilgerbetrieb. Das Unternehmen ist erst 1997 begründet worden und ein aktuelles Beispiel, wie heutzutage solch ein Tempel in Gang kommt. Beim Frühstück in der weiten Halle, die Hunderte von Besuchern aufnehmen kann, erfahre ich etwas von der erstaunlichen Kraft des Mannes, in dessen geistiger Hinterlassenschaft der Tempel entstand. Sein Foto ist überall in den Büros und Gängen ausgestellt: mit wallenden Haaren und mildem Blick schaut der Hausheilige auf seine Verehrer.

Eine dickliche ältere Frau erzählt in frommer Ergebenheit davon. „Ich habe ihn noch als Jungen gekannt", sagt sie in mädchenhafter Bewunderung und schwärmerisch, „niemand konnte damals ahnen, dass er einmal ein Heiliger werde. Mit 44 Jahren ist er gestorben", bei den letzten Worten aber korrigiert sie sich sofort und ergänzt mit dem gläubigen Lächeln der Wissenden: „Nein, er ist ja nicht wirklich gestorben. So ein Mann stirbt nicht. Er ist unter uns geblieben. Er hilft uns. Er heilt." Meinen zweifelnden Blick ignoriert sie und fährt fort: „Das Wasser des Tempels ist wundersam." Holy water, sagt sie auf Englisch und gebraucht dann das Sanskrit-Wort „tirta", das geheiligte Wasser, das reine, das wundertätige. Dann fügt sie verschwörerisch an als dürfte sie mir dieses Geheimnis gar nicht anvertrauen: „Seine Heiligkeit hat uns schon einige Male besucht, ganz leibhaftig." Mich überrascht dies nicht so sehr wegen der Selbstverständlichkeit, mit der sie von solcher Erscheinung der jenseitigen Art berichtet, sondern ihre gegenwärtige Nähe zu einem Menschen erstaunt, den sie noch gekannt hat und der nun zwar verschieden aber als wiederkehrendes präsentes Wesen in familiärer Verbundenheit wahrgenommen wird. Dieses volkstümliche gläubige Verlangen nach praktischer Lebenshilfe der Ahnen hat die Jahrtausende überdauert. Der historische Buddha ist weit, weit weg.

In der Abgeschiedenheit von Bedsa komme ich ihm wieder näher. Das Dorf in der zersiedelten Hochebene nach dem Marktflecken Kamshet ist indisches Hinterland. Den Pilgergruppen und Großfamilien, die Karlas Höhen heimsuchen, ist es zu beschwerlich, bis hierher den Ausflug fortzusetzen. Es lockt kein Hindu-Tempel, keine Bude mit Andenkenkrimskrams, keine kühle Cola-Flasche weit und breit. Beschwerlich und steil ist der Aufstieg an den Lehmhütten der Bauern vorbei, von bellenden Hunden verfolgt, von großen Kinderaugen angestarrt. Kein Eintritt, kein Wächter. Spitzgipflige Berge im Dunst, stachlige Kakteen an den Hängen, weißblühende Kambodschabäume, Gestrüpp. Hinter zwei gewaltigen Felsbrocken, die nur grob behauen sind, tut sich die Halle auf, kleiner als die von Karla, aber in der Ausgestaltung ähnlich. Auch hier die Säulen mit den Elefanten und Pferden und Reitern; auch hier der Blick zum Stupa am Ende der Halle. Die gewölbte Decke hat keine Rippen. Alles ist schlichter, ursprünglicher; ich meine, an einen Ort zu geraten, der etwas vom Geist des frühen Buddhismus atmet.

Weil hier kein Rummel ist und keine Massen kommen, lässt sich hineinhören in die Stille, hineinschauen in Stein gebannte Selbstsuche jener Mönche, die sich aus dem Weltentreiben zurückzogen, um für sich den Weg aus eben diesem Tal des Leidens zu finden und das – wie es so bildhaft geschildert wird – Kleine Fahrzeug der Auserwählten benutzten, sich nicht um die anderen bekümmerten, die zurückblieben: Eremiten der eigenen Erlösung, nicht Bodhisattvas im Dienste der Nächsten. Das mag fern der Aufgabe Buddhas erscheinen, der sich als Lehrer sah und auf die Menschen zuging, unsozial sogar, egoistisch und weltabgewandt im tatsächlichen Sinne. Nicht zu urteilen erklimme ich diese Höhe von Bedsa, sondern zu erahnen, welcher Geist sich in solchem bergigen Winkel entfaltete. An einer der achteckigen Säulen ist ein kleines Rad als flaches Relief zu erkennen, acht Speichen hat es, den von Buddha gewiesenen Pfad weisend. Das Zeichen wirkt so unscheinbar wie monumental. Fledermäuse huschen unter dem schmucklosen Deckengewölbe hin und her, durch den Gast in ihrer Ruhe gestört. Aufgeregtes Piepsen schrillt durch Buddhas weiten Raum.

Wie von einem überirdischen Balkon aus wandert der Blick in die fruchtbare Hochebene. In der Ferne zur Linken ist das Band der Autobahn zu sehen, die von Bombay nach Pune führt. Leises Motorengebrumm ist zu hören wie das Geraune aus einer anderen Welt, die sich ihres motorisierten Fortschritts rühmt. Lastwagen kriechen schwerfälligen Insekten gleich die Linie des Expressways entlang. Die distanzierte Sicht verleitet zum Sinnieren. Die Autobahn durchs gebirgige Land mit Brücken und sechsfacher Spur erscheint als Mammutprojekt moderner Größenordnung, in die heutzutage die Intelligenz, das Geld und die Erwartung, beides möge sich auszahlen, hineingesteckt werden, wie vor zweitausend Jahren die Energie investitionsbereiter Zeitgenossen darauf verwendet wurde, die Höhlendome und Felsenklöster zu finanzieren, um somit für's tägliche Geschäft und für's nächste Leben gut Wetter zu machen. Stets fühlten sich die Menschen zu Höheren herausgefordert und wollten mit Nehmen und Geben ihren Anteil daran sichern. Die pragmatisch beeinflusste Spiritualität von damals wurde längst von ausschließlichem Nützlichkeitsgebot verdrängt. Unterschiede? Weltflucht einst, Weltbeherrschung nun. Darüber lässt sich streiten; und Vergleiche hinken sowieso. Jedes Großprojekt ist auch ein Ausdruck von Zeitgeist. Die entrückte Perspektive da oben am Chaitya-Abhang von Bedsa mag solche Gedanken entschuldigen. Wo ist man schon in Indien mit den antiken Zeugnissen prägender Geistesgeschichte so intim allein und ungestört?

Noch ein Ortswechsel: Auch die Gebetshalle von Bhaja und die zu beiden Seiten hin in die Felsen geschlagenen Mönchszellen der Klöster sind, da näher an der Hauptstraße und auf ausgefahrenem Wege mühelos zu begehen. Sie werden vom Strom der Besucher erreicht und erlauben nicht mehr diese ungestörte Art von Einkehr. Der Eindruck von räumlicher Offenheit wird durch den Verfall verstärkt. Die Front ist herausgebrochen. Deshalb ist die hufeisenförmige Fassade, anders als durch einen Vorraum wie an der Karla-„Kathedrale“ getrennt, direkt zugänglich. Gleichwohl lässt auch diese Stätte, die im 2. Jahrhundert v.u.Z. entstand, ehrfürchtig verstummen. Mich jedenfalls.

Von hier oben ist am Ende des Talkessels, der in kilometerweitem Halbrund von Festungsmauern aus dem 15. und 16. Jahrhundert überragt wird, eine Ansammlung von Steinhäusern zu erkennen oder eher zu erraten. Das Anwesen einer reichen Familie? Ein großer Bauernhof? Vihara, sagen die Leute, ein buddhistisches Kloster. Jeder zeigt mir den Weg über die Felder. Eine ausgebaute Straße dorthin gibt es nicht. Tatsächlich: nach halbstündiger Wanderung erreiche ich ein buddhistisches Zentrum, dessen Versammlungshalle mit gläsernem Hauptportal ausgerichtet ist zum Felshang mit der Chaitya von Bhaja. Blickwechsel, Gemeinsamkeit und buddhistische Kontinuität sind gewollt. Der Komplex mit Gärten, Gästebungalows und diesem hohen Saal aus Beton und Glas sind erst vor wenigen Jahren gebaut worden. Lichtdurchflutet ist die Chaitya unserer Tage und nüchtern und kahl. Ein weißer Buddha thront im Mittelpunkt.

Ein sportlich und leger gekleideter Mann in den 50ern begrüßt mich freundlich. In seinem Blick strahlt die buddhistische Güte, die ich auf dieser Reise in vielen Gesichtern wahrnehme. Solch ein Ausdruck lässt sich nicht einfach auftragen wie ein Make up, er kommt als Lebens- und Denkweise von innen heraus. Was zeichnet diesen Mann aus, der offensichtlich in einer anderen Welt seine Wurzeln hat. Er stamme aus Aberdeen in Schottland, lebe seit zehn Jahren in Indien und sei ordinierter Mönch. So erfahre ich. Buddhistische Studien habe er schon in Schottland betrieben. Sein dortiger Lehrer, auch der ein Brite, habe ihn veranlasst, nach Indien zu gehen, um in Buddhas Ursprungsland die Studien zu vertiefen. Ein Mönch? Ich vermisse die Robe. Er streicht etwas verlegen an Hemd und Hose entlang. Das Mönchsgewand trage er nur bei besonderen Anlässen, von offizieller Seite werde dies bei einem Ausländer nicht gerne gesehen, räumt er ein. Das behördliche Misstrauen einem nichtindischen Mönch gegenüber bringe auch die Unsicherheit mit, nie zu wissen, wie lange er noch Gast in Indien sein dürfe. Nicht auffallen, sei eine Voraussetzung für sein Bleiben.

Er wirkt ausgeglichen und zufrieden in diesem abgeschiedenen Winkel. Zusammen mit den indischen Mitarbeitern werden Meditationsseminare veranstaltet, an denen fast ausschließlich Inder teilnehmen, selten Europäer. Wer hat denn das Bedürfnis, in dieser modernen Einöde mit sich und der Welt ins Reine zu kommen? Buddhistische Inder, die natürlich, aber es kommen auch Hindus, erfahre ich, Manager, Geschäftsleute, Bankiers. Klingt sehr vertraut. Das ist die Klientel, die schon zu antiker Zeit dem historischen Buddha die Treue hielt. Nur so lasse sich das Zentrum finanzieren, weltoffen, gläsern, einladend. Spenden werden aus Großbritannien, aus

Taiwan, aus Indien überwiesen. Der Mönch in zivil erzählt dies leichthin in einer Gesprächslaune, die anders, direkter und vertrauter ist als hätte mir dies ein Inder mitgeteilt. Es ist überraschend, hier diesen schottischen Mönch anzutreffen, der auf dem Wege ist, den Zyklus der Wiedergeburten zu verlassen, mit Sicherheit aber dem europäischen Zyklus von Stress, Stechuhren und Konsumverlangen schon entronnen ist. Nein, Marati, die Sprache Maharashtras, habe er noch nicht gelernt, sagt er lächelnd und abgeklärt, aber Pali und Sanskrit. Die Sprachen der buddhistischen Quellen seien ihm wichtiger. Zieht ihn noch irgendetwas zurück nach Schottland? Er schüttelt sanft den Kopf.

Neben der weißen Buddha-Figur hängt ein Foto an der Wand, das das Porträt des Dr. Babasaheb Ambedkar zeigt. Als Markenzeichen des zeitgenössischen Buddhismus in Indien hängt das Konterfei überall dort, wo ein Neubeginn nach den Jahrhunderten der Vergessenheit angestrebt wird. Das volle runde Gesicht des Mannes mit Brille und Schlips und Kragen, der dem indischen Kopf ein europäisches Outfit verleiht, ist zur Ikone geworden. Ich sollte es an jenem Tag in der Nachbarschaft gleich ein weiteres Mal sehen.

Ich treffe nämlich einen zweiten Mönch. Drei Kilometer entfernt, neben der Autobahn, steht ein buddhistischer Tempel, sehr einfach, eine kleine gemauerte Halle nur, weiß gestrichen. Davor ragt in Beton geformt ein Tor auf, das in seinen Umrissen sofort an Sanchis Tore erinnert. Hier ist die schlichte, schmucklose Kopie zu erkennen, auf die simplen Formen reduziert. Beim Vorübergehen fällt mir der Mönch auf. In der Abendsonne spaziert er auf dem flachen Dach seines Tempels hin und her. Als orangefarbener wandelnder Farbtupfen weithin zu sehen. Der gedrungene, dunkelhäutige Mann trägt die Robe gewissermaßen zur Schau als wolle er für seinen Tempel werben, offensichtlich von keiner Scheu gebremst, wie ich sie gerade im Zentrum am Ende des Talkessels erfahren hatte. Der indische Mönch winkt mir zu. Das eigentliche Tor sei unverschlossen, bedeutet er mir aus seiner luftigen Höhe. Kommen Sie! Mit beiden Händen lädt er mich ein.

Die Halle hat dörflichen Zuschnitt, wirkt düster und hat nur wenige Fenster. Auf einem Altartisch steht eine kleine weiße Buddhastatue und wirkt ärmlich und allein gelassen. Der Gegensatz zum repräsentativen Glashaus des Schotten könnte nicht krasser sein. Ich begrüße den indischen Mönch mit gefalteten Händen und lasse mich im Schneidersitz vor ihm nieder. Muskulös ist seine Gestalt, stämmig. Ein Mann um die 40. Er strotzt vor Gesundheit und Lebenskraft. Mit blendend weißen Zähnen lächelt er mich an, auch hier diese gelassene Freundlichkeit, die die Begegnung spontan erleichtert und doch die Unverbindlichkeit spüren lässt, die dahinter stecken mag. Mönche sind gütig aber nicht herzlich, diesen Unterschied hat der historische Buddha vorgelebt.

Wer ist dieser Mann hier, der die Beine übereinander gelegt hat und die Stoffbahnen seiner Robe um sich breitet? Er spricht ein gutes Englisch. Vor sechs Jahren wurde er zum Mönch ordiniert. Und was hat er davor gemacht? „Ich arbeitete in Aurangabad im Filmgeschäft, war Manager, hatte mit dem Buddhismus wenig zu tun", antwortet er bereitwillig. Was bewog einen Mann, der auch als Mönch diese Welt-Zugehörigkeit erahnen lässt, zu dem einschneidenden Wandel in seinem Dasein? „Der Rummel ist mir auf die Nerven gegangen, die glitzernde Verpackung und der dürftige geistige Inhalt waren meinen Ansprüchen zu wenig." Das deutet eine Erklärung an. Was letztlich den Kleider- und Lebenswechsel bewirkt, was da an persönlichen Entscheidungen bei einem solchen Mann in den besten Jahren mitspielte, bleibt unausgesprochen. Er lebt allein in seinem Tempel, durch die mildtätigen Spenden der Nachbarn ernährt. Von denen werde er um Rat gebeten. Er gehe in die Dörfer und versuche, in sozialer Not zu helfen. Ob er denn den schottischen Mönchskollegen kenne? Ja, dem sei er schon mal begegnet, aber es gebe keine näheren Beziehungen. In dem Zentrum bestimme der Mahayana-Buddhismus die Studien, er aber gehöre dem Theravada-Buddhismus an. Seine Worte signalisieren Distanz. Die Unterschiede seien zu groß. Er pflege die Kontakte mit den Land- und Landsleuten, den einfachen Bewohnern der Gegend; da hinten in dem feinen Zentrum mit der gläsernen Halle kämen ganz andere Leute zusammen, mit denen habe er nichts zu schaffen. Der indische Mönch hebt die Hände und macht deutlich, in wie vielen Zimmern die Hauslosigkeit des historischen Buddhas sesshaft geworden ist und dass es längst nicht mehr zwischen allen Zimmern offene Verbindungstüren gibt.

Als ich ihn um die Zustimmung für ein Erinnerungsfoto bitte, steht er auf, holt aus einem Nebenraum weitere gelbe Baumwolltücher, die die Robe vervollkommnen. Von wegen leichthin um den Körper gewunden! Da wird gefaltet, gerüscht, gegürtet. Die Handhabung der Garderobe lässt mich an die wallende Stoffflut der Saris denken. Schließlich stellt er sich in Positur. Ich drücke auf den Auslöser und lege Wert, den Mann hinter ihm mit aufs Foto zu bringen. Auch hier hängt das Porträt des Dr. Ambedkar, überlebensgroß mit Doppelkinn und dunkler Brille und europäischem Anzug. Auf weiteren Bildern daneben ist er zusammen mit Lord Buddha zu sehen. In der indischen Art der süßlich-kitschigen Farbenfreude treten die beiden Herren in vertrauter Gemeinsamkeit auf. Als Zwillingsbrüder sind sie vereint.

Indische Mönche vor der Ambedkar-Büste neben der Memorial-Halle in Nagpur.

FOLGEN

NAGPUR

Kasten und Körper

Leiber, schiebende, drängende, treibende, schubsende, stoßende, puffende Leiber. Indische Großstadtbahnhöfe sind eine Welt für sich. Unaufhörlich spucken die Züge ihre zusammengepferchte Fracht auf die Bahnsteige. Das physikalische Grundgesetz, wonach kein Körper sein kann, wo bereits ein anderer ist, wird von den hetzenden und gehetzten Menschen einfach über den Haufen gerannt; auch über die in Decken gerollten liegenden und liegen gebliebenen Wesen auf den Vorplätzen hinweg. Stundenlange Verspätungen zwingen zu Gottergebenheit und lang gestreckter Bodenhaftung, ehe man sich erneut aktiv am Fortkommen beteiligt. Ein- und Aussteigen ist nicht eine Sache der Reihenfolge, sondern der Gleichzeitigkeit, was den Vorgang blockiert und unfreiwillige Hautkontakte erzwingt. Jeder gegen jeden. Eine permanente Freilichtaufführung des uralten Stückes „Kampf ums Dasein“. Es ist, als entleere sich bei jedem ankommenden Express unter eruptiven Krämpfen ein Monstermagen, der im nächsten Moment bereits mit bestialischer Gefräßigkeit neue Massen in sich saugt und stopft und schlingt. Unersättlich, gierig, unbefriedigt.

Ledersandalen, nackte Füße, Schnürstiefel, Halbschuhe, Plastikschlappen, flache Absätze, hohe Absätze, Krückstöcke, Holzbeine, Fußstümpfe hasten zu Tausenden und aber Tausenden auf den eisernen Brücken hoch über den Geleisen zwischen Bahnsteigen und Ausgängen. Die Stege vibrieren im Ansturm. Jeder für sich wird vom beängstigenden Trieb fortgescheucht, so schnell wie möglich ein rettendes Ufer erreichen zu müssen. Im alles gleichmachenden Mahlstrom der indischen Megastädte werden Tabus fortgerissen. Der Brahmane rempelt den Unberührbaren an, achtet nicht auf die Beschmutzung angestammter und angemaßter Würde, ignoriert den Körperkontakt, der andernorts, wo Platz ist für tiefverwurzelte Ansprüche und Abneigungen, überheblich vermieden wird. Die Schöne wundervollen Ebenmaßes, geschmückt mit den Farben des Frohsinns, reibt sich an den von Lepra zerfressenen Gliedern eines verlausten Krüppels. Ein reicher Mann wird von einem armen Teufel in die Rippen geboxt; nicht, weil der sich muskelstark über sein Los beklagen will, sondern bloß, weil er im Durcheinander aus dem Gleichgewicht geriet. Dem Asketen wird schmerzhaft auf die blanken Füße getreten; und der heilige Sadhu, sich sonst der Verehrung seiner Gemeinde gewiss, erträgt den unbeabsichtigten Stoß schicksalsergeben. Der Tuberkulosekranke spuckt gezielt am blühenden Leben des modisch gekleideten Studenten vorbei auf den Boden. Frauen, in den Familien geschützt vor zudringlichen Blicken, Gesten, Handgreiflichkeiten, geborgen in sozialen Klammern, sind eingekeilt in der Leiber Fülle und erdulden klaglos die Hautnähe unbekannter, zufälliger Männlichkeit. Was keine Sozialreform bewirkt, was kein Quotensystem für Unterprivilegierte schafft, ist in öffentlichen Verkehrsmitteln vorübergehend normative Kraft des Unausweichlichen. Kasten, Klassen, Körper und Geschlechter gehen unter im Zu- und Abfluss der Bahnhöfe. Indien in vollen Zügen kommt sich verdammt nahe. Auf dem Wege nach Nagpur bin ich mal wieder mittendrin. Aber da ich auf dieser Reise schon einige Kilo abgenommen habe, brauche ich in Bahn und Bussen ohnehin nun weniger Platz. Ich habe gelernt, das zu erdulden, was nicht zu ändern ist. Indiens vielarmige Vitalität bezwingt uns alle.

Ich sehe das Zwillingspaar wieder. Eine ziemlich dunkelhäutige Frau trägt es sichtbar auf ihrem Sari, und dieses Doppelbild von Buddha und Dr. Ambedkar erscheint als ein stummes, öffentliches Bekenntnis. In Plastik sind die beiden Heilsfiguren eingeschweißt und mit einer Sicherheitsnadel an den Stoff des Oberteils geheftet: links der Erwachte im Strahlenkranz, rechts der Brillen- und Krawattenträger. Drei Bankreihen vor mir sitzt die schmächtige Frau eingezwängt in der Leiberfülle der Mitreisenden des völlig – was es zumindest gedanklich auseinander zu halten gilt – mit Menschen und Material zugepackten Eisenbahnabteils. Mit der Frau in ein Gespräch zu kommen, ist unmöglich, da ich ja selbst eingeklemmt und bewegungsunfähig bin. Eigentlich kann ich nur ihre drei Gesichter erkennen: die zwei kleinen in der querformatigen Plastikverpackung und die verhärmte Miene ihrer Trägerin. Deren Blick ist, dem ratternden Vehikel und dem Unterwegssein angemessen, unbestimmt in die Ferne gerichtet, schläfrig und beharrlich die unmittelbare Bedrängnis ignorierend, wie man sich innerlich abkapselt, wenn man äußerlich nicht mehr ausweichen kann. In ihre Gesichtszüge erdbrauner Farbe haben sich Mangel und Entbehrung eingegraben, vermutlich seit Generationen erlitten und in eben dieser Generationen verbindenden Gemeinsamkeit als Defizit-Erbe weitergegeben. Gedrückte Körperhaltung, diese Leidensmiene lebenslanger Benachteiligung und das zerfurchte Gesicht deuten auf die Zugehörigkeit zur Unterschicht; die Zurschaustellung von Buddha und Dr. Ambedkar weist darauf hin, dass sie der untersten Kaste der Mahars entstammt. Früher wurden solche Leute „unberührbar" genannt oder „outcastes", heute heißt das „scheduled castes", weil sie in der Verfassung Indiens extra aufgeführt sind. An eben dieser Verfassung war Dr. Ambedkar Ende der 1940er Jahre als Mitautor wesentlich beteiligt gewesen. Er selbst gehörte der Abdecker-Kaste der Mahars an.

Die Fahrt im überfüllten Zug nach Nagpur ist mit der bedrängenden Körperfracht die zwar unbequeme aber atmosphärisch einprägsame Art, sich auf die massenhafte Wiederbelebung des Buddhismus einzustimmen. Detlef Kantowskys Dokumentation „Buddhisten in Indien heute" wird zur hilfreichen Reiselektüre. Ich habe mangels Platz ein wenig Mühe beim Umblättern, aber das seltsame Phänomen der Bedeutungslosigkeit physikalischer Grundgesetze wirkt auch bei einer stundenlangen Eisenbahntour. Man wird so zusammengeschüttelt und gerüttelt, dass sich die Körper in die letzte verfügbare Ritze schieben, irgendwie ineinander vermengen und einen Gesamtkörper bilden, der sich bei jedem Halt neu formiert und immer wieder Individuen aufnimmt, die sich zusammenfalten, schrumpfen, anpassen und erst bei der Ankunft ihre Normalgröße zurück erhalten. Anders wären Indiens Millionen in Bahnen gar nicht zu transportieren. In animalische Ausdünstungen gehüllt und von der Riesenkrake der Mitreisenden umarmt wird die rückblickende Lektüre besonders spannend.

In Nagpur nahm die neo-buddhistische Bewegung ihren Anfang, die untrennbar mit Dr. Bhimrao Ambedkar verbunden ist; von seinen Verehrern liebevoll Babasaheb genannt. Er ist eine der herausragenden Erscheinungen der Unabhängigkeitsbewegung und der Gründung des modernen Indien. Am 14. April 1891 geboren, am 6. Dezember 1956 gestorben. Auch bei dieser nun zu Ende gehenden Reise durch Indien war es mir wieder aufgefallen: Gemessen an den relativ wenigen offiziellen Denkmälern, die Mahatma Gandhi auf repräsentativen Plätzen der Erinnerung plastisch und in Bronze vor Augen halten, zur abstrakten Überfigur verklärt und in seinen moralisch-politischen Ansprüchen der Gewaltlosigkeit längst verraten und vergessen, und gemessen an den unzähligen Gipsfiguren, die in Indiens Dörfern und Slums den Dr. Ambedkar volkstümlich dar- und aufs Podest stellen, ist dessen Popularität weitaus verbreiteter und wird ganz unten im Hierarchiegefüge Indiens hoch gehalten. Es mutet rührend an: Gandhi in den spärlichen Baumwolltüchern seines Dhotis mehr nackt als bekleidet, auf staksigen Beinen in die Zukunft Indiens schreitend; und Dr. Ambedkar stets im feinen dunklen Zwirn europäischen Zuschnitts, akademisch und bürgerlich korrekt, in linkischer Pose aufrecht als zeitgenössischer Bodhisattva vor den Lehmhütten der Ärmsten stehend. Die Unterschiede muten grotesk an, spiegeln aber die Entwicklung fast schon karikierend wider, die über Gandhi hinweggegangen ist und Ambedkar zum Säulenheiligen der „outcastes" hat werden lassen.

In Nagpur ist Ambedkars Nimbus begründet. Als charismatischem Aufsteiger war es ihm gelungen, die Niederungen der Kasten-Diskriminierung zu verlassen, zu studieren, an der Columbia-University in den USA akademische Lorbeeren zu ernten, als Jurist zu promovieren und aktiv in den Befreiungskampf gegen die britische Kolonialherrschaft einzugreifen. Seine Herkunft hat er nie vergessen. Im Gegenteil. Schon 1935 erklärte er öffentlich, nicht als Hindu sterben zu wollen.

Wie weiland Buddha sah er den bewusst vollzogenen Ausbruch aus von Brahmanen und hochkastigen Hindus gegängelter Bevormundung als Selbstbefreiung. „Change your religion!", rief er denen zu, die als Menschen in Würde und nicht als Opfer von maßloser, verachtender Überheblichkeit leben wollten. Doch es dauerte Jahrzehnte der Prüfung und Abwägung, bis er sich zum Buddhismus bekannte, der – anders als Islam und Christentum – aus indischem Geist geboren war und in Indien nach einem Jahrtausend wieder heimisch werden sollte: die einzige Religion, die

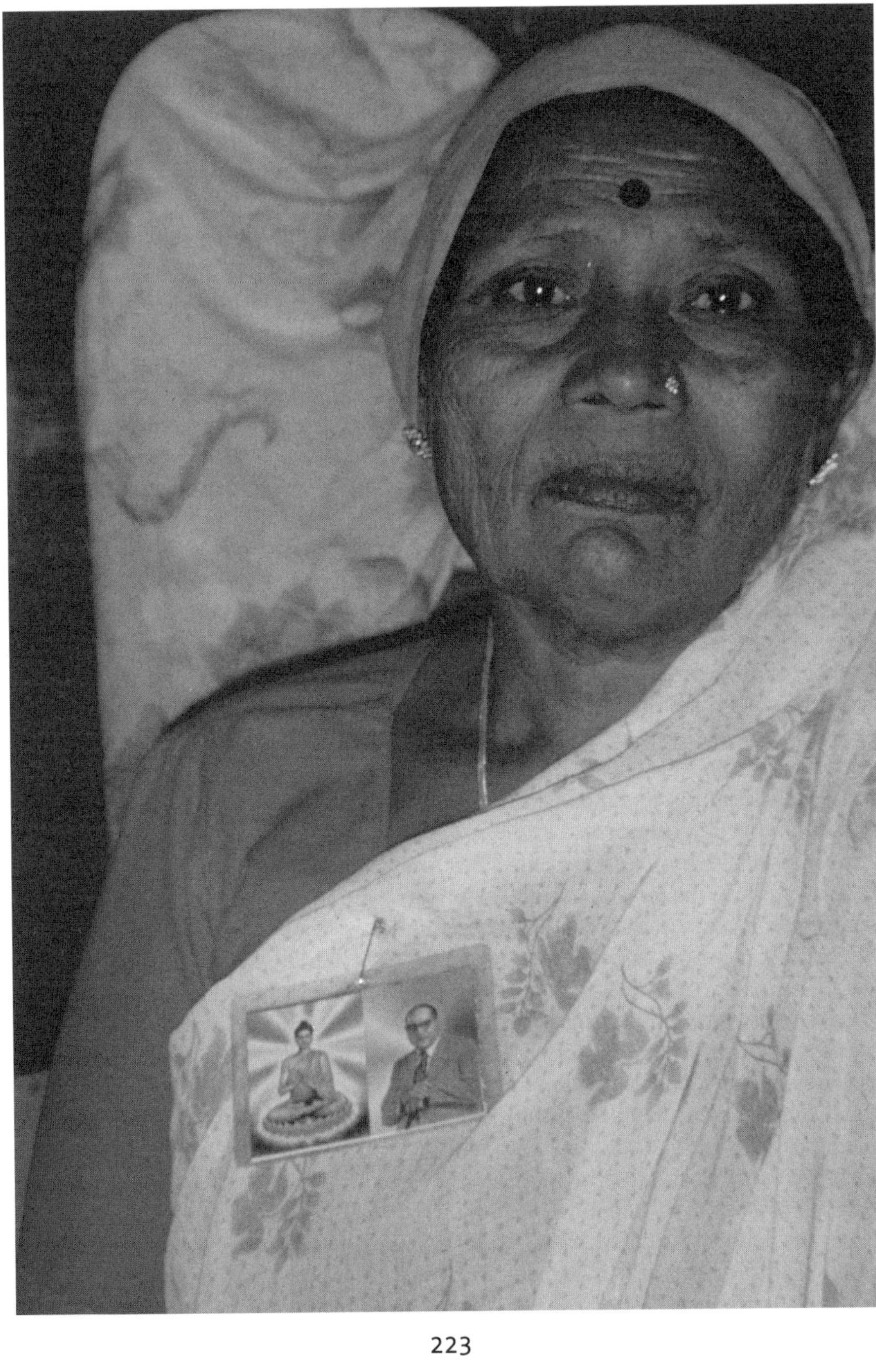

die Schranken der Kasten überwinde, indem sie die ignoriere, propagierte Ambedkar sein Credo. Nach seiner demonstrativen Abwendung vom Hinduismus und der Zuflucht zu Buddha – „Mir ist, als habe ich mich von der Hölle befreit", so sein bewegendes Bekenntnis – rief er die Massen auf, seinem Beispiel zu folgen. 22 Gründe hatte er formuliert, die eine klare Trennung zwischen Hinduismus und Buddhismus zogen und als „Buddhist's Oath" galten, als Bekenntnis des Wechsels. „Ich betrachte Brahma, Vishnu und Mahesh weder als Götter noch will ich sie anbeten", so heißt es da an erster Stelle und dann werden weitere Hindu-Götter mit derselben Ablehnung aufgezählt – außerdem: „Ich glaube nicht, dass Lord Buddha eine Inkarnation Vishnus war. Ich glaube, dies ist Propaganda und schädlich und falsch." Und Punkt 9: „Ich glaube an das Prinzip, dass alle Menschen gleich sind." Punkt 19 des Gelübdes: „Ich nehme heute Buddhas Lehre an (Buddha Dhamma) und kehre mich von der Hindu-Religion ab, die der Emanzipation der Menschen entgegengesetzt ist und den Glauben in die Ungleichheit fördert und alle Menschen außer den Brahmanen als niedrig geboren ansieht." Diese Worte fanden bei den untersten Kasten ein vielstimmiges Echo. Genau das wollten sie hören.

Der 14. Oktober 1956 wurde zum historischen Datum der jüngeren indischen Geschichte. Auf dem Deeksha Bhoomi, einem weiten Platz im Südwesten der Millionenstadt Nagpur, folgten mehrere hunderttausend Frauen und Männer der Mahar-Kaste und anderer diskriminierter Gruppierungen dem Aufruf Ambedkars. Mit Bussen und Bahnen, mit Ochsenkarren und zu Fuß waren sie aus allen Teilen Maharashtras gekommen, hatten weiße Kleidung angelegt und waren entschlossen, ihr Leben zu ändern. In einer bewegenden Zeremonie sprachen sie die 22 Bekenntnisse des buddhistischen Gelübdes nach, das Ambedkar vorgegeben hatte. Die Massen-Konversion zum Buddhismus wurde am folgenden Tag fortgesetzt, als weitere hunderttausend Unterschichts-Inder nach Nagpur strömten, um neu geboren zu werden. Das Rad der Lehre war nach einem Jahrtausend in Indien wieder in Bewegung gekommen: durch die neo-buddhistische Bewegung des Dr. Ambedkar, die sozialpolitisch bestimmt war und ihren Anhängern den Aufstieg aus ihrer Misere versprach.

Der Begründer dieser volkstümlichen Version des Buddhismus wurde begeistert gefeiert und von den Armen als Hoffnungsträger bald vergöttert. Diese Überhöhung des Politikers hängt sicher auch mit seinem tragisch schnellen Tod zusammen. Dr. Ambedkar kam gar nicht mehr dazu, der Bewegung durch seine Person und seine Popularität das erforderliche Profil zu geben, das dem Wunschdenken auch die erforderliche gesellschaftliche Triebkraft verliehen hätte. Es war ihm nach dem grandiosen Auftritt in Nagpur gerade noch vergönnt, eine Pilgerreise nach Bodhgaya, Sarnath und Kushinagar zu unternehmen. Sieben Wochen nach den Großveranstaltungen in Nagpur starb er am frühen Morgen des 6. Dezember 1956 in Delhi. Sein Leichnam wurde nach Bombay überführt und dort nach buddhistischem Brauch am folgenden Tag verbrannt. Mehr als eine halbe Million Menschen nahmen daran teil. So weit die Vergangenheit.

Dass mit Dr. Ambedkars Volkstümlichkeit weiterhin Politik gemacht wird, ist keine Frage. Die rührenden Gipsfiguren, die ihn in den Dörfern darstellen, sind erstarrte Hilferufe von unten. Wie die politische Effekthascherei in seinem Namen bombastische Ausmaße und einen gewaltigen Verbrauch an Beton, Marmor und Goldbronze erreicht, hatte ich Monate zuvor in Lucknow besichtigen können. Am Rande der Hauptstadt von Uttar Pradesh wurde im Januar 2003 zu seinen Ehren ein Monument eröffnet, das alle bisherigen Dimensionen des Ambedkar-Kultes sprengt. Es ist nicht bloß ein Denkmal, es ist ein sich über mehrere Hektar erstreckender Komplex mit einer von einem Stupa überwölbten Gedenkhalle, weiten Gängen, Tafeln, sakralen Plätzen, weißem Buddha-Schrein. Die mit kostbaren Materialien gestaltete weitläufige Anlage ist eine Mischung aus Disneyland und Pantheon. Als Sozialreformer wird Dr. Ambedkar gefeiert, als Gott, als erhabenes Wesen. Entrückt zwar, doch einbezogen in die Tagespolitik. Beim ehrfürchtigen Wandel über die glänzenden Marmorwege drängt sich ständig die Frage auf, wem diese Gigantomanie eigentlich zu höherem Ruhme verhelfen soll? Von der Grundsteinlegung im Juni 1997 bis zur Einweihung am 15. Januar 2003 sind die Baustadien mit einer Vielzahl von Inschriften dokumentiert, die einen Namen dutzendfach und gebetsmühlenartig wiederholen: Behenji Mayawati, Chiefministerin von Uttar Pradesh. Die umstrittene Politikerin kam als Angehörige der Dalits an die Spitze des größten Bundesstaates Indiens. Dalit ist zum Sammelbegriff der Unterdrückten geworden, der Gebrochenen, Ausgebeuteten, die heutzutage gängige Bezeichnung der untersten Stufe des indischen Kastensystems. Mayawati lässt sich als Bauherrin preisen, als Inspiratorin der Architekten, Künstler, Handwerker, als Beschützerin der Rechtlosen. Es ist ihre Gedenkstätte geworden: Seht her, zu welchen Leistungen die Dalits aufsteigen können! So die unmissverständliche Botschaft der monumentalen Selbstdarstellung, die just zu Mayawatis 47. Geburtstag mit Pomp der staunenden Öffentlichkeit zugänglich gemacht wurde. Wenige Monate nach dieser operettenhaften und kostspieligen Inszenierung wurde Mayawati im Machtgerangel à la India aus ihrem Amt gedrängt und musste zurücktreten, nachdem sie mit ihrer Bahujan Samaj Party die Koalition mit der BJP gekündigt hatte. Ob eine solche Anhäufung teurer Materie im Sinne des Dr. Ambedkar ist, bleibt zweifelhaft. Dass sich darin das gestärkte Selbstbewusstsein der neuen Dalit-Elite zur Schau stellt, ist ebenso wenig zu übersehen wie die armselige Lebensweise der meisten der Dalits, die von solchen Monumenten nicht satt werden. Indiens Widersprüche. Der Durchreisende wundert sich.

Schließlich rollen wir mit der üblichen Verspätung im Bahnhof von Nagpur ein. Ich bin im Herzen Indiens; was immer eine solche gefühlsbeladene Bezeichnung bedeuten mag, Nagpur im Bundesland Maharashtra bezeichnet das geografische Zentrum des Subkontinents. Die Aorta des Schienenstrangs führt dem Herzen Tausende neuer Blutkörper zu. Sie entströmen dem Zug in wiedergewonnener Individualität. Im Gedränge des Aussteigens auf Nagpurs Bahnhof verliere ich die Frau mit dem Zwillingsporträt auf der Brust sofort aus den Augen.

Die fünf Buddhas

Das eingeschossige Haus aus gemauerten Ziegeln unterscheidet sich in seiner Schäbigkeit nicht von den anderen in der Straße, in der wie in so viele Straßen der Armenviertel Nagpurs Gräben aufgerissen sind, um die sich offensichtlich schon lange niemand mehr kümmert. Was als Kanalisierung geplant und wieder vergessen wurde, dient längst als Müllkippe und trostloser Abenteuerspielplatz. Etwas wirkt befremdend an diesem Haus, dessen gelbe Farbe verwittert und von grauen Narben der Regenspuren durchzogen ist. So sehen sie alle aus. Aber diese kleine Kuppel über dem Dach ist etwas anderes, richtig: ein Stupa. Ich bleibe stehen. Der Erdboden vor dem Eingang ist eingebrochen. Eine Steinbank ist in das Loch gefallen, und keiner machte sich die Mühe, den Klotz wieder herauszuholen. Nebenan betreibt eine Frau einen kümmerlichen Kiosk. Auf einem Bretterregal liegen ein paar Zigarettenschachteln, Kekspackungen, Glasdosen mit Bonbons. Das freundliche Lächeln der beleibten Frau überstrahlt die Ärmlichkeit. Die Händlerin könnte eine Schwester oder Nachbarin der Frau aus dem Eisenbahnabteil sein.

Durch eine Seitentür, die sie mir in einer Geste der Selbstverständlichkeit aufschließt, gelange ich in den zimmerartigen Raum des Tempels. Die weiße Buddhastatue, immerhin lebensgroß, ist von einem Mückennetz überdeckt, es könnten auch Spinnweben sein, so jedenfalls wirkt die Verpackung auf mich. Der kleine Haustempel sieht nicht so aus, als würde er häufig besucht und wenn doch, dann in versteckartiger Abkapselung wie sie die frühen Christen in den Katakomben zusammen führte. Dr. Ambedkar schaut durch seine Brillengläser von der Wand. Ich zeige auf den Mann und nenne seinen Namen. Die Frau nickt erfreut und lebhaft wiederholt sie ehrfürchtig: „Dr. Ambedkar". Ob sie denn auch eine Buddhistin sei, frage ich. Das Wort „Buddhist" versteht sie zuerst nicht, mit meinem Hinweis auf die verhängte Statue sagt sie in einem Ton naiver Begeisterung: „Buddha, Buddha, ja." Es ist an diesem Tag der erste Buddha auf meinen Streifzügen durch Nagpur. Der Buddha der Armen unter seinem lichten Schonbezug scheint allein und zerbrechlich zu sein, selbst schutzbedürftig, wo er doch als Tröster und Stütze von denen ganz unten angerufen wird.

Über Buddhas gegenwärtige Bedeutung ist einige Kilometer außerhalb Nagpurs auf dem Wege nach Kamptee zu reden, der einstigen britischen Garnison. Rechter Hand biegt von der stark befahrenen Hauptstraße auf freiem Feld ein Pfad zum Buddha Bhoomi Mahavihar ab, ein Kloster und Trainingsinstitut. Das stilisierte Tor im Sanchi-Stil lädt Besucher zum Betreten des weitläufigen Areals ein, Familien sind ausdrücklich willkommen, verkündet die Tafel auf englisch. Das Tor ist unfertig wie die gesamte Anlage im Hintergrund. Der riesige Buddha daneben erstrahlt weithin in goldener Pracht. Buddha Nummer zwei. Sehr kompakt und massig meditiert er auf hohem Lotosthron und ist den vorbeirasenden Lastwagen und Motorrikschas

und Omnibussen eine Landmarke und werbendes Markenzeichen des Instituts. Ein Künstler aus Sri Lanka habe den Buddha modelliert, so erzählt mir Rev. Gyan Bodhi Skamner, einer der acht indischen Mönche des Institutes. Der jugendlich wirkende Bhikku in orangefarbener Robe heißt mich auf sanfte und überzeugende Weise willkommen als sei ich erwartet worden. Offenbar wird jeder Gast freundlich erwartet auf diesem Boden Buddhas, der von spendablen Stiftern dem Institut in größerer Fläche zur Verfügung gestellt wurde als er bislang genutzt werden kann. 1978 ist es von Dr. Bhadanta Ananda Kausalyayan (1905 – 1988) gegründet worden. Er schrieb das einen mit diesem schmeichelhaften Titel natürlich ansprechende Buch „An Intelligent Man's Guide to Buddhism" – nicht an irgendjemand gerichtet, sondern an einen verständigen, einsichtsvollen - eben einen intelligenten Menschen. Oder Mann? Bitte schön. Der Mönch drückt es mir ebenso in die Hand wie das umfangreiche Werk von Dr. Ambedkar „The Buddha and His Dhamma". Beide Bücher sind als Nachdrucke von der taiwanesischen Organisation „Corporate Body of the Buddha Educational Foundation" herausgegeben worden: „For free distribution", wie extra vermerkt wird.

Dr. Ambedkar beschreibt in seinem umfangreichen Buddha-Buch übrigens nicht nur die übliche Lebensgeschichte des Erwachten und die Werte seiner Lehre; er weist an vielen Stellen immer wieder ausdrücklich darauf hin, wie Unterkasten-Menschen zum historischen Buddha fanden und ihre Selbstbefreiung vollzogen: In Rajagaha wird ein Straßenkehrer zum Mönch ordiniert; Brahmanen werden zurecht gewiesen; Frauen setzen sich durch; Ananda wird zitiert, wie er den Hinweis eines Mädchens in Shravasti auf seine niedrige Kaste und die damit verbundene Unwürdigkeit, dem Mönch einen Schluck Wasser anbieten zu dürfen, zurückweist: „Ich möchte etwas zu trinken, deine Kaste interessiert mich überhaupt nicht."

Im Institut werden Seminare für Landleute abgehalten und Hochzeiten in buddhistischem Ritual veranstaltet. Ganz einfach seien die Zeremonien gehalten, so erfahre ich, ohne den Aufwand der Hindu-Eheschließungen, für die sich die Familien jahrelang verschulden müssten. „Unsere Arbeit wird von vielen Seiten, auch von ausländischen Buddha-Gesellschaften gefördert", erklärt der Mönch. Er spricht ein einfaches Englisch und senkt immer wieder nachdenklich den kahlen Kopf mit dem dunklen Belag nachwachsender Haare, wenn ihm ein Begriff fehlt oder ein Wort nicht das zu sein scheint, was er gebrauchen will.

Wir sitzen uns auf zwei Holzbetten seines Zimmers im dritten Stock gegenüber. Die Wände sind grau und unverputzt. Baustellenatmosphäre wie überall in dem großräumigen Gebäude, das auf indische Art unfertig ist und nicht ahnen lässt, wann es jemals fertig sein wird. Auf zwei Brettern an der Wand liegen Zahnbürsten, Seifereste und ein paar Bücher buddhistischer Texte in englischer Sprache und in Marathi. Der Mönch streicht seine bauschige Robe glatt. Er stammt aus einer Bauernfamilie der umliegenden Dörfer, hatte als Farmer und Kleinhändler gearbeitet. Die Familie, der Mahar-Kaste zugehörig, bekennt sich zum Buddhismus. Der Vater war einer jener erwartungsvollen Männer gewesen, die am 14. Oktober 1956 an der Massenkonversion teilgenommen hatten. Nach dem Tod des Vaters ließ sich der Sohn mit 31 Jahren zum Mönch ordinieren. „Ich wollte anderen helfen", sagt er bescheiden. Was habe denn der Buddhismus den einfachen Unterkasten-Leuten gebracht, will ich wissen. Der Mönch zählt mit den Fingern auf: „Die drei oberen Kasten machen 85 Prozent der Bevölkerung aus, die unteren Kasten und die Kastenlosen 15 Prozent. Für sie ist Buddha der Weg, aus ihrer Unterdrückung und Diskriminierung herauszukommen." Und schaffen sie es? Unbestimmbares Kopfschütteln. „Das Hauptproblem heißt Bildung. Da sind sie noch immer besonders benachteiligt." Was wissen sie denn von Buddha? „Ach, es ist die alte Geschichte. Wenn ihnen eingeredet wird, wo ihr Platz ist und wie weit unten, dann wirken die alten Traditionen nach", er lacht und erzählt die Herkunft der Kasten, wie sie schon zu Lebzeiten Buddhas die Runde machte: Die Brahmanen behaupten, aus dem Munde Brahmas geboren zu sein, dem edelsten Teil des Körpers; die Krieger entstammen den Armen des Schöpfergottes, die Vaishas, die Kaufleute, aus den Oberschenkeln, die Shudras, die Bauern, aber entstammen den Füßen. Von den Kastenlosen ist überhaupt nicht die Rede. Wieder lacht der Mönch das spöttisch überlegene Lachen dessen, der etwas besser weiß. „Wir sind alle gleich, solche Unterschiede sind Unsinn." Dann scheint er in eine Art Meditation zu versinken, hebt schließlich den Kopf und sagt mit bedauerndem Unterton: „Die einfachen Leute sind mit dem täglichen Überleben so ausgelastet und haben oft nicht einmal genug zu essen. Wie sollten sie sich von diesen alten Geschichten befreien und tiefgründige Gedanken machen. Sie bekennen sich zu Buddha, ja das tun sie, aber für sie ist er ein Gott. Ein anderer als die Hindu-Götter, aber eben auch ein Gott, der um Hilfe angefleht wird."

Da spricht der einstige Bauer, der dazu gelernt hat und zum Studium nach Sri Lanka geschickt wurde als Mönch, der auch die Verfassung seiner Kastenbrüder und Kastenschwestern genau kennt und weiß, dass die Abkehr von hinduistischen Praktiken und die Hinwendung zu Buddha noch keinen Buddhisten macht – vor allem dann nicht, wenn er in den Augen der Hoch-Kasten-Hindus das bleibt, was er vorher war: ein Mahar, einer, auf den herabgeblickt wird von ganz oben. „ Buddha ist kein Gott", fügt er an und richtet sich auf seinem Bett auf, „für uns Theravada-Buddhisten ist er der Lehrer, der den Weg aufzeigt, den wir gehen sollen. Aber die Leute kommen nur sehr langsam voran." In seinem Englisch sagt er: „The people walk little, little this way."

Ein zweiter Mönch gesellt sich dazu und setzt sich auf das Bett mir gegenüber. Rev. Seelawansa Thero, 26 Jahre alt, seit vier Jahren Bhikkhu. Auch er ein Mann aus dem Dorf. Einer seiner Onkel ist Mönch und wurde ihm zum Vorbild. Gerade kehrte er vom Studium aus Sri Lanka zurück. Lächelnd sagt er: „So ist das mit uns indischen Mönchen heute. Ashoka schickte seinen Sohn nach Sri Lanka, um von Indien aus den Buddhismus zu verbreiten. Nun gehen wir von Indien dorthin, um mehr vom Buddhismus zu erfahren." Er macht schlaksige Bewegungen und wirkt sehr jungenhaft, irgendwie scheint ihm die Robe noch zu groß zu sein, zu viel Stoff für seinen schmächtigen Träger. Er erwähnt Unterschiede. „Zum Buddhismus der Tibeter haben wir keine Beziehung", wehrt er mit erhobenen offenen Händen ab, „zu viel Rituale, zu viel Drumherum. Das ist doch bloß eine Mischung aus Buddhismus und Hinduismus. Nur Theravada vermittelt die originale Lehre." Das hört sich an wie frisch auswendig gelernt, als müsse er mir sein in Sri Lanka erworbenes Wissen präsentieren. Dann macht er mit Daumen und Zeigefinger beider Hände die Geldbewegung. „So ist das bei den Jüngern des Mahayana", sagt er bedeutungsschwer, „die beten zu Buddha, wenn sie etwas von ihm wollen."

Wir sprechen auch über indische Politiker. Beider Urteil ist deutlich und unmissverständlich; ganz un-mönchisch direkt, und offenbar aus den praktischen Erfahrungen ihrer ländlichen Herkunft machen sie ihrer Abneigung Luft. „Die verkaufen ihre Prinzipien, die Religion, ihre Mutter, sogar ihre Frau, um an die Macht zu kommen oder an der Macht zu bleiben." Das klingt weder gelassen noch versöhnlich, wie es buddhistische Art ist. Aus ihren Roben heraus lassen die Mönche auf indische Art die Köpfe pendeln und sind sich einig, den richtigen Schritt getan zu haben, mit ihrer Ordination dem Kreislauf alltäglicher Ärgernisse entkommen zu sein. Für sie ist es ein sozialer Aufstieg.

In der großen, hellen Halle, dem Zentrum des Instituts, ragt ein hohes Glasfenster in Hufeisenform auf, das an die Höhlen von Karla und die anderen felsigen Innenräume erinnert. Dahinter steht ein goldener, beschwingter, hoch aufgerichteter Buddha, der unverkennbar aus Thailand stammt, Sukhothai-Stil. Buddha Nummer drei. „Ein Geschenk unserer thailändischen Freunde", erklärt Rev. Gyan Bodhi Skamner. Ein Stockwerk tiefer fällt der Blick im fensterlosen Eingangsbereich auf die Kopie des lehrenden Buddha aus Sarnath, den ich im dortigen Museum bewundert hatte. Buddha Nummer vier. Es ist der Einzige dieser Erkundungstour durch Nagpur, der in direkter Abfolge an die indischen Wurzeln des Erwachten erinnert. Daneben schaut milde und eierköpfig Dr. Ambedkar die Besucher an.

Noch ein Ortswechsel. Vom „Dragon Palace Temple" hatten mir schon die Männer an der Rezeption meines Hotels erzählt und angedeutet, dass der besonders prachtvoll ausgestattet sei. Die beiden Mönche vom Institut bestätigten dies, wiesen mir die Richtung, zeigten aber nicht das geringste Verlangen, mich dorthin zu begleiten. Es wurde mir sofort klar, dass sie damit nichts zu tun haben. Jenseits der Bahngleise etwas außerhalb von Kamptee schimmert der Palast weiß und seltsam fremdartig in flachem Gelände unter weitem blauen Himmel. Die doppelstöckige Halle ist von teils flachen, teils spitz aufragenden Dreiecksdächern bedeckt. Der parkähnliche Garten ringsherum ist blumenreich geschmückt und sorgfältig gepflegt. Schon beim Draufzugehen wächst der Eindruck, dass dies nicht Indien ist, sondern ein exotisches Geschenk. Der „Dragon Palace Temple" hat eine japanische Gönnerin. Die millionenschwere Noriko Ogawa erfüllte sich hier den Traum der guten Tat. 1999 wurde der Tempel ihrer Stiftung eingeweiht. Er ist aufwendig gebaut, solide Materialien, nirgends mehr ein Stück Moniereisen zu sehen. Hier ist tatsächlich etwas angefangen und beendet worden. Jedenfalls, was den Bau betrifft. Die obere Halle ist von blaugetönten Fensterscheiben umgeben, die das Tageslicht filtern und das Innere in eine strenge Kühle tauchen. Auf breitem Lotos sitzt erhaben der erdbraune Buddha, die Hände zum Rad der Lehre geformt. Buddha Nummer fünf. Auch er ein Import.

Ein großer, schlanker, sehr dunkelhäutiger Mann, alt, weißhaarig, bittet mich zu einem Gespräch in die Bibliothek. Ein pensionierter Beamter, der sehr gut englisch spricht und – so betont er mehrmals – ehrenamtlich hier Dienst tut. Er lächelt steif und formell und zeigt Zahnlücken. Ja, auch er gehöre der unteren Kaste an. Mit Begriffen wie „untouchabel" und „outcast" und „scheduled castes" habe er keine Probleme, die gelten nämlich schon lange nicht mehr für ihn. Wie er sich denn selbst bezeichne? „Ich bin Buddhist", kommt spontan die Antwort, „in der Folge der Bewegung des Dr. Ambedkar wurde ich Buddhist." Vom Hinduismus habe er sich strikt abgewandt. Er spricht von „denen", als er erklärt, wer seinesgleichen seit 2000 Jahren unterdrücke, er sagt nicht Brahmanen oder die oberen Kasten, als tue er ihnen damit zu viel der Ehre an; nein „they" seien die gewesen, die zum Inbegriff von Bevormundung, Verletzung der Menschenrechte, Hintansetzung wurden. „Als Buddhisten haben wir unsere Würde wieder bekommen", fasst er seine Zuflucht zu Buddha zusammen.

Aber was bedeutet dies in der täglichen Lebenspraxis? Hat sich im Sozialgefüge tatsächlich wesentliches verändert? Er wiegt den Kopf und erklärt selbstbewusst: „Nach Dr. Ambedkars Konversion sind knapp 50 Jahre vergangen, es wird weitere 50 Jahre dauern, bis wir als gleichwertig und gleichberechtigt anerkannt werden." Die strenge dunkelhäutige Miene mit den tiefen Falten überzieht ein abgeklärtes Lächeln bei den Worten: „Was sind schon 50 Jahre im Vergleich zu 2000?",

Mir wird klar: Was Dr. Ambedkar visionär in Gang setzte, war weniger das alte Rad der Lehre, als wohl eher das neue Vehikel, in dem sich die Neo-Buddhisten der Unterkasten in gestärktem Selbstbewusstsein wieder finden. Ihr Bekenntnis zum Buddhismus ist Identifikation der Eigenständigkeit in einer Umgebung, die ihnen die Würde der Selbstbestimmung seit vielen Generationen abgesprochen hat. Das Zwillingspaar Buddha und Ambedkar wurde in dieser unauflöslichen Verbindung zur Ikone, zum Idol, zu Heilsbringern. Damit lässt sich „denen" etwas Eigenes, nur ihnen Gehörendes entgegenhalten: Buddha und sein Schirmherr als Schutzpatrone der Armen. So wandelte sich die Botschaft. Der historische Buddha fand Anklang besonders bei der Oberschicht seiner Zeit, bei den Kriegern, sogar bei Brahmanen und den Intellektuellen, bei Fürsten und Königen. Der gegenwärtige Buddha im zentralen Indien, wo die Bewegung des Dr. Ambedkar die meisten Anhänger hat, spricht die Unterschicht an und lässt die Oberschicht unbeeindruckt. Es ist der Buddha der Ausgestoßenen.

Wieviele Menschen sind es, die als Neo-Buddhisten gelten, als Ambedkar-Buddhisten? Über die Zahlen gehen Statistiken und Meinungen auseinander. 6,5 Millionen wurden 1991 gezählt, die überwiegende Mehrheit davon als Dr. Ambedkars Gefolgsleute in Maharashtra. Elf Millionen, einschließlich der Jainisten, erwähnt Shashi Tharoor in seinem Indien-Buch. 20 Millionen sagt der Tempel-Beamte von Kamptee. Auf 30 Millionen schätzen die Mönche im Buddha Bhoomi Institut die Anzahl. Die Zahl bleibt in einer Grauzone, weil sich nicht alle, die als Angehörige der „scheduled castes" zum Buddhismus konvertierten, dies öffentlich zugeben, um – nun zumindest de jure jenseits der Kastenzugehörigkeit – nicht aus der Quotenregelung zu fallen, die den „registrierten Kasten" in Schulen, Universitäten und im sonstigen öffentlichen Leben gesetzlich zugestanden wird; dies kann also einige Vorteile einbringen, die die bloße Zugehörigkeit zum Buddhismus nicht bietet. Die Sache bleibt kompliziert. Nur eines ist klar: ob einige Millionen mehr oder weniger, Buddhisten sind in der Milliarde der Inder eine kleine, verschwindende Minderheit.

Die Bibliothek des „Drachen-Tempels" ist mit einigen hundert Büchern über den Buddhismus gut ausgestattet; einige japanischer Herkunft, die meisten in englischer Sprache. Die Büchersammlung ist so elitär abgehoben wie der ganze Tempel. Das sind wahrlich nicht die Werke, die die Land- und Slumbevölkerung zu Rate ziehen werden. Es fehle an Bildung bei den untersten Schichten, räumt auch der zu Buddha bekehrte einstige Beamte ein. Könnten bei der Vermittlung der buddhistischen Weisheit nicht indische Mönche helfen? Ich berichte von meiner Begegnung im Institut an der Straße nach Kamptee. Die Reaktion ist harsch. „Wir wollen hier keine Mönche haben, vor allem keine indischen. Die können doch gar keine Bildung weitergeben, die haben ja selbst keine. Und arbeiten wollen sie auch nicht."

Die rigide Abfuhr vervollständigt das Bild des Buddhismus in Indien, das so vielfarbig und von Barrieren durchzogen ist. Die fünf Buddhas dieses Tages verkörpern auf plastische Weise diese Vielfalt, die sich aus unterschiedlichen Quellen speist und mehr Trennendes als Gemeinsamkeit zu bieten hat. Die ausländischen Mönche, die ich an den Stätten des historischen Buddha traf, halten nicht viel von den indischen Neo-Buddhisten, die wiederum halten nicht viel von den Tibetern; und in einem Luxus-Tempel wie dem „Dragon Palace" geht man zu allen auf Distanz. „Theravada? Mahayana?", der Buddhist vom Dienst schüttelt den Kopf, „solche Unterschiede bedeuten uns nichts."

Das Echo einer Reise

Wo hat denn die Massenkonversion des Dr. Ambedkar stattgefunden? Ich frage einen Motorrikscha-Fahrer vor dem Bahnhof in Nagpur danach und stelle mich bereits auf eine ausführliche Erklärung ein. „Deeksha Bhoomi", sagt er sofort und in einem Ton als sei es für jedermann in Nagpur selbstverständlich, diesen Platz zu kennen, „steigen Sie ein." Er tuckert mich durch Marktgassen und moderne Straßen unter einer Autobahn auf Stelzen, an Hotelklötzen und Hochhäusern vorbei. Ich erwarte eine Büste des Begründers des Neo-Buddhismus, eine Tafel, irgendwelche offiziellen Sprüche, die den denkwürdigen Platz markieren, vielleicht etwas Symbolisches. Von wegen! Ich bin perplex. Niemand hat mich darauf vorbereitet, was dann wirklich vor mir steht als der Fahrer wieder „Deeksha Bhoomi" sagt und die rechte Hand kreisen lässt. Es könnte eine Fata Morgana sein. Ich traue meinen Augen nicht. Das ist doch … gar kein Zweifel. Da ragt in blendendem Weiß der Stupa von Sanchi auf. So könnte das Original vor 2000 Jahren ausgesehen haben. Die Nachbildung ist perfekt. Am 18. Dezember 2001 ist Sanchis Kopie als „Dr. Ambedkars Central Memorial" eingeweiht worden. Eine Staatsaffäre der regierungsamtlichen Inszenierung. Der Staatspräsident persönlich vollzog die Eröffnung. Am Sockel des Stupas steht tatsächlich in Goldbronze veredelt die Büste des Dr. Ambedkar. Ich muss aufschauen, so entrückt ist der Mann. Doch angesichts der gigantischen Rundung des Stupas wirkt auch die Büste klein, vom Stupa wahrlich in den Schatten gestellt.

Meine Verblüffung ist vollkommen. Die Bewegung der Neo-Buddhisten ist widerspruchsvoll geblieben, eigentlich eine unerhörte Herausforderung an Hindus und Brahmanen, eine Provokation und sozialer Aufschrei von ganz unten. Und dann dieses Gebäude als politische Demonstration von ganz oben. Mir ist, als sollte unter der Riesenglocke die soziale Sprengkraft der längst erlahmten Bewegung begraben werden. So gewaltig ist das Bauwerk. Eine teure Hülle ohne gelebten Inhalt. Das Betonmonument ist im Gegensatz zum Original begehbar und hat einen erstaunlichen Innenraum.

Das gewaltig leere untere Rund ist in Grau und Weiß gehalten und strahlt eine bedrückende Sterilität aus. Auf dem Besucher lastet eine schwere Feierlichkeit. In einem Glaskasten steht ein kostbares Modell von Sanchi aus Gold und Silber. Vergebens suche ich hier einen Hinweis auf Dr. Ambedkar, nirgends ein Foto, keine Dokumentation, die sein Lebenswerk informativ vermitteln könnte. Ein runder Gitterzaun hält die Besucher auf meterlangen Abstand zur Buddha-Statue, die eher ein abweisendes Denkmal ist als Mittelpunkt lebhafter Annäherung. Dieser goldene Buddha erscheint mir besonders einsam zu sein. Neo-Buddhisten? Ich vermag keine zu entdecken. Ihre Dörfer, ihre Vorstadtsiedlungen, ihre Armenviertel sind aus diesem Blickwinkel endlos weit weg.

Draußen breitet ein schöner Bodhibaum seine Äste hin zum Himmel. In unmittelbarer Nachbarschaft steht ein pinkfarbenes Haus mit Flachdach. Es ist das kleine Kloster, das eingerichtet wurde, längst bevor der Sanchi-Stupa zum neuen Mahnmal von Nagpur wurde. Drei indische Mönche leben hier im Geiste Buddhas und seiner Lehre. Bhikkhu Vidhyanand empfängt mich in seinem Zimmer, dessen Fenster mit gelben Tüchern gegen die Sonne verhangen sind. Das so gemilderte Licht schafft eine freundliche intime Atmosphäre. Mehrere Bilder Ambedkars zieren Wände und das Bücherbord. Brüderlich und in gleicher Augenhöhe steht er auf einem der Gemäldereproduktionen neben Buddha. Ein mir nun schon vertrautes Motiv des Ebenbürdig-Seins. Der Vollendete und der Bodhisattva, der selbst die Erleuchtung fand und nun den Mitmenschen auf dem Wege dorthin hilft. So lautet die volkstümliche Botschaft der Doppel-Bilder.

Der kleine, merkwürdig verhutzelte Mönch lässt mir Zeit zum Rundblick. Sein Kopf ähnelt einer Schildkröte, die wie er aus der Fülle seiner gelben Robe, aus ihrem Panzer schaut. Er stammt aus einer buddhistischen Familie, die auf dem Platz, wo nun Sanchis Panorama in neuer Größe bereichert wird, mit Dr. Ambedkar die Wiedergeburt in die vemeintlich kastenlose Gemeinschaft vollzog. Was ist daraus geworden? Der Mönch braucht nicht lange zu überlegen. „Dr. Ambedkars Bewegung und das massenhafte Bekenntnis zu Buddha und die demonstrative Abkehr vom Hinduismus hat den Menschen das Selbstbewusstsein gestärkt", sagt er mit leiser mädchenhafter Stimme, „hat ihnen Mut gemacht." Trägt dazu auch dieser Monumentalbau bei? Ich deute in Richtung Stupa. Unbestimmtes Kopfwiegen. „Das ist eine politische Entscheidung", vermeidet er eine klare Antwort. Ich erwähne die Armut. Ist dieser Prachtstupa nicht viel zu aufwendig, ja, geradezu eine Provokation? Wieder das Weder-noch-Kopfpendeln. Er lächelt und sagt erleichtert: „Wir Mönche haben sowieso kein Geld." Wie der große Lehrmeister, der auf solche Fragen auch nur ausweichend antwortete, lässt er offen, ob er zum Super-Stupa eine Meinung habe oder nicht.

Dann lädt er mich ein, noch einmal den Riesen-Rundbau zu besuchen. Wir steigen die Stufen zur oberen Galerie hinauf. Eine der aufmerksamen Wächterinnen schließt die Tür auf. Nun ist meine Verblüffung komplett. Erst jetzt wird mir bewusst, dass der Stupa ein Untergeschoss hat, wo der Buddha thront, und sich darüber, durch eine Zwischendecke getrennt, die Kuppel in phantastischer Höhe öffnet. Der Eindruck ist überwältigend. Ein gewaltiges rundes Nichts, nirgends ein Möbelstück, keine Statue; und hoch über uns dieses dem Himmel nachgebildete Gewölbe, das in Weiß erstrahlt und ganz oben von Glas bekrönt wird. Das ist eine Dimension, die der Blick von außen nicht zu erfassen vermag. Ich bin erst mal sprachlos.

„Treten Sie in die Mitte", fordert mich der Mönch auf. Mir ist, als bewege ich mich in einem Märchenschloss voller Geheimnisse. Die Atmosphäre hat etwas Beklemmendes, in der ich mir plötzlich winzig vorkomme, zweifelnd an der eigenen Existenz. Ein bedrückendes Gefühl erfüllt mich in dieser gigantischen Weite. Je mehr wir uns dem Mittelpunkt nähern, desto deutlicher gewinnen unsere gedämpft gesprochenen Worte an Kraft und Nachklang. Ich stehe unter der Glocke des Kosmos. Jeder Atemzug, jede Äußerung wird von da oben zurückgegeben. Die piepsige Stimme des Mönches vibriert wie von Lautsprechern verstärkt.

Meine Stimme, wahrlich nicht die eines Stentors, röhrt in den Weiten des Domes. Ich flüstere, ich rede lauter, frage nach dem Sinn des Lebens, und aus der Höhe der Kuppel kommt eine lang nachhallende Stimme, die mir ins Wort fällt. Sie erscheint außerirdisch, unheimlich. Ich werde energischer und löse ein Donnern aus. Meine Rede an ein imaginäres Volk kehrt vielfach verstärkt aus dem Himmel brausend zu mir zurück. Ich bin verblüfft. Whispering Hall in London hatte ich erlebt, Echos in Kathedralen und im Gebirge vernommen. So etwas aber habe ich noch nie zuvor gehört. Ich deklamiere wie auf einer Bühne, die Brust herausgestreckt, die Arme ausgebreitet, den Auftritt inszenierend und immer mehr genießend. Der Mönch lächelt weise und gibt ein wunderbares Publikum ab.

„To be or not to be?", lasse ich die Frage aller Fragen erschallen. „Sein oder Nicht-Sein!", rufe ich hinterher. Eine Geisterstimme brandet auf, tief dröhnend und sich wiederholend. Ist es meine Stimme? Ich bin dessen nicht sicher. Mir ist mystisch-magisch zumute als hätte ich irgendwo im Kosmos ein Orakel befragt, und nun gelte die Antwort nur mir allein, Deutungen offen lassend wie das bei Orakeln so üblich ist. „Be" hallt es nach, „biii…" Und: „Sein…" schwingt mit. Die Antwort tönt vielstimmig und ich höre darin: Lebe, sei, sag Ja zum Sein, zum Da-Sein. Mir ist, als trügen mich Flügel der Leichtigkeit dahin. In das minutenlang schwingende Sein rufe ich Om: „Ooom!" Und dann brülle ich langgezogen: „Aaaaaaamen!" Ein grandioses Gedröhn füllt die Glocke von Sanchi. „Omamensein..." Ein wunderbarer Wohlklang. Ein herrliches Miteinander. Wenigstens akustisch. Es ist das nachhaltige Echo dieser Reise. Ein Anfang.

EIN WORT DANACH

So habe ich gehört...

Ein wasserfleckiges Buch weckte vor Jahren am Straßenrand in Bombay die Neugier. Ich kramte „Holy Places of Buddhism in Nepal & India“ aus dem Berg von Schriften hervor, die ein Händler im Passantenstrom vor Victoria Station ausgebreitet hatte: vom Monsunregen durchweicht, von Eselsohren geknickt, von Verkehrsausdünstungen vergilbt. Ich kaufte die Schwarte mit den nahezu 400 reichbebilderten Seiten, von nepalesischen Autoren verfasst, 1987 in Bangkok erschienen; und fortan nagte der Gedanke, man müsste mal…

Jahre vergingen, andere Reisen waren drängender, beruflich unaufschiebbar, es fehlten die innere Ruhe und die erforderliche freie Zeit. Aber die Beschäftigung mit dem Buddhismus ließ sich fortsetzen in all den Jahren und das Studium vertiefen, das zu den Wurzeln des historischen Buddha führte. Derweil lockte das Lese-Mitbringsel aus Bombay zur Ortsbesichtigung, gelegentlich in die Hand genommen und immer wieder beiseite gelegt. Bei anderen Reisen machte ich bereits Stippvisiten an einzelnen der buddhistischen Stätten, ohne die Muße der Vertiefung zu haben aber mit der Hoffnung genährt, irgendwann einmal ohne Terminkalender zurückkehren zu können. Erst 2003 waren die Umstände günstig, das lang aufgeschobene Vorhaben endlich zu verwirklichen. Ich durfte auf den beschwerlichen Weg der Erkenntnis gehen, auf dem andere vor mir schon sehr viel weiter gekommen waren und mehr als ich verstanden und begriffen und es der Welt mitgeteilt haben. Einigen ist besonderer Dank zu sagen und werbend auf ihre Werke hinzuweisen:

Anregend und aufschlussreich waren mir die Bücher von Hans Wolfgang Schumann, der mit seinem „historischen Buddha“ ein wichtiger Vermittler von Leben und Lehre des Menschen Siddhartha Gautama wurde, unverzichtbare Lektüre für jeden, der sich auf diese Reise machen will. Werner Scholz, der selbst die Stationen aufsuchte, verhalf mit seinem „Weg des Buddha“ zu praktischen Einsichten. Eine übersichtliche und komprimierte Monographie all dessen, wer Buddha war und was er bewirkte, hat Volker Zotz verfasst. Zum Verständnis der „Buddhisten in Indien heute“ trug wesentlich Detlef Kantowsky bei. Dr. Ambedkars „The Buddha and His Dhamma“ war wichtiger Lesestoff, um den Zusammenhang zwischen dem sozialen und politischen Bezug des Neo-Buddhismus und den alten Buddha-Quellen zu verstehen. Zum antiken Indien ist A.L. Bashams doppelbändiges Werk „The Wonder that was India“ noch immer eine wahre Fundgrube, der Klassiker unter den einschlägigen Büchern. Um einiges im heutigen Indien zu durchschauen, vertraute ich mich dem scharfsinnigen und originellen Interpreten Shashi Tharoor an. Einen Einblick in die zeitgenössische Buddha- und Buddhismusforschung gibt die von Pery Schmidt-Leukel herausgegebene Materialsammlung „Wer ist Buddha? Eine Gestalt und ihe Bedeutung für die Menschheit"; darin wird von den wissenschaftlichen Ansätzen berichtet, die Kluft zwischen den wundervollen Legenden um Buddhas Leben und Vor-Leben und den dürftigen historischen Belegen und Daten zu überbrücken. Und natürlich galt es, bei Hermann Oldenberg und Helmuth von Glasenapp und Edward Conze die Tiefen buddhistischer Geisteswelt auszuloten. All diesen klugen Männern bin ich verpflichtet. Dass dies eine endlose Geschichte und immer wieder neue Herausforderung ist, Erkenntnislücken zu schließen und Missverständnisse zu klären, bedarf kaum der Erwähnung. Was ich noch nicht verstanden habe, ist natürlich keinem der Autoren anzukreiden, sondern nur mir selbst zuzuschreiben. Der Weg ist das Ziel.

Im vorliegenden Buch folge ich den tatsächlichen Lebenswegen des historischen Buddha von der Geburt bis zum Tod, soweit diese in der Fachwelt nunmehr unumstritten sind. Meine eigene Reise verlief aus praktischen und verkehrstechnischen Gründen nicht ganz in der biografischen Chronologie. Dies war meine Route mit Bussen und Bahnen: Bombay/Mumbai, Lonavala (Karla- und andere Höhlen), Aurangabad (Ellora, Ajanta), Sanchi, Kanpur, Lucknow, Shravasti, Naughar, Piprawa (Kapilavastu zwei), Sunauli; dann nach Nepal: Bhairahawa, Lumbini (Kapilavastu eins); zurück nach Indien: Kushinagar, Vaishali, Patna, Nalanda, Rajgir, Bodhgaya, Sarnath, Benares/Varanasi, Allahabad (Kosambi), Nagpur, Bombay.

An vielen dieser Orte durfte ich indische Gastfreundschaft genießen, und besonders erfreut war ich immer wieder, gütig und ohne lästige Formalitäten und bürokratischen Papierkram der Hotels in den Pilgerstätten der buddhistischen Gesellschaften aufgenommen zu werden und mit vielen Mönchen und Laienanhängern ausführliche Gespräche führen zu können. Mit der gebührenden Hochachtung floss einiges davon in dieses Buch ein: So habe ich gehört…

Dank ist schließlich auch allen Weggefährten und zufälligen Reisegenossen in Indien zu sagen, die verlässliche Ratschläge gaben, und allen anderen, die es zumindest versucht haben.

KLEINE AUSWAHLBIBLIOGRAFIE

Marilia Albanese: „Das antike Indien, von den Ursprüngen bis zum 13. Jahrhundert", (prachtvoller Bildband) Karl Müller Verlag, Köln

Dr. B.R. Ambedkar: „The Buddha and His Dhamma", Buddha Bhoomi Publication, Nagpur; Erstveröffentlichung 1957; Reprint 1997

A.L. Basham: „The Wonder that was India", Rupa & Co, New Delhi, Erstveröffentlichung 1954; 36. Auflage 2001

Heinz Bechert / Richard Gombrich (Hrsg.): „Die Welt des Buddhismus, Geschichte und Gegenwart", Originalausgabe 1984, Orbis Verlag, München 2002

Michael Carrithers: „Der Buddha, eine Einführung", Reclam Verlag, Stuttgart 1996

Edward Conze: „Der Buddhismus – Wesen und Entwicklung“, Kohlhammer-Verlag, Erstveröffentlichung 1953

Ven. S. Dhammika: „Middle Land, Middle Way – a pilgrim's Guide to the Buddhist India“, Buddhist Publication Society, Kandy, Sri Lanka 1992/1999

Detlev Kantowsky: „Buddhisten in Indien heute, Beschreibungen, Bilder und Dokumente“, Universität Konstanz 1999

Paul H. Köppler: „Auf den Spuren des Buddha, die schönsten Legenden aus seinem Leben“, O.W. Barth Verlag 2001

Trilok Chandra Majupuria, Indra Majupuria: „Holy Places of Buddhism in Nepal & India“, Craftsman Press, Bangkok 1987

Pery Schmidt-Leukel (Hrsg.): „Wer ist Buddha? Eine Gestalt und ihre Bedeutung für die Menschheit“, Eugen Diederichs Verlag, München 1998

Werner Scholz: „Der Weg des Buddha“, Patmos Verlag, Düsseldorf 1998

Hans Wolfgang Schumann: „Der historische Buddha, Leben und Lehre des Gotama“, Eugen Diederichs Verlag, München 1982

Shashi Tharoor: „Indien – zwischen Mythos und Moderne“, Insel Verlag, Frankfurt am Main 2000

Nyanaponika Thera / Hellmuth Hecker: „Die Jünger Buddhas, Leben, Werk und Vermächtnis der vierundzwanzig bedeutendsten Schüler und Schülerinnen des ERWACHTEN“, O.W. Barth Verlag 2000

Volker Zotz: „Buddha“, rowohlts monographien, Reinbek bei Hamburg, 1991

Zum Verständnis der buddhistischen Grundbegriffe und historischen Zusammenhänge sei verwiesen auf das „Lexikon des Buddhismus“, hrsg. von Klaus-Josef Notz, Herder Verlag, Freiburg im Breisgau 1998

AUTORENHINWEIS

Rüdiger Siebert, Jahrgang 1944, langjähriger Leiter des Indonesischen Programms von Radio Deutsche Welle, ist einer der profiliertesten Kenner Süd- und Südostasiens. Seit mehr als drei Jahrzehnten bereist er die Region, über die er in zahlreichen Büchern, Vorträgen und Publikationen berichtete. Zu seinen bekanntesten Werken zählen „Roter Reis im Paradies. Indonesische Gespräche“ (1976), „Wolken über Borneo. Insel der Träumer, Narren und Piraten“ (1984), „Insel im schwarzen Fluß. Die Geschichte einer verkauften Kindheit in Thailand“ (1984), „Fünfmal Indonesien. Annäherung an einen Archipel“ (1987), „Dreimal Philippinen. Das andere Asien“ (1989), „Das Meer der Träume. Joseph Conrads Ostindien“ (1989), „Java – Bali. Eine Einladung“ (1996), „Indonesien. Inselreich in Turbulenzen“ (1998), „Deutsche Spuren in Indonesien. Zehn Lebensläufe in bewegten Zeiten“ (2002); zusammen mit Heinz Kotte: „Vietnam. Die neue Zeit auf hundert Uhren“ (1997), „Der Traum von Angkor“ (2000), „Laos. Aufbruch am Mekong“ (2002).